U0822380

SHANGHAI JICENG
FAZHI JIANSHE SHIJIAN

上海基层法治建设实践

中共上海市委全面依法治市委员会办公室
中共上海市委党校
编著

法律出版社
LAW PRESS·CHINA
北京

图书在版编目(CIP)数据

上海基层法治建设实践 / 中共上海市委全面依法治市委员会办公室, 中共上海市委党校编著. -- 北京 : 法律出版社, 2023

ISBN 978 - 7 - 5197 - 7507 - 0

Ⅰ. ①上… Ⅱ. ①中… ②中… Ⅲ. ①社会主义法制—建设—研究—上海 Ⅳ. ①D927.51

中国国家版本馆 CIP 数据核字(2023)第 011215 号

上海基层法治建设实践
SHANGHAI JICENG FAZHI JIANSHE SHIJIAN

中共上海市委全面依法治市委员会办公室
中　共　上　海　市　委　党　校　编著

策划编辑 朱海波 蒋 橙
责任编辑 朱海波 蒋 橙
装帧设计 汪奇峰

出版发行 法律出版社
编辑统筹 法律应用出版分社
责任校对 邢艳萍
责任印制 刘晓伟
经　　销 新华书店

开本 710 毫米×1000 毫米 1/16
印张 24.75 **字数** 400 千
版本 2023 年 7 月第 1 版
印次 2023 年 7 月第 1 次印刷
印刷 三河市龙大印装有限公司

地址:北京市丰台区莲花池西里 7 号(100073)
网址:www.lawpress.com.cn
投稿邮箱:info@lawpress.com.cn
举报盗版邮箱:jbwq@lawpress.com.cn

销售电话:010 - 83938349
客服电话:010 - 83938350
咨询电话:010 - 63939796
版权所有·侵权必究

书号:ISBN 978 - 7 - 5197 - 7507 - 0
定价:108.00 元

凡购买本社图书,如有印装错误,我社负责退换。电话:010 - 83938349

的意见》，强调要聚焦人民群众反映强烈的基层法治建设薄弱环节和突出问题，聚焦基层法治建设中的体制性、机制性问题，聚焦基层行政执法“瓶颈”和短板，聚焦居村依法治理痛点、难点，坚持将人民群众最不满意的地方作为基层依法治理的聚焦点和发力点，抓重点、补短板、强弱项，切实增强基层法治建设的针对性、实效性。市、区、街道乡镇同向发力，持续推进，一系列重基层、打基础、强基本的制度实践，不断夯实上海现代化国际大都市的法治基石。

习近平总书记多次强调“我们中国共产党人干革命、搞建设、抓改革，从来都是为了解决中国的现实问题”。我国社会主义国家法治建设已经有了清晰的战略总蓝图和推进路线图。基层是推进法治的力量之源。从一定意义上说，基层法治建设承担着将法治建设总蓝图、路线图细化为操作图、施工图的重要任务。近年来，上海各街道乡镇积极以习近平法治思想引领基层依法治理实践，将学习贯彻落实习近平法治思想与破解基层依法治理难题结合起来，推动基层法治建设更好地为保障经济高质量发展、人民高品质生活、社会高效能治理服务，形成了一大批基层学习宣传贯彻落实习近平法治思想的先进经验、典型做法。

恩格斯曾经指出，马克思的学说不是提供了我们理解社会的教义，而是提供了我们行动的指南。2021年5月，中共上海市委全面依法治市委员会印发《法治建设示范创建活动工作方案》，强调以习近平法治思想为指导，在全市开展法治建设示范创建活动。上海16个区215个街道乡镇紧密结合地区的实际和基层需求，以示范创建为抓手，进一步强化党对基层法治建设的领导，健全基层法治建设体制机制，切实提高基层行政执法效能，深入推进全面普法守法，大力加强基层法治队伍建设，不断加强基层法治建设保障。

本书围绕学习宣传贯彻落实习近平法治思想这一主线，着重就强化党政主要负责人履行推进法治建设第一责任人的职责，完善党委文件和重大决策

前 · 言

习近平法治思想植根于当代中国生动的法治实践，是当代中国特色社会主义法治实践必须依循的行动指南。在深入学习贯彻落实习近平法治思想的过程中，上海市委、市政府努力践行“以人民为中心”理念，不断完善顶层设计，把体现人民利益、反映人民愿望、维护人民权益、增进人民福祉落实到依法治市的各个方面，努力将法治打造成为上海城市软实力和核心竞争力的重要标志。

基层是国家法治建设的重要依托，是社会治理的基础和重心所在，是全面依法治国的基础。习近平总书记指出，全面推进依法治国，推进国家治理体系和治理能力现代化，工作的基础在基层。基层法治建设量大面广，涉及科学决策、行政执法效能提升、矛盾纠纷依法化解、法治宣传教育等各个方面，任务艰巨繁重；基层法治工作直面人民群众的难点、痛点、堵点问题，直接回应人民群众对法治建设的新要求新期盼，基层法治建设的能力和水平直接关乎人民群众的法治获得感、幸福感、安全感。着眼于夯实全面依法治国的基础，中央全面依法治国委员会印发了《关于进一步加强市县法治建设的意见》，强调要以加强党对基层法治建设领导为根本，以深化落实法治领域顶层设计为抓手，解决当前法治领域存在的突出问题。2020 年 3 月，中共上海市委办公厅、上海市人民政府办公厅印发《关于全面加强和改进基层法治建设

编审委员会

主　任　诸葛宇杰

副主任　陆卫东　徐建刚

成　员　刘言浩　张　祎　曾　峻　刘太阳　陈保中

编辑委员会

主　编　陈保中　刘太阳

副主编　蔡爱平　赵文聘　严晓翚

成　员　（以姓氏笔画为序）

万里鹏　万志彬　尹佳男　马克兵　冯思贤

刘雪辉　刘绍飞　孙伟军　陈保中　陈　军

杨　萍　张庆薇　李　彬　李鸿渊　赵文聘

桂　林　郭雨润　韩前广　蔡爱平　黎明琳

合法合规性审查，不断强化基层行政执法规范化建设，完善行政执法公示、执法全过程记录、重大执法决定法制审核制度，全面落实“谁执法谁普法”的普法责任制、广泛推动人民群众参与社会治理、加大基层公共法律服务供给力度，加强司法所队伍建设等基层法治建设的重点、难点问题，研究梳理基层街道乡镇如何不断完善体制、机制，优化相关制度措施，创新平台和载体，提升基层法治建设能级。本书较为全面地展现了上海基层法治建设的创新成果，我们期待基层法治实践中这些鲜活案例和经验做法，能为各地、各部门深入学习宣传贯彻落实习近平法治思想，不断推进基层法治建设提供参考。

2023 年 2 月

目录

第一章 深入学习宣传贯彻落实习近平法治思想

第二章 模范守法遵规、坚持依法决策

第三章 完善全面领导、统筹推进法治建设的体制机制

第四章 依法全面履行政府职能

第五章 严格落实重大行政决策程序制度

第六章 深化行政执法体制改革

第七章

严格规范公正文明执法

第八章 优化法治化营商环境

第九章 自觉接受各方对行政权力的监督

第十章 全面深化社会主义法治宣传教育

第十一章 积极推进基层治理法治化

第十二章 持续完善公共法律服务体系

第一章 深入学习宣传贯彻落实习近平法治思想

伟大时代孕育伟大理论。习近平法治思想是党的十八大以来,以习近平同志为核心的党中央在全面推进依法治国的过程中,根据中国特色社会主义法治建设的现实需要,基于马克思主义的立场、观点和方法,通过将法治作为治国理政的基本方式,在与国家治理体系和治理能力现代化有机结合,不断丰富和完善中国特色社会主义法治理论的基础上逐渐形成的,是顺应中华民族伟大复兴时代要求的重大理论创新成果。习近平法治思想是对中国共产党领导中国法治建设丰富实践和宝贵经验的科学总结,具有鲜明的时代特色和实践特色。习近平法治思想回答了新时代为什么实行全面依法治国、怎样实行全面依法治国等一系列重大问题,这一理论的重要落脚点是推进解决法治中国进程中的实际问题和具体问题。马克思主义理论从来不是教条,而是行动的指南。习近平法治思想是法治理论体系,同时又是科学的行动哲学,是当代中国社会主义法治建设的行动纲领和根本遵循。在党中央作出学习宣传贯彻习近平法治思想的总体要求后,上海市第一时间响应,就推进习近平法治思想在上海落地落实提出了一系列具体举措,各基层街道乡镇也广泛学习宣传贯彻习近平法治思想,努力运用习近平法治思想指导实践、推动各项工作。

一、学习宣传贯彻习近平法治思想的总体要求

思想是行动的先导，理论是实践的指南。伟大的法治实践离不开科学理论的指导。“推进全面依法治国是国家治理的一场深刻变革，必须以科学理论为指导。”[1]2020 年 11 月召开的中央全面依法治国工作会议正式提出“习近平法治思想”，明确了习近平法治思想在全国依法治国、建设法治中国中的指导地位。坚持用习近平法治思想武装头脑、指导实践、推动工作，对推进新时代中国特色社会主义事业具有重大现实意义。

（一）全面学习把握习近平法治思想的科学体系

习近平法治思想坚持马克思主义立场、观点和方法，坚持发展地而不是静止地、全面地而不是片面地、系统地而不是零散地、联系地而不是孤立地观察、认识和处理全面依法治国一系列重大关系，必须完整准确理解和把握习近平法治思想的核心要义、科学体系，全面准确理解习近平法治思想的政治高度、理论深度、科学精神、逻辑框架和实践价值。

为确保全面、系统准确地学习习近平法治思想，2021 年 11 月，中共中央宣传部、中央全面依法治国委员会办公室组织编写《习近平法治思想学习纲要》一书。《习近平法治思想学习纲要》系统阐释了习近平法治思想的核心要义，对“十一个坚持”内容进行了全面的理论解读。《习近平法治思想学习纲要》内容丰富、结构严整，忠于原文原著，较好地反映了习近平新时代中国特色社会主义思想在法治领域的原创性重大贡献，较为全面地呈现了习近平

[1] 习近平：《论坚持全面依法治国》，中央文献出版社 2020 年版，第 6 页。

法治思想的科学体系与整体架构，为全面学习把握习近平法治思想提供了学习指南。

伟大理论引领伟大征程，习近平法治思想是引领法治中国建设取得历史性发展的系统性法治理论成果。基于推动国家治理体系和治理能力现代化的基本要求，国家治理、政府治理和社会治理需要同时发力，而"法治是国家治理体系和治理能力的重要依托。只有全面依法治国才能有效保障国家治理体系的系统性、规范性、协调性"[1]。法治始终在推进国家治理体系和治理能力现代化上扮演着"轨道"的角色，发挥着引领、规范、保障的作用，法治建设的顶层设计也是我们党长期治国理政成功经验的总结和升华。2020 年 12 月中共中央印发《法治中国建设规划(2020—2025 年)》，之后，中共中央、国务院还陆续发布了《关于加强基层治理体系和治理能力现代化建设的意见》《法治政府建设实施纲要(2021—2025 年)》《法治社会建设实施纲要(2020—2025 年)》等法治建设纲领性文件。在习近平法治思想指导下，新时代全面依法治国的战略布局不断完善，法治国家、法治政府与法治社会的一体推进硕果累累。

(二)深刻领悟习近平法治思想的精髓要义

习近平法治思想是博大精深、内在融贯的理论体系，其精髓要义集中体现为习近平总书记在中央全面依法治国工作会议上明确提出并深刻阐述的"十一个坚持"。"十一个坚持"深刻回答了为什么实行全面依法治国、怎样实行全面依法治国等一系列重大问题。学习习近平法治思想，重在深刻领悟"十一个坚持"的科学内涵，做到知其言更知其义，知其然更知其所以然，不断

[1] 习近平：《坚定不移走中国特色社会主义法治道路　为全面建设社会主义现代化国家提供有力法治保障》，载《求是》2021 年第 5 期。

提高对习近平法治思想的认识水平和运用能力，不断深化各级党委对习近平法治思想精髓要义的领悟。

在坚持党对全面依法治国的领导方面，习近平法治思想把坚持党对全面依法治国的领导作为决定全面依法治国政治方向的首要问题，明确提出了加强和改善党对全面依法治国的领导，把党的领导贯彻落实到全面依法治国全过程和各方面，健全党领导全面依法治国的制度和工作机制，推进党的领导制度化、法治化，不断提高党领导全面依法治国的能力和水平。

在坚持以人民为中心方面，习近平法治思想明确提出人民主体地位，坚持以依法保障人民权益为根本目的，明确提出要把体现人民利益、反映人民愿望、维护人民权益、增进人民福祉落实到全面依法治国各领域、全过程，积极回应人民群众新要求新期待，不断增强人民群众获得感、幸福感、安全感。

在坚持中国特色社会主义法治道路方面，习近平法治思想全面回答了法治中国建设走什么路的问题，旗帜鲜明地强调在坚持和拓展中国特色社会主义法治道路这个根本问题上要有自信、有底气、有定力，绝不照搬别国模式和做法，绝不走西方所谓"宪政""三权鼎立""司法独立"的路子，科学地指明了全面推进依法治国的政治方向。

在坚持依宪治国、依宪执政方面，习近平法治思想深刻揭示了"坚持依法治国首先要坚持依宪治国，坚持依法执政首先要坚持依宪执政"[1]的逻辑，明确提出了依宪治国、依宪执政、全面实施宪法的根本要求和制度保障，并明确指出宪法的根基在于人民对法治发自内心的拥护，宪法的伟力在于人民出自真诚的信仰，要在全社会普遍开展宪法宣传教育，提高全体人民的宪法意识和法治观念。

在坚持在法治轨道上推进国家治理体系和治理能力现代化方面，习近平

---

〔1〕 习近平：《论坚持全面依法治国》，中央文献出版社2020年版，第126页。

法治思想明确提出推进全面依法治国、发挥法治在推进国家治理体系和治理能力现代化中的积极作用，要以法治为引领和保障，更好地发挥法治固根本、稳预期、利长远的保障作用。

在坚持建设中国特色社会主义法治体系方面，习近平法治思想要求贯彻中国特色社会主义法治理论，加快形成完备的法律规范体系、高效的法治实施体系、严密的法治监督体系、有力的法治保障体系，形成完善的党内法规体系。

在坚持依法治国、依法执政、依法行政共同推进，法治国家、法治政府、法治社会一体建设方面，习近平法治思想以系统观念和系统方法擘画了全面依法治国的工作布局，阐明了这一工作布局内部各方面的关系，旨在解决法治建设中不协调不平衡、各自为政、争权诿责的问题，增强法治建设系统性、整体性、协同性，使法治建设既抓前端又抓末端。加快实现社会治理法治化，营造公平、透明、可预期的法治环境。

在坚持全面推进科学立法、严格执法、公正司法、全民守法方面，习近平法治思想深刻阐释了这一目标的学理内涵、目标导向与重要举措。对科学立法提出了完善立法体制、提高立法工作质量和效率以及科学立法、民主立法、依法立法的要求；对严格执法提出严格规范公正文明执法的要求，强化对执法活动监督的要求；对公正司法提出深化司法体制改革、强化对司法权力的制约监督的要求；对全民守法提出增强人民群众的法治信仰与法律素养，加强法治宣传教育的要求。

在坚持统筹推进国内法治和涉外法治方面，习近平法治思想强调要坚定维护以联合国宪章宗旨和原则为基础的国际法基本原则和国际关系基本准则，综合利用立法、执法、司法等手段开展斗争，更好维护国家主权、安全、发展利益，更好维护世界和平、促进共同发展。

在坚持建设德才兼备的高素质法治工作队伍方面，习近平法治思想深刻回答了新时代法治工作队伍构成及其建设标准问题，明确要求提高法治工作队伍思想政治素质、业务工作能力、职业道德水准，着力建设一支忠于党、忠于国家、忠于人民、忠于法律的社会主义法治工作队伍，特别是打造一支政治过硬、业务过硬、责任过硬、纪律过硬、作风过硬的政法队伍，为全面依法治国、加快建设社会主义法治国家提供强有力的组织和人才保障。

在坚持抓住领导干部这个“关键少数”方面，习近平法治思想明确提出领导干部要做尊法学法守法用法的模范，提高运用法治思维和法治方式深化改革、推动发展、化解矛盾、维护稳定、应对风险的能力，强调健全党政主要负责人履行推进法治建设第一责任人的职责，把法治素养和依法履职情况纳入考核评价干部的重要内容，以更好地发挥领导干部在法治建设中的“关键少数”作用。

（三）不断推动学习贯彻习近平法治思想走深走实

进入新时代，法治理论的学习必须强调从单维度向多维度的转变，从纯粹法律知识、法律意识到社会主义法治精神、法治文化的发展，将公民自觉学法、守法、用法的法治实践作为目标加以推进。这是法治理念从知识层面向价值层面、实践层面的推进。为深入学习贯彻习近平法治思想，不断推动学习贯彻习近平法治思想走深走实，党中央高度重视，不断完善顶层设计，采取了一系列有效举措。《中国共产党党委（党组）理论学习中心组学习规则》明确将习近平法治思想纳入各级党委（党组）理论学习中心组的学习范围，要求结合各自工作实践，学深悟透习近平法治思想的精髓要义，强化各级领导干部的法治思维与法治方式运用能力。在《中央宣传部、司法部关于开展法治宣传教育的第八个五年规划（2021—2025 年）》中，更是明确要求“把习近平法治思想作为党委（党组）理论学习中心组学习重点内容，列入党校（行政学院)和干部学院重点课程,推动领导干部带头学习、模范践行"[1]。坚持依法治国必须坚持依规治党,坚持依规治党带动依法治国,要求各级党委(党组)将习近平法治思想纳入理论学习中心组学习的内容,使各级党委(党组)与领导干部进一步明确在业务范围内形成国家法律制度和党内法规制度相辅相成、相互促进、相互保障的格局,提高促进党的制度优势和国家制度优势相互转化、相互促进的能力。

为切实有效地确保学习贯彻习近平法治思想走深走实,中共中央宣传部、中央全面依法治国委员会办公室在编印《习近平法治思想学习纲要》(以下简称《纲要》)的同时,向各省、自治区、直辖市党委宣传部、依法治省(区、市)办以及中央和国家机关各部委、各人民团体宣传部门、法治工作部门等下发《关于认真组织学习〈习近平法治思想学习纲要〉的通知》,要求"各级党委(党组)要组织党员认真学习领会习近平法治思想的重大意义、核心要义、精神实质、丰富内涵、实践要求,坚持读原著、学原文、悟原理,努力掌握贯穿其中的马克思主义立场观点方法,不断深化认识,全面理解把握。要把《纲要》纳入学习计划,作为各级党委(党组)理论学习中心组学习、干部培训、党员学习的重要内容。各级法治工作部门要结合工作实际组织好本系统党员干部的学习"[2]。这不仅为各级党委(党组)推动学习贯彻习近平法治思想走深走实提供了方法论,还以文件的形式督促各级党委(党组)将推动学习贯彻习近平法治思想作为重点工作来抓,有力推进了各地各单位深入学习习近平法治思想。

除了要求各级党委(党组)与领导干部学习习近平法治思想外,中共中央

---

[1] 参见《中央宣传部、司法部关于开展法治宣传教育的第八个五年规划(2021—2025年)》。

[2] 中共中央宣传部、中央全面依法治国委员会办公室:《习近平法治思想学习纲要》,人民出版社、学习出版社2021年版,序言。

与国务院还要求“八五”普法以习近平法治思想引领全民普法工作，明确要求将学习宣传习近平法治思想作为重点工作来抓，要求用习近平法治思想武装头脑、指导实践，推动普法工作守正创新、提质增效、全面发展。在普法工作中，要通过多种形式，运用各类媒体和平台，发挥好各类基层普法阵地作用，推动习近平法治思想在全社会学深走实。坚持推进普法与依法治理有机融合，推进普法与法治实践深度融合，把普法融入法治实践、融入基层治理、融入日常生活，融入全面依法治国全过程，健全党组织领导的自治、法治、德治相结合的基层治理体系。各级党委（党组）需要着力提高普法工作的针对性与实效性，不断强化对习近平法治思想的深入学习，推动全面依法治国各项措施在城乡基层落地生根。

二、上海市学习宣传贯彻习近平法治思想的做法成效

中央全面依法治国工作会议吹响了深入学习宣传贯彻习近平法治思想的集结号。为贯彻落实中共中央有关全面依法治国的决策部署，统筹协调上海市全面依法治市工作，上海市委依法治市办积极推进习近平法治思想在上海的学习宣传，推动习近平法治思想贯彻落实到上海法治建设的全过程、各方面，确保落地生根、开花结果，奋力谱写好法治中国建设的上海新篇章。

（一）持续掀起高质量学习宣传贯彻习近平法治思想的热潮

上海市委、市政府高度重视学习宣传贯彻习近平法治思想。2020 年 11 月，上海市委领导在与中央依法治国办第一督察组的见面沟通会上旗帜鲜明地表示，要努力将法治打造成为上海城市核心竞争力的重要标志，固根基、扬优势、补短板、强弱项，推动法治建设不断取得新进展。

2020年12月,上海市委依法治市委召开会议,会议强调,要深入学习贯彻习近平法治思想,紧密结合学习贯彻习近平总书记考察上海重要讲话精神,找准上海全面依法治市工作的着力点和发力点,统筹考虑改革发展形势、法治上海建设进程和人民群众法治需求,谋划好法治上海建设蓝图。上海市各区、各部门、各单位把法治建设工作纳入本地区、本部门、本单位的总体规划和年度工作计划,与中心工作同部署、同推进、同督促、同考核、同奖惩。

上海在高质量宣传习近平法治思想方面形成了一些较为成熟的做法。

在上海市委组织部、市委政法委、市教委、市高级人民法院、市检察院、市司法局以及各区相关部门的通力合作下,上海市各级单位不断加强对习近平法治思想的理论学习。各单位将习近平法治思想纳入各级党委(党组)理论学习中心组、法治工作队伍培训的必学必训内容,纳入市、区党校(行政学院)以及法学院校的重点课程,纳入人民警察、法官、检察官职业培训内容,组织开展多形式、多层次、全覆盖的学习培训研讨。举办上海市各级领导干部学习贯彻习近平法治思想专题研讨班、政法领导干部学习贯彻习近平新时代中国特色社会主义思想专题研讨班等,持续推动习近平法治思想学习往深里走、往心里走、往实里走。

上海各法学研究机构、法学院校专家学者不断加强对习近平法治思想的理论研究,形成了一大批有理论深度的学术研究成果。上海市委宣传部、市委依法治市办、市教委、市法学会成立习近平法治思想学习实践宣讲团,积极组织各类媒体通过专题报道、组织访谈、开设专栏等形式,大力宣传习近平法治思想及其生动实践。积极推动习近平法治思想学习宣传向面上拓展、向基层延伸,大力推动习近平法治思想深入人心。

(二)不断拓展学习宣传习近平法治思想的广度和深度

上海市委依法治市委及依法治市办不断加强对法治建设工作的统筹谋

划部署，全面梳理全市法治建设情况，深入研究部署下一阶段重点工作，不断拓展学习宣传习近平法治思想的广度和深度。

上海市委依法治市办不断强化领导干部对习近平法治思想的深入学习，举办各类领导干部学习贯彻习近平法治思想专题研讨班、培训班。2021 年 10 月，上海市委理论学习中心组邀请中国政法大学校长马怀德作“习近平法治思想的核心要义”专题辅导报告。在专题辅导报告会上，上海市委领导要求“领导干部要发挥好‘关键少数’的示范带动作用，自觉做习近平法治思想的坚定信仰者、积极传播者、模范实践者，带头做尊法学法守法用法的模范”[1]，对上海市各级领导干部拓展学习宣传习近平法治思想作出明确定位和要求。

在上海市委组织部、市委政法委、市委依法治市办、市人力资源社会保障局、市教委、市人大常委会法工委等部门的通力合作下，上海大力推进法治工作队伍和法治人才队伍建设。各部门加强对法治工作队伍的教育培训，旗帜鲜明把政治建设摆在首位，抓好科学理论武装，教育引导广大法治工作者学深悟透习近平法治思想，坚定不移走中国特色社会主义法治道路。把专业化建设摆到更加重要的位置来抓，突出实战、实用、实效导向，全面提升业务素质和实际工作能力。深化法学教育改革，创新法治人才培养模式，健全法治实务部门与高等院校协同育人机制，提高人才培养质量。在市委依法治市办的牵头下，上海各法治实务部门不断加强与党校（行政学院）、法学会、高等院校之间的合作，建立全面依法治市决策咨询基地、立法评估基地、实训实习基地、研究基地等各种人才培养基地，提升各级领导干部与基层干部运用法治思维和法治方式深化改革、推动发展、化解矛盾、维护稳定、应对风险的能力。

---

[1] 《更好展现城市软实力的善治效能》，载《解放日报》2021 年 10 月 15 日。

为适应新形势下全面依法治国、全面依法治市的新任务新要求，夯实上海基层法治建设基础，使习近平法治思想真正深入基层，切实有效地提升法治建设水平，中共上海市委依法治市委向各区委依法治区委印发《法治建设示范创建活动工作方案》（以下简称《工作方案》），于2021年5月正式启动上海市法治建设示范创建活动。《工作方案》从总体要求、创建对象、评定程序、监督管理、组织保障5方面明确了创建活动的各项要求，为示范创建活动开展提供了具体的操作路径。同时，《工作方案》以党委领导、依法行政、守法普法以及其他加分项为核心要点，提出了4方面一级指引、15项二级指引、45个三级指引，为示范创建活动评定提供了指引性标准。

上海市委依法治市办明确，自2021年启动首轮示范创建起，树立一批新时代法治建设的新标杆，营造法治建设创优争先的浓厚氛围，努力开创基层法治建设新局面。在市级层面的整体谋篇布局之下，上海市215个基层街道乡镇深入学习习近平法治思想核心要义、把握法治建设顶层设计的各项要求，仔细对照各项指引，扎实推进各项工作。同时，《工作方案》本身也为学习习近平法治思想提供方向指引：三级指引第一项为“领导干部带头学习贯彻习近平法治思想，将习近平法治思想作为党（工）委理论学习中心组学习重点内容，明确学习形式和要点，切实掌握习近平法治思想的重大意义、精神实质和核心要义，并坚决贯彻落实”；第二项为“党员、干部接受习近平法治思想的系统学习培训，先锋模范作用凸显，学习宣传习近平法治思想的广度深度有效拓展”。“八仙过海各显神通”，基层街道乡镇在创建过程中不断学习、研究习近平法治思想，在对学习体制机制的创新中不断拓展学习、宣传与运用习近平法治思想的广度和深度。

（三）持续用力、学用结合，推动习近平法治思想落地转化

深入学习宣传贯彻习近平法治思想，对推动法治成为上海城市核心竞争力的重要标志，引领上海创造新奇迹、展现社会主义现代化国际大都市新气象，具有十分重大而深远的指导意义。上海广大干部、群众充分认识到习近平法治思想的重大政治意义、理论意义、实践意义，切实增强学习贯彻习近平法治思想的政治自觉、思想自觉、行动自觉，不断推动习近平法治思想在上海落地转化为丰富、生动的法治实践。

上海市积极组织参与中央全面依法治国委全国法治政府建设示范地区和项目创建活动，以创建促提升，以示范带发展，进一步提高法治政府建设水平。自2021年起，还组织开始了面向全市各街道乡镇的法治建设示范创建活动，首批命名"上海市法治建设示范街道乡镇"的20个示范街道乡镇形成了有力提升法治水平的工作机制和经验方法，其他街道乡镇也在创建工作中提炼出一系列蕴含习近平法治思想精髓要义的工作模式，丰富了上海的基层法治实践，推动习近平法治思想在基层落地生根。

上海作为中国的经济中心，必然要在规范市场秩序、促进经济发展的全过程中贯彻落实习近平法治思想。为回应习近平同志对上海"要瞄准最高标准、最高水平，优化政务服务，打造国际一流营商环境"[1]的厚望，上海以优化营商环境为抓手，从2017年的《着力优化营商环境　加快构建开放型经济新体制行动方案》到2021年的《上海市营商环境创新试点实施方案》，上海优化营商环境行动方案已从1.0版升级到了5.0版，不断深化"放管服"改革，持续优化市场化、法治化、国际化营商环境，进一步激发市

[1]《坚定改革开放再出发信心和决心　加快提升城市能级和核心竞争力》，载《人民日报》2018年11月8日。

场主体活力和社会创造力。为了确保上海市的优化营商环境始终运行在法治化轨道上，2021版《上海市营商环境创新试点实施方案》指出要将“着力打造科学规范的法治环境”列为重点任务，把上海打造成为贸易投资最便利、行政效率最高、政府服务最规范、法治体系最完善的一流营商环境标杆城市，优化营商环境法治保障共同体，提升上海城市软实力和核心竞争力。

习近平法治思想落地转化最重要的体现就是基层治理法治化的水平得到了显著提升。市人大常委会法工委、市政府办公厅、市司法局等单位在习近平法治思想的指引下，全面提升公共法律服务的能力和水平，加强上海城市治理的制度供给，及时制定修改相关地方性法规、规章和行政规范性文件。秉持“人民城市人民建，人民城市为人民”的治理理念，提升上海市政务服务“一网通办”能级和水平，健全相关配套制度，扩大电子印章、电子证照、电子档案等运用范围。研究加强对城市运行“一网统管”的法治保障，更好实现信息共享、相互推送、快速反应、联勤联动。

学习宣传贯彻习近平法治思想，全力推动习近平法治思想在上海落地生根，说到底还是要用法治保障人民权益，时刻铭记为人民服务的核心宗旨。上海市人大常委会法工委、市司法局加强制度设计，加快推进体现权利公平、机会公平、规则公平的地方性法规起草和制定工作，持续完善保障和改善民生、加强生态文明建设相关法规规章文件。上海市政法部门推动扫黑除恶常态化，坚决打击黑恶势力及其“保护伞”，让城乡更安宁、群众更安乐。在上海市场监管局等执法单位的工作中，持续推进食品药品、生态环境、安全生产、道路交通安全等关系群众切身利益的重点领域执法，加大对严重违法行为的处罚力度，切实维护人民群众合法权益。市委依法治市办及时研究解决法治领域的突出问题，切实抓好法治督察发现问题的整改工作，系统研究谋划和解决法治领域人民群众反映强烈的突出问题，同时组织深入开展法治为民办实事活动及法治建设优秀案例征评活动，用人民对上海法治工作的获得感与满意度来检验上海法治工作的成效，检验习近平法治思想是否真正在上海落地生根，开出鲜艳的“法治之花”，结出丰硕的“法治之果”。

三、上海基层学习宣传贯彻落实习近平法治思想的典型做法

为扎实推进习近平法治思想在上海的落地生根，在上海市委依法治市委、各区委依法治区委及市委依法治市办、各区委依法治区办的积极推动下，上海市各区共215个街道乡镇持续发力，形成了一大批基层宣传贯彻落实习近平法治思想的典型做法，并逐渐扩展成为上海市深入学习贯彻落实习近平法治思想的生动实践。

（一）抓好“关键少数”并有效拓展学习宣传广度和深度

领导干部这个“关键少数”在法治建设中起着关键的推动作用，因此要发挥带头尊法学法守法用法对全社会的重要的示范带动作用，领导干部则要以身作则、以上率下，自觉做人民心中尊法学法守法用法的模范。学法懂法是守法用法的前提。坚持把领导干部带头学法、模范守法作为全面依法治国的关键，推动领导干部学法经常化、制度化。上海市基层干部把学习宣传贯彻习近平法治思想作为尊法学法守法用法的重要内容，准确把握我们党处理法治问题的基本立场、观点和方法，主动在各自领域不断有效拓展学习宣传广度和深度。

奉贤区抓好“关键少数”，深入学习贯彻习近平法治思想

为深入学习贯彻习近平法治思想，按照中央、上海市关于法治建设新要求、新部署，奉贤区紧抓领导干部这个“关键少数”，积极探索推进党政主要负责人履行推进法治建设第一责任人职责，不断建立健全领导干部学法用法述法制度，加强统筹协调、创新举措、狠抓落实，增强依法行政、依法履职、依法决策、依法办事的能力和水平。

一、变“选修课”为“必修课”。根据全面依法治区的新形势新任务新要求，奉贤区制定出台《奉贤区推行领导干部学法用法制度的实施意见》，提出健全党内法规学习、深化领导干部集体学法、完善日常学法制度、健全教育培训机制等十大具体任务，切实提升领导干部运用法治思维和法治方式开展工作的能力。连续5年组织处级以上干部旁听行政诉讼案件审理，在全市率先将“三合一活动”列入党校（行政学院）专题研修班的现场教学，该做法被水利部驻沪单位借鉴推广。

二、变“分散学”为“集中学”。中共奉贤区委依法治区办、区委党校每年联合举办法治建设专题研讨班，针对全区各地区、各部门党政主要领导、法治分管领导、法制部门科级干部举办“深入学习习近平法治思想”“依法行政和领导干部的法治思维”“行政执法的难点、问题及其对策”等专题培训，有效提升领导干部依法行政、依法办事的能力。发挥党校（行政学院）主阵地作用，区管干部进修班、

中青年干部培训班、科级干部进修班、年轻干部培训班等班次，均把习近平法治思想、宪法法律、党内法规列为培训必修课程。区人大常委会、区委组织部结合领导干部任命开展向宪法宣誓活动，增强领导干部宪法意识。

三、变“被动学”为“带头学”。奉贤区深化党委(党组)中心组学法，区委中心组举办习近平法治思想扩大学习会。发动基层广泛学，区委宣传部定期编印法治相关主题学习资料，向全区基层党委(党组)发放。区政府常务会议通过议题汇报与讨论的形式，定期穿插学法内容开展集体学法。区人大和区政协结合执法检查和民主监督议题组织开展集体学法、专题培训，提升履职能力。各地区、各单位以专题讲座、知识竞赛、参观学习等方式开展形式多样的机关干部日常学法活动。

领导干部是党和国家事业发展的“关键少数”，对全党全社会都具有重要的风向标作用。习近平同志强调“现在，广大干部群众的民主意识、法治意识、权利意识普遍增强，全社会对公平正义的渴望比以往任何时候都更加强烈，如果领导干部仍然习惯于人治思维、迷恋于以权代法，那十个有十个要栽大跟头”。[1] 领导干部尊不尊法、学不学法、守不守法、用不用法，人民群众看在眼里、记在心里。领导干部只有带头尊法学法守法用法，才能真正发挥“头雁效应”，让老百姓自觉地跟随着尊法学法守法用法。学习习近平法治思想不仅需要靠“关键少数”发力，更需要从全社会层面上拓展学习宣传的广度和深度，要在做好普法守法的工作基础上建章立制，从机制上进一步健全日常学法制度，强化法治培训，不断增强国家工作人员特别是“关键少数”依法

〔1〕 习近平：《论坚持全面依法治国》，中央文献出版社2020年版，第141页。

办事的意识与能力。

徐汇区长桥街道有效拓展学习广度深度

为深入贯彻中央全面依法治国工作会议精神和习近平法治思想，组织开展习近平法治思想的学习宣传活动，结合实际，制定长桥街道《关于学习宣传贯彻习近平法治思想的实施方案》，将学习习近平法治思想列入中心组年度学习计划，领导干部认真带头学习，分享心得体会，并做好会议记录。在学习贯彻习近平法治思想的过程中，逐渐形成学习贯彻习近平法治思想的创新做法。

一、"学思想　强党建"，将习近平法治思想纳入领导干部必学内容，开展学习培训。长桥街道 2021 年中心组年度学习共开展 4 次，结合专题学习，把握"十一个坚持"的核心要义，积极开展学习交流。深刻把握习近平法治思想指明的政治方向，坚持把党的领导作为根本保证，坚持以人民为中心的根本立场。深刻把握习近平法治思想明确的战略定位，坚持在法治轨道上推进国家治理体系和治理能力现代化。深刻把握习近平法治思想强调的重要保障，抓住领导干部这个"关键少数"，加快建设德才兼备的高素质法治工作队伍，不断在学习中深刻把握习近平法治思想的精神实质和核心要义并运用到工作实践中。

二、"学思想　办实事"，深入居民区学习小组，持续掀起学习热潮。长桥街道精准结合习近平法治思想学习教育，做到"我为群众办实事"，加强调查研究，提出对接项目，多方面发力研究，提出意见建议，为更好推动高质量发展，更好服务基层群众作出贡献。结合街道工作实际，突出鲜明特色，坚持求真务实，提升学习宣传针对性、实效性。主动服务市级和区级重大战略部署，激活软要素，提升软实力，服务新发展。主动作为，将习近平法治思想的学习感悟融入基层实践，指导街道加装电梯、旧城改造等中心工作的有序推进，真正做到学习落地见成效。

三、"学思想　促和谐"，将习近平法治思想学习融入学校法治教育，引导青少年树立法治理想。长桥街道将青少年作为重点普法对象，组织开展习近平法治思想进校园活动，深入辖区内中小学生群体，举办以涉外法治人才培养等内容为专题的法治宣传教育活动，引导青少年树立正确思想观念，让法治的"种子"在校园生根发芽，进一步提高青少年法治素养，培养法治人才。配合区法院"甘棠树下"，组织开展法官讲法进校园活动，推动习近平法治思想进校园、加强青少年法治教育工作，适应新时代人民群众更高法治需求。长桥司法所围绕学习宣传贯彻习近平法治思想开展各类校园法治教育活动，为社区培养更多具有法治思维的小公民，使更多的孩子从聆听者、体验者向校园法治教育的传播者、宣传者转变，带头尊法、学法、护法。

徐汇区长桥街道作为上海市首批基层法治建设示范街道乡镇，坚持以习近平法治思想引领工作，通过拓展学习"宽度"、加大落实"力度"、深化宣传"精度"，推动习近平法治思想在基层落地生根。

（二）切实落实党政主要负责人履行法治建设第一责任人职责

党政主要负责人履行推进法治建设第一责任人职责，是推进法治建设的重要机制保证。各级党政主要负责人作为切实履行依法治国的重要组织者、推动者和实践者，应坚决贯彻落实党中央关于全面依法治国的重大决策部署，在深入学习宣传贯彻落实习近平法治思想工作中亲力亲为，做到重要工作亲自部署、重大问题亲自过问、重点环节亲自协调、重要任务亲自督办。上海市各街道乡镇的党政主要负责人在推进本地区、本部门学习习近平法治思想的工作中切实担起第一责任人的职责，将贯彻落实习近平法治思想当作重点工作来抓，形成了一批典型做法。

松江区广富林街道扎实落实党政主要负责人履行推进法治建设第一责任人职责

松江区广富林街道党(工)委主要领导带头学习贯彻习近平法治思想，切实履行推进法治建设第一责任人职责，先锋模范作用凸显。

一、抓住“关键少数”，争当深学笃行习近平法治思想的排头兵。在学深悟透的基础上，结合对工作的领悟，街道书记和街道办事处主任分别为街道及社区干部上法治课，结合街道工作实际进一步讲解习近平法治思想的核心要义，要求街道各级干部精准把握习近平法治思想的精髓。2020 年以来，在干部述责述廉工作中增加了“述法”环节，作为规定动作，在松江区首次实现中层干部述法全覆盖，在共同学习和讨论中实现推动街道各级干部以法治思维总结、谋划、审视本职工作，从法治视角凝聚改革共识、规范发展行为、促进矛盾化解、保障社会和谐。着力提高“关键少数”运用法治思维和法治方式深化改革、推动发展、化解矛盾、维护稳定、应对风险的能力。

二、主动践行“以人民为中心”理念，实现“问需于民”。基层居委会和人民调解委员会肩负着在一线早期化解矛盾纠纷的任务，也实实在在地处理解决了大量的问题。但群众反映强烈的“调解协议履行难、线下司法确认费时费力”问题在现实中一直存在。街道党(工)委联系、部署，推动街道与法院合作，率先在全区挂牌成立松江区非诉讼争议解决中心法院联络处广富林联系点，全面启动调诉对接诉源纠纷多元化解新机制，真正实现足不出户第一时间完成网上司法确认无纸化对接流程。

三、坚持在法治轨道上推进治理体系和治理能力现代化，实现“取信于民”。广富林街道坚持在法治轨道上推进治理体系和治理能力现代化，积极推动创建首批“上海市法治建设示范街道”架构领导体制工作机制，以法治之力推动街道各项工作制度化、规范化。2020 年，广富林街道出台《关于进一步加强和改进基层法治建设的通知》，规划未来五年街道法治建设发展愿景。2021 年，街道以“上海市法治建设示范街道”创建活动为契机，梳理汇编街道成立 5 年来出台的各项现行有效制度文件，内容涵盖行政程序、干部选拔、财务管理、党风廉政等各方面，推动街道各项工作制度更规范化运行。同时，明晰各项工作制度办理流程，确保制度执行更加规范、更有效率，人民更加满意，真正实现治理体系和治理能力现代化发展。

四、坚持依法治理、依法行政共同推进，坚持法治政府、法治社会一体建设，实现“惠利于民”。2021 年以来，广富林街道以“开门办会”“律师沙龙”等形式召开法治护航双创企业发展研讨会 3 次，助力优化法治化营商环境；严格落实重大行政决策程序制度，司法所长100%列席主任办公会;主动适应新增行政执法职权,规范街道综合执法工作流程,积极探索行之有效的重大执法决定法制审核;强化对优秀地域法治元素的提炼,涵养法治文化助推法治建设。挖掘辖区松江大学城、广富林遗址公园等文化符号融入法治元素,塑造“广富林法治牛”形象;以软硬件赋能“法治文汇路”阵地建设,对其中的元素设计、点位设置等,街道领导反复听取汇报。街道创新“谁执法谁普法”履职方式,以法治短剧、模拟法庭等形式打响广富林普法责任制工作特色品牌。

习近平同志指出“我们必须认认真真讲法治、老老实实抓法治”[1]。在新时代,各级领导干部的信念、决心、行动对全面推进依法治国无疑具有重要意义。党政主要负责人要贯彻落实《党政主要负责人履行推行法治建设第一责任人职责规定》,带头深入推进法治宣传教育,推动全社会形成浓厚法治氛围;政府主要负责人推动完善行政机关工作人员学法用法制度,组织实施普法规划,推动落实“谁执法谁普法”的普法责任制。党政主要负责人作为“关键少数”不能做“甩手掌柜”,在法治工作中不能一年开一两次会、讲一两次话了事[2],而是要亲力亲为,带头宣传习近平法治思想。在上面要求人、在后面推动人,都不如在前面带动人管用。正所谓上行下效,“其身正,不令而行;其身不正,虽令不从”。

---

〔1〕 习近平:《论坚持全面依法治国》,中央文献出版社2020年版,第108页。

〔2〕 习近平于2015年2月2日在省部级主要领导干部学习贯彻党的十八届四中全会精神全面推进依法治国专题研讨班上的讲话。

紧抓“关键少数”“牛鼻子”，金山区深入推进党政主要负责人专题述法工作

近年来，金山区以制度创新为着眼点，紧抓党政主要负责人及“关键少数”这一“牛鼻子”，充分发挥区委常委会会议的政治核心作用，有效践行法治建设第一责任人的职责。2017 年 9 月，金山区在全市率先开展区级机关、街镇（金山工业区社区）党政主要负责人向区委常委会会议专题述法工作。目前，已连续四年开展专题述法，区社工委、区信访办、区经委、区教育局、区环保局、区国资委、区总工会、区妇联、漕泾镇、山阳镇、金山卫镇和张堰镇 12 家单位的主要负责人进行了专题述法。

一、健全机制，明确述法形式，让专题述法有分量。金山区每年开展两次专题述法，每次专题述法由三名述法对象参与，分别为党委（群团）部门主要负责人、区政府工作部门主要负责人、街镇（金山工业区社区）党政主要负责人。述法对象采用第一人称，围绕自身法治意识、法治思维，运用法治方式推动具体工作的考虑、做法和成效，以及今后一段时期内本单位法治建设的设想和安排展开，向区委常委会会议做专题汇报。述法对象结合区委、区政府年度重点工作和重大项目，重点对本部门（单位）如何运用法治方式推动具体工作进行阐述，特别是经验做法、短板问题、“瓶颈”障碍等，既要总结提炼、讲成绩、有经验，又要正视不足、提问题、补短板。

二、注重规范，明晰述法程序，让专题述法有力量。专题述法由三名述法对象依次述法，金山区委依法治区办负责同志做补充汇

报，主要对述法对象的法治意识、推进法治建设的举措及效果进行客观评价，提出针对性、建设性建议，并对上一轮述法对象的整改情况进行通报。两位区领导对述法进行点评，区委书记讲话。区人大、区政府、区政协分管领导，区委办、区府办、区委组织部、区委宣传部及区人大、区政协相关部门领导及参加下一轮述法的三名对象列席。

三、优化结果，明了述法考核，让专题述法有质量。金山区强化督查检查，将专题述法纳入区委重点工作督查内容。述法结束后，区委办公室以会议纪要的形式将区委领导点评及工作要求发送至述法对象所在单位，述法对象需在3个月内做好整改落实，并将整改落实情况分别反馈至区委办、区委依法治区办，由区委依法治区办检查评估后，在下一轮述法中进行通报。注重效果运用，由区委组织部将专题述法及整改落实情况列为党政领导班子年度考评内容，运用考核杠杆，实现述法效果的最大化。

金山区在上海市首创党政主要负责人向区委常委会会议专题述法工作，在全市甚至全国范围都是一项具有重要现实指导意义的开创性工作。同时，金山区将这一举措制定成规则，形成制度，加强考核落实，推动形成了以上率下尊法学法守法用法、层层立标杆做示范的良好氛围，切实发挥了述法的引领、推动和示范效应，为区内各街镇（金山工业区）开展部门和村居主要负责人专题述法工作提供了可借鉴的模板，为全市层面贯彻落实党政主要负责人法治建设责任制提供了成功范例。2019年2月23日，新华社客户端以“上海基层探索建立机关、街镇‘一把手’专题述法制度”为题进行了专题报道。

（三）将习近平法治思想创新转化为基层法治实践

习近平法治思想科学地提出了在法治轨道上推进国家治理体系和治理能力现代化的目标任务，学习习近平法治思想必然要将蕴含于其中的精髓要义创新转化为基层法治实践，提高运用习近平法治思想深化改革、推动发展、化解矛盾、维护稳定、应对风险的能力。提升治理能力的目的还是服务人民，提升人民的满意度与幸福感。习近平同志指出“我们国家的名称，我们各级国家机关的名称，都冠以‘人民’的称号，这是我国社会主义国家政权的基本定位”[1]。保护人民权益是法治的根本目的，学习习近平法治思想有助于基层街道乡镇创新基层法治实践的模式与方法，提升基层治理法治化的水平与能力，真正实现“用法治保障人民安居乐业”[2]。

闵行区落实习近平法治思想，首建基层“法治观测点”，推动法治为民办实事

为深入贯彻习近平法治思想，更好地诠释“人民城市人民建，人民城市为人民”重要理念，闵行区在全市首个试点设立一批基层“法治观测点”和基层“法治观察员”，延伸工作触角，打造“法治哨点”，感知全区法治温度，广泛听取群众和市场主体关于法治建设的问题、意见和建议，整合多方资源，系统谋划和解决法治领域人民群众反映强烈的突出问题，取得较好成效，探索建立一套行之有效的法

〔1〕 习近平：《论坚持全面依法治国》，中央文献出版社2020年版，第264页。
〔2〕 习近平：《论坚持全面依法治国》，中央文献出版社2020年版，第2页。

治问题发现机制、推动机制和解决机制。

一、向上打通，建立意见转化机制。与市委依法治市办法治督察处建立报送机制，涉及市层面体制机制性问题的，形成报告报市委依法治市办法治督察处，由市委依法治市办研究推动解决。涉及区领导法治领域决策建议的，与区信访办建立机制，依托人民建议征集平台，报相关市区领导决策参考。

二、横向整合，探索问题解决机制。在本区层面，法治观测中发现的问题，定期形成法治观测报告予以通报，同时作为区委法治督察的重要内容，通过举一反三的方式在全区范围内推动解决；区司法局与区检察院建立机制，依托行政检察协调小组，将基层"法治观测点"相关职能纳入工作范围，通过行政检察建议方式督促解决政府依法履职方面的问题。

三、向下渗透，夯实基层法治建设。区委依法治区办定期组织座谈，赴基层"法治观测点"开展调研，发挥街道乡镇全面依法治理委员会职能，涉街道乡镇层面问题第一时间发现、第一时间就地解决，如莘庄工业区莘闵留创园法律服务中心"法治观测点"，多次举行专题意见征集会，邀请50余家企业代表点对点听取意见建议，相关建议经梳理全部提交工业区职能部门对接解决。

试点设立基层"法治观测点"和基层"法治观察员"是闵行区在深入贯彻习近平法治思想过程中的一次生动实践，是坚持以人民为中心深化法治为民办实事的一次积极探索。经过近1年实践，闵行区已经初步形成一套行之有效的工作机制和操作流程，打通了法治领域问题发现机制，广泛听取意见建议，做到事事有回应，得到群众认可；充分整合法治督察、人民建议、行政检察等各类机制，夯实问题研判和解决机制，为各类人民群众反映强烈的法治领域突出问题找到推进路径，实现系统谋划和有效解决。该试点在全市范围内具有较高的复制推广价值，对夯实市委依法治市办法治督察机制、法治调研机制具有借鉴意义。

习近平总书记指出，“在整个改革过程中，都要高度重视运用法治思维和法治方式，发挥法治的引领和推动作用，加强对相关立法工作的协调，确保在法治轨道上推进改革”[1]。基层法治实践离不开对习近平法治思想的创新转化，本质上也是在法治下推进改革，提升治理能力的必要之举。2019 年 11 月，习近平同志在上海市长宁区虹桥街道考察时首次提出“人民民主是一种全过程的民主”，为上海基层法治实践提供了重要指导，指明要把以人民为中心的发展理念贯穿到立法、执法、司法、守法的各个环节。

以法治汇聚社情民意，
长宁区虹桥街道以法治建设助力“全过程人民民主”

上海长宁区虹桥街道基层立法联系点于 2015 年 7 月设立，是全国人大常委会法工委首批设立的基层立法联系点，全国人大外事接待点之一。2019 年 11 月 2 日下午，习近平总书记来到虹桥街道古北市民中心考察基层立法联系点工作，首次提出“全过程人民民主”概念。3 年来，虹桥街道时刻牢记总书记嘱托，以全国人大党(工)委基层立法联系点建设为引领，充分发挥古北市民中心“上海市社会主义法治文化品牌阵地”样板作用，将“全过程人民民主”与

[1] 习近平：《论坚持全面依法治国》，中央文献出版社 2020 年版，第 35 页。

基层法治建设相融合，形成了一些独特做法。

一、架起立法彩虹桥，开启民意直通车。长宁区虹桥街道基层立法联系点，是全国人大常委会法工委在上海设立的首个基层立法联系点，也是全国人大首批四个基层立法联系点中唯一的街道直设点。在基层立法联系点工作中，虹桥街道始终坚持贯彻落实“全过程人民民主”，仅2021年，该立法联系点就先后参与了21部法律草案意见征询。一直以来，虹桥街道基层立法联系点以“定原则、搭构架、明职责、建载体、塑平台”为主攻方向，通过确立凸显特色、广泛覆盖、合理配置、明德崇法、注重实效的“二十字”工作原则，规范化、程序化运行立法征询工作。目前，立法点形成了以420名信息员为主体，15家顾问单位和15个专业人才库为“两翼”的“一体两翼”基本模式，通过八项工作职责、意见征询办法等工作制度，确保科学立法、民主立法、依法立法。

二、成立市民议事厅，建言协商社区事。古北市民中心是“全过程人民民主”的首提地，第二批“上海市社会主义法治文化品牌阵地”。早在2014年，古北市民中心便专门成立了古北市民议事厅，为社区居民讨论社区公共事务提供了专门平台。通过在古北42个小区建立小区议事员、议事组、核心议事员三级议事团，配合社区“融工作法”，自下而上进行社区议题协商、推动问题解决。古北市民中心基层立法联系点设立以后，立法征询同三级议事相结合，依托国际化社区的区位条件，层层发动社区中外居民建言献策、“提、议、行、督”，将“全过程人民民主”融入国际社区治理。虹桥基层立法联系点也被选为全国人大外事接待点，成为中国特色社会主义法治基层实践的生动展示。

三、打开法治便利窗，服务营商国际化。虹桥街道致力于打通服务“最后一公里”，针对社区境外居民比例高的情况，围绕出入境、居住、生活、工作，迫切地需要法治化、便利化社区综合专窗。古北市民中心作为古北国际社区的家门口综合服务平台，涵盖事务受理、生活服务、文化融合、社区共治四大功能板块，先后建立了海外人才荟、境外人员服务站、移民融入服务站，还在中心拓展设立了公共法律服务工作点，建立了专门的涉外法律服务工作机制，为社区内的境外居民、外资企业提供便利，让境外居民亲身感受中国的法治营商环境。全国人大、市人大、市政府的三级基层立法点，又使从社区生活事务，到涉外法治营商的立法建议成为可能，通过吸纳国际友人加入立法信息员，拓展了立法征询的外延，让“全过程人民民主”拥有了涉外窗口。

四、余论：坚持系统性学习，推动习近平法治思想学深悟透走实

习近平法治思想是新的历史条件下，结合中国法治建设新需求，形成的一系列符合中国具体国情的法治思想，是系统性的法治理念。学习宣传贯彻习近平法治思想必然要“整体谋划，更加注重系统性、整体性、协同性”[1]，从习近平法治思想与马克思主义法治理论的关系、习近平法治思想与法治建设历史经验的关系、党与法的关系、政治与法治的关系、政策与法律的关系、法治与德治的关系、改革与法治的关系、依法治国与依规治党的关系、法治化与现代化的关系、国内法治与涉外法治的关系十个方面来深入贯彻落实学习习近平法治思想，用系统的学习观念和方法来系统地学习贯彻习近平法治

〔1〕 习近平：《坚定不移走中国特色社会主义法治道路　为全面建设社会主义现代化国家提供有力法治保障》，载《求是》2021年第5期。

思想。

在当前的法治实践中，一些地方和部门在一定程度上还存在着“重形式轻内涵”“重硬件轻软件”以及“碎片化零散化”的情况，未能在工作中，切实地、自觉地灵活运用习近平法治思想推动依法行政和其他各项工作。系统地学习习近平法治思想的关键在于学深悟透“十一个坚持”的科学内涵，还应深入学习党的十八大以来习近平总书记关于全面依法治国一系列重要论述中的法治思想以及党的重要文件中所包含的重要政策。

“实践是法律的基础，法律要随着实践发展而发展。”[1]“实践第一”是习近平法治思想区别于古今中外各种法治理论和学说，特别是西方资本主义法治学说的根本理论特质。习近平法治思想涵盖全面依法治国的各领域、各方面、各环节，基于新时代治国理政的战略考虑，深刻把握中国特色社会主义法治发展的基本规律，精辟论述了全面依法治国的基本理论。在深入学习贯彻习近平法治思想过程中，需要找准法治工作的着力点和发力点，统筹考虑业务领域的工作特质、本单位法治建设进程和人民群众法治需求，谋划好法治建设蓝图，真正将习近平法治思想学深悟透。

[1] 习近平：《论坚持全面依法治国》，中央文献出版社2020年版，第19页。

第二章 模范守法遵规、坚持依法决策

一、党中央对党委模范守法遵规、依法决策的要求

习近平总书记在2020年11月召开的中央全面依法治国工作会议上强调,“要坚持抓住领导干部这个‘关键少数’。各级领导干部要坚决贯彻落实党中央关于全面依法治国的重大决策部署,带头尊崇法治、敬畏法律,了解法律、掌握法律,不断提高运用法治思维和法治方式深化改革、推动发展、化解矛盾、维护稳定、应对风险的能力,做尊法学法守法用法的模范。要力戒形式主义、官僚主义,确保全面依法治国各项任务真正落到实处”。[1] 在习近平法治思想所确立的“十一个坚持”中,坚持抓住领导干部这个“关键少数”是全面依法治国的关键所在,要求各级党组织和党员领导干部要带头厉行法治,不断提高依法执政能力和水平,不断提升各项治国理政活动的法治化水平。

---

〔1〕 习近平在中央全面依法治国工作会议上发表重要讲话,载中华人民共和国中央人民政府官网,2020年11月17日。

（一）推动领导干部做尊法学法守法用法的模范

领导干部是一个社会法律信仰和法律权威形成的不可缺少的主导性环节。领导干部要带头学习、精准把握习近平法治思想，真正做到依法执政、依法行政、科学立法、严格执法、公正司法、强化监督，发挥好各级党组织和领导干部在依法治国中的重要作用。领导干部要始终对宪法法律怀有敬畏之心，牢固树立法律红线不能触碰、法律底线不能逾越的观念，积极营造办事依法、遇事找法、解决问题用法、化解矛盾靠法的法治环境。同时，学好用好党内法规，是领导干部成为尊法学法守法用法的模范的一个重要方面。领导干部必须认真学习领会，才能够“系统地而不是零碎地、实际地而不是空洞地”、在理论与实践的结合上真正把握习近平法治思想[1]。目前，中国共产党形成了较为成熟的党内法规体系，主要包括党章，除党章外的中央党内法规，中央纪律检查委员会、中央各部门制定的党内法规，省、自治区、直辖市党委制定的党内法规等四个层级，具体可以区分为党章、准则、条例、规则、规定、办法、细则七大类。党的十八大以来，先后制定和修订了 180 多部中央党内法规，出台了一批标志性、关键性、基础性党内法规制度。

习近平总书记在党的十八届二中全会上指出，“现在，一些党员、干部仍然存在人治思想和长官意识，认为依法办事条条框框多、束缚手脚，凡事都要自己说了算，根本不知道有法律存在，大搞以言代法、以权压法。这种现象不改变，依法治国就难以真正落实”。[2] 2014 年 12 月，习近平总书记在中央经

---

〔1〕 郭庆松：《领导干部要做尊法学法守法用法模范》，载《中国纪检监察报》2020 年 11 月 24 日。

〔2〕 习近平：《关于〈中共中央关于全面推进依法治国若干重大问题的决定〉的说明》，载《〈中共中央关于全面推进依法治国若干重大问题的决定〉辅导读本》，人民出版社 2014 年版，第 54 页。

济工作会议上指出,“一些地方和部门还习惯于仅靠行政命令等方式来管理经济,习惯于用超越法律法规的手段和政策来抓企业、上项目推动发展,习惯于采取陈旧的计划手段、强制手段完成收入任务,这些办法必须加以改变”。[1] 党的十八大以来,虽然制度的笼子越扎越牢、越织越密,但是党员领导干部违法乱纪、“不收敛不收手”的现象仍时有发生,个别贪腐分子的涉案金额令人瞠目结舌。“关键少数”的规则意识、底线意识的提升是一项长期的任务,不能有丝毫松懈。

2016 年 12 月,中共中央办公厅、国务院办公厅印发《党政主要负责人履行推进法治建设第一责任人职责规定》,统筹推进科学立法、严格执法、公正司法、全民守法,自觉运用法治思维和法治方式深化改革、推动发展、化解矛盾、维护稳定、应对风险。《法治中国建设规划(2020—2025 年)》明确,要“建立领导干部应知应会法律法规清单制度,推动领导干部做尊法学法守法用法的模范。党政主要负责人要切实履行推进法治建设第一责任人职责,将履行推进法治建设第一责任人职责情况列入年终述职内容”。上级党委应当对下级党政主要负责人履行推进法治建设第一责任人职责情况开展定期检查、专项督查,并纳入政绩考核指标体系,作为考察使用干部、推进干部能上能下的重要依据。对不认真履行第一责任人职责的党政主要负责人,上级党委要及时告诫和约谈,严肃批评。对一个地方、一个部门接二连三发生重大违法案件、造成严重社会后果的,必须严肃问责、依法追究。要建立领导干部应知应会法律法规清单制度,推动领导干部做尊法学法守法用法的模范。

(二)领导干部全面提高运用法治思维和法治方式能力

领导干部用法的关键,在于提高运用法治思维和法治方式的能力,把对

---

[1] 《中央经济工作会议在北京举行》,载《人民日报》2014 年 12 月 12 日。

法治的尊崇、对法律的敬畏转化成思维方式和行为方式，领导干部谋划工作要运用法治思维、处理问题要运用法治方式，做到在法治之下，而不是法治之外，更不是法治之上想问题、作决策、办事情。习近平总书记指出："当前，一些领导干部还不善于运用法治思维和法治方式推进工作，领导干部心中无法、以言代法、以权压法是法治建设的大敌。"[1]

《法治中国建设规划（2020—2025 年）》指出，"把法治素养和依法履职情况纳入考核评价干部的重要内容。各级领导干部要全面提高运用法治思维和法治方式深化改革、推动发展、化解矛盾、维护稳定、应对风险能力，绝不允许以言代法、以权压法、逐利违法、徇私枉法。各级党委要将法治建设与经济社会发展同部署、同推进、同督促、同考核、同奖惩。研究制定法治建设指标体系和考核标准。加强对重大法治问题的法治督察"。《法治政府建设实施纲要（2021—2025 年）》进一步指出，"加强党的领导，完善法治政府建设推进机制。加强党对法治政府建设的领导。健全突发事件应对体系，依法预防处置重大突发事件。坚持运用法治思维和法治方式应对突发事件，着力实现越是工作重要、事情紧急越要坚持依法行政，严格依法实施应急举措，在处置重大突发事件中推进法治政府建设"。自 2020 年新冠疫情发生以来，习近平总书记在多个场合反复强调，"各级党委和政府要全面依法履行职责，坚持运用法治思维和法治方式开展疫情防控工作，在处置重大突发事件中推进法治政府建设，提高依法执政、依法行政水平"。[2] 就是要在法治轨道上，通过运用法治思维和法治方式更好地应对挑战、化解风险。

---

〔1〕 习近平：《论坚持全面依法治国》，中央文献出版社 2020 年版，第 257 页。

〔2〕 习近平：《全面提高依法防控依法治理能力　健全国家公共卫生应急管理体系》，载《求是》2020 年第 5 期。

（三）完善党委依法决策机制，健全议事规则和决策程序

党委决策要将民主基础上的集中与集中指导下的民主相结合，《中国共产党章程》规定，“党的各级委员会实行集体领导和个人分工负责相结合的制度。凡属重大问题都要按照集体领导、民主集中、个别酝酿、会议决定的原则，由党的委员会集体讨论，作出决定；委员会成员要根据集体的决定和分工，切实履行自己的职责”。在党章之下，还有很多党内法规涉及党委决策，比如，《中国共产党中央委员会工作条例》第23条规定，“党中央按照集体领导、民主集中、个别酝酿、会议决定的原则，对党和国家工作的重大问题作出决策。党中央作出重大决策部署，必须深入调查研究，广泛听取各方面意见和建议，加强分析论证，凝聚智慧共识，做到科学决策、民主决策、依法决策”。由此可见，党委决策在民主集中制指导下，遵循集体领导、民主集中、个别酝酿、会议决定的基本原则，切实做到科学决策、民主决策、依法决策。

近年来，党中央出台的许多政策、规范性文件进一步对党委依法决策机制作出新部署。《法治中国建设规划(2020—2025年)》明确指出，“加强党对法治中国建设的集中统一领导，充分发挥党总揽全局、协调各方的领导核心作用。推进依法执政，完善党委依法决策机制，健全议事规则和决策程序”。中共中央、国务院于2021年8月11日印发的《法治政府建设实施纲要(2021—2025年)》指出，“强化依法决策意识。把是否遵守决策程序制度、做到依法决策作为对政府部门党组(党委)开展巡视巡察和对行政机关主要负责人开展考核督察、经济责任审计的重要内容，防止个人专断、搞‘一言堂’”。

党的十八大以来，随着党内法规体系的健全完善，党委依法决策工作迈上新台阶。完善党委依法决策机制、健全议事规则和决策程序的本质要求

是，健全党的全面领导制度，确保党对重要法治事项的最终决定权，不断推进党的领导制度化、法治化。

二、上海市对模范守法遵规、依法决策的部署

2021 年 12 月，上海市委依法治市委召开会议，会议强调，“要坚定不移用习近平法治思想引领全面依法治市的实践，推动法治建设更好为营造平稳健康的经济环境、国泰民安的社会环境、风清气正的政治环境服务，为保障高质量发展、高品质生活、高效能治理服务，使法治成为上海城市核心竞争力的重要标志，让上海法治名片更加闪亮，更好展现城市软实力的善治效能”。为贯彻落实党中央对全面依法治国的战略部署，上海市委、市政府高度重视法治建设工作，并对党员干部模范守法遵规、依法决策等方面作出具体部署。

（一）党委建立健全法治建设领导体制和工作机制

2018 年年底，上海市委根据中央要求，组建了市委依法治市委，进一步优化市委对法治建设工作的领导体制机制。市委依法治市委设立了办公室和四个协调小组，各区也设立了区委依法治区委、办公室及其三个协调小组。2019 年 2 月，上海市委依法治市委召开会议，会议要求“找准发力点、提高针对性，推动法治成为上海核心竞争力重要标志”。2019 年 12 月，上海市委依法治市委执法协调小组召开第一次全体会议，会议强调“各成员单位要在市委全面依法治市委员会统一领导和执法协调小组统筹协调下，进一步提高执法工作政治站位，聚焦服务中央和上海重大发展战略，聚焦提高城市治理现代化水平，聚焦增进市民群众的福祉，强化组织领导，强化协作配合，强化推进落实”。

建立健全党委(党组)对法治建设的领导体制和工作机制,是推进全面依法治市工作的重要抓手,发挥着牵头抓总的作用。在市级层面,上海市委、市政府积极贯彻习近平法治思想,全面履行推进法治建设第一责任人职责,紧紧抓住领导干部这一"关键少数",全力推进党政主要负责人法治建设"一把手"工程。市政府常务会议专题听取法治政府建设工作情况汇报,研究制定年度法治政府工作要点,协调解决重大问题。市政府主要负责同志召开市政府工作会议暨法治政府建设工作推进会,担任市行政复议体制改革领导小组组长,推动法治政府领域重大改革任务有序开展。注重建章立制,上海在全国率先出台《关于全面加强和改进基层法治建设的意见》,进一步明确街道乡镇党政主要负责人推进法治建设主要任务,全面建立基层法治建设领导体制和统筹协调机制。

在区级层面,各区全面建立健全法治建设的领导体制和工作机制,开展了丰富多样的活动。比如,2019 年,黄浦区印发《中共黄浦区委全面依法治区委员会 2019 年工作要点的通知》《〈中共黄浦区委全面依法治区委员会 2019 年工作总结和 2020 年工作安排〉的通知》,较为完整系统地梳理了区级法治建设的工作要点和工作安排。区委依法治区委进行了较好的顶层设计和总体布局,并由区委统筹协调、整体推进、督促落实各项法治建设工作,取得了较好的工作实效,该区获评首批全国法治政府建设示范区。

2021 年 12 月,上海市委、市政府发布《上海法治政府建设规划(2021—2025 年)》,明确规定"要加强党的领导,不断完善法治政府建设推进机制。各级党委要切实履行推进法治建设领导职责,安排听取有关工作汇报,及时研究解决影响法治政府建设重大问题。各级政府要在党委统一领导下,履行法治政府建设主体责任,谋划落实好法治政府建设各项任务,主动向党委报告法治政府建设中的重大问题。各级政府及其部门主要负责人要切实履行推进本地区、本部门法治建设第一责任人职责，作为重要工作定期部署推进、抓实抓好，将履行法治建设第一责任人职责情况纳入年终述职内容。市、区两级党委以及街道乡镇党（工）委法治建设议事协调机构及其办事机构要加强法治政府建设的协调督促推动”。该规划进一步明确了市、区两级党委以及街道乡镇党（工）委领导本区域内法治建设工作的体制机制，进一步压实了法治建设的主体责任，进一步凸显法治建设在整体工作布局中的重要作用。

（二）压实各级党组织和党员领导干部学规执规责任

党内法规是全体党员的行为规范和行动准则。2019 年 9 月，中共中央发布《中国共产党党内法规执行责任制规定（试行）》，建立起了一套严密的党内法规执行责任体系，对于压实各级党组织和党员领导干部执规责任，释放执规必严、狠抓执行的强烈信号，确保做到“两个维护”，具有重要意义。

上海市委始终高度重视党内法规在依法执政中的重要支撑作用。2019 年 9 月，上海市委理论学习中心组集体学习《中国共产党重大事项请示报告条例》《中国共产党宣传工作条例》《中国共产党党组工作条例》《中国共产党党员教育管理工作条例》等重要党内法规。会议指出，“要结合正在开展的‘不忘初心、牢记使命’主题教育，切实把党内法规作为立身、立言、立行之基，时时刻刻用刚性制度规定约束自己，真正做到铭记于心、自觉践行。要把学习党内法规融入日常、抓在经常，学深悟透，严格对标、严格执行。要自觉遵规、守规、用规，养成在制度轨道上行事、在规定约束下工作的习惯。各级领导干部要以身作则、率先垂范，带头按规章制度办事，切实担负起执行党内法规的政治责任”。

2021 年，上海市委发布《法治上海建设规划（2021—2025 年）》，对“强化党内法规制度建设,坚定不移推进依规治党”作出专门部署,明确规定了“强化党内法规制度实施。把提高党内法规执行力摆在更加突出位置,把抓‘关键少数’和管‘绝大多数’统一起来,以各级领导机关和党员领导干部带头遵规学规守规用规,带动全市各级党组织和全体党员遵规守纪。加强学习教育,把重要党内法规列为党委(党组)理论学习中心组学习内容,列为党校(行政学院)必修课,列入法治宣传教育规划重要任务。加大党内法规公开力度,完善党内法规制度发布机制。落实党内法规执行责任制,强化监督检查和追责问责,将党内法规制度执行情况作为各级党委督促检查、巡视巡察重要内容,严肃查处违反党内法规制度的各种行为”。

(三)加强党委依法决策能力

多年来,上海市、区两级党委在依法决策过程中高度重视法律顾问的参谋助手作用。2018 年,上海市政府全面推行政府法律顾问制度和公职律师制度,优化外聘政府法律顾问管理,确保政府法律顾问在制定重大行政决策、推进依法行政中发挥积极作用。2020 年,进一步完善法律顾问和公职律师制度,推动市、区、街道乡镇三级政府机关普遍建立法律顾问制度,实现全市政府机关法律顾问全覆盖,推动市、区两级党政机关普遍建立公职律师制度。同时,逐步完善法律顾问专家人才库,建立优化营商环境法治保障共同体工作机制,组建“优化法治化营商环境专家库”等。

(四)全面开展述法工作

党的十八届四中全会通过的《中共中央关于全面推进依法治国若干重大问题的决定》明确:“把法治建设成效作为衡量各级领导班子和领导干部工作

实绩重要内容,纳入政绩考核指标体系;把能不能遵守法律、依法办事作为考察干部的重要内容,在相同条件下,优先提拔使用法治素养好、依法办事能力强的干部。”2020年,为充分发挥法治督察利剑作用,上海市下发《落实〈党政主要负责人履行推进法治建设第一责任人职责〉市级层面工作清单》,全面开展本市市级部门和各区党政主要负责人履行推进法治建设第一责任人职责和法治政府建设情况督察工作,将法治政府建设纳入市管党政领导班子绩效考核工作。

“述法”是对领导干部法治绩效评价评估的一种重要方式,既把领导干部的法治责任用项目表格单列出来,也把领导干部法治实践成效呈现出来。近年来,上海各级党委述法推进工作成效显著,在市、区两级党政领导干部年度绩效考核指标体系中,包含法治政府建设相关指标,如政务公开、行政诉讼、行政复议等。例如,2017年杨浦区在全市率先建立处级单位党政主要负责人履行法治第一责任人职责“述法”报告制度,制定《杨浦区党政主要负责人履行法治第一责任人职责述法报告表》,在区管领导干部年终述职报告中专门设置“述法”板块,实现了领导干部法治素养的自我评价、组织考核和干部任用的有机衔接。而2019年闵行、宝山、金山、崇明等区也相继建立了年终领导干部述法制度,通过书面述法、集中述法和专题述法等多种形式,将党政主要负责人法治建设责任制实施文件中法治建设的述职规定落实到位。黄浦、浦东等区还将法治建设责任制与基层党建工作责任制、党风廉政建设责任制、意识形态工作责任制同部署、同考核。在区级领导干部述法实现常态化的基础上,很多区都在推动述法机制向街道乡镇和区职能部门延伸,以此推动法治思维和法治方式逐步在各层面各环节落地生根。

三、上海基层政府模范守法遵规、依法决策的实践

2020 年 3 月 30 日，中共上海市委办公厅、上海市人民政府办公厅印发《关于全面加强和改进基层法治建设的意见》，要求“进一步建立健全基层法治建设领导体制机制，加大工作力度，强化组织保障，探索推进一条符合上海超大城市基层依法治理的新路子，推动全面依法治国、全面依法治市各项决策部署在上海落地见效，着力构建‘市—区—街道乡镇’三级联动的依法治理体系，使法治更好地成为上海城市核心竞争力的重要标志、城市治理现代化的闪亮名片”。上海基层政府在模范守法遵规、依法决策方面积累了大量经验，也形成很多可复制、可推广的创新做法和制度化成果。

（一）不断提高领导干部运用法治思维、法治方式能力

基层法治建设是法治建设的“最后一公里”。基层治理过程中面临各种复杂性问题，这给基层干部带来巨大考验，实践问题的依法、高效、妥善解决也是对于基层干部法治思维和法治方式能力的检验。

1. 以法治思维破解基层治理难题

根据上海市委依法治市办统一部署，上海各区区委、区政府深入推进基层法治建设，建立了具有本区特色的基层法治建设制度体系和实践做法，切实加强党对基层法治建设的领导，理顺各项法治工作机制，提高基层依法行政水平和行政执法效能，努力营造良好法治环境，推动基层依法治理体系和治理能力现代化。在推进基层法治建设工作中，涌现出了很多以法治思维破解基层治理难题的典型案例和成功做法。

普陀区桃浦镇有效化解紫藤苑长久以来的“老大难”问题

由于历史原因，普陀区桃浦镇紫藤苑32～34号房屋发生多处墙体开裂。为有效解决这一历史遗留问题，普陀区、桃浦镇两级党委、政府深入学习贯彻习近平法治思想，积极践行法治为民理念，紧盯辖区群众急难愁盼问题，坚持运用法治思维和法治方式推动问题化解，通过组建工作专班、坚持依法化解、加强法治宣传，有效解决紫藤苑开裂房屋“老大难”问题，全力提升辖区社会治理法治化水平。

第一，组建工作专班，强化法治保障。由区政府领导牵头成立紫藤苑开裂房屋处置工作领导小组，依法制订房屋加固修缮总体方案，确立“非征收、非动迁、非解困”工作原则。由桃浦镇牵头，区信访办、区规划资源局、区房管局、区税务分局、西部集团、区司法局、区公安分局等部门协同配合，组建专班工作组。专班设置法律服务、化解推进等6个工作组，引入法律顾问、人民调解员等专业力量，协同相关部门科学制定细化工作职责、梳理矛盾化解工作流程，有序推进工作开展。

第二，坚持依法化解，提升治理水平。为彻底化解紫藤苑历史遗留问题，在区委、区政府的领导下，相关部门的大力配合下，桃浦镇积极发挥法律顾问、人民调解员专业优势，以“专班＋专人”“专业＋专心”的模式，仅用20天时间，加班加点完成居民调查摸底和宣传发动，形成一户一表，编制6种法律协议文本，为后续工作打下坚实基础。专班工作组坚持把群众工作做实做细，针对居民差异化需求，精心制订房屋实物置换、货币结算、加固修缮回搬3套方案，提高居民认可度、满意度。桃浦镇作为居民签约实施主体单位，按户施策组织开展房屋价格评估，安排普陀、嘉定、宝山等244套就近房源进行匹配，在法治轨道上有力推进签约工作。

第三，加强法治宣传，营造良好氛围。制作操作手册、紫藤苑开裂房屋问题一问一答手册、民法典100问等相关宣传资料，借助专业人员、社区工作者和志愿者，多渠道加强政策讲解和法律法规宣传，严守政策和法律底线，依法化解群众心结，引导居民从"不肯签"转变为"我要签"。坚持以人为本，对已签约的居民，工作专班安排专人陪同办理房屋产权转移登记等具体事宜，加强服务保障。加固修缮施工期间，广泛征询居民意见和需求，做到居民评议、居民选择，及时优化完善方案，确保工程质量安全、推进高效、细节有温度。2021年10月15日，随着加固修缮工程的完工及22套房屋的顺利交付，紫藤苑长久以来的"老大难"问题终获圆满解决。

普陀区桃浦镇作为首批上海市法治建设示范街道乡镇，始终坚持人民中心，不断探索创新基层依法治理新模式，有效调节社会利益关系，推动"老大难"问题解决，为社区居民送上了开启美好生活新篇章的幸福"钥匙"，切实将习近平法治思想转化为法治桃浦建设的生动实践。

2. 创新完善基层政府法治实施体系

创新完善基层政府法治实施体系，是提高基层领导干部法治思维和法治方式的重要保证。建立健全基层政府法治实施体系要在国家法律法规统一框架下，坚持问题导向，注重充分征求群众意见，从当地实际情况出发，在符合法定权限范围前提下，完善基层社会治理制度，使其在推进基层治理法治化进程中发挥积极作用。

宝山区罗店镇以“三项制度”构建基层政府法治实施体系

罗店镇立足全面依法治国“十一个坚持”的要求，镇依法治理委员会统筹厉行法治，领导干部带头坚持党委中心组学法制度，推行第一责任人述法制度，建立司法所所长列席镇长办公会制度，以落实“三项制度”为依托，积极构建基层政府治理实施体系。

第一，以坚持党委中心组学法制度为关键，强化法治思维和法治能力培养。罗店镇坚持以“关键少数”法治意识和能力建设为先导，推动全镇领导干部依法决策、依法行政、依法管理能力和水平整体提升。2021 年中心组学法共开展 4 次，其中专题法治讲座 2 次。建立领导干部应知应会法律法规规章清单，持续强化对习近平法治思想的学习宣传贯彻，将《宪法》《民法典》等法律法规以及《中国共产党章程》等党内法规纳入学法内容，切实做好上级相关会议精神传达学习，坚持深学细照笃行，筑牢理论根基。持续推进学习成果转化，在习近平法治思想指引下统筹考虑改革发展形势、法治罗店建设进程和人民群众法治需求，系统谋划研究和解决法治领域人民群众反映强烈的突出问题。

第二,以推行第一责任人述法制度为驱动,强化依法行政能力建设。重点围绕“谁来述”“述什么”“怎么述”“结果运用”“考核强化”等几个方面,推动党政主要负责人年终述职述法工作深入开展。以“述法”促“履职”,以“述法”强“监督”,推动法治建设第一责任人制度释放能效。围绕镇党委、政府重点工作制定印发年度法治建设工作要点与责任分工,绘就“作战图”,坚持运用法治思维和法治方式深化改革、推动发展、化解矛盾、维护稳定、应对风险,耕好“责任田”。尤其在破解市域治理难题等重点工作中亲自挂帅,在相关区级部门的有力支撑下,依法依规完成闻道园“大棚房”、爱玛宫违法用地的整治,化解了历时近10年的张士村信访积案。在“我为群众办实事”活动中实地督促问题整改,整治大居U天地广场长期扰民等问题,进一步提升百姓获得感。2021年度,镇党委主要负责人就职责履行情况向区委依法治区委作口头述职。

第三,以建立司法所所长列席镇长办公会制度为重点,强化法律支撑和保障。罗店镇在司法所牵头负责,吸收法学专家和律师参加的基层政府法律顾问队伍的基础上,进一步落实“司法所所长列席镇长办公会”制度,为政府决策过程把好“法律关”。全面提高合法性审查质效,推动各类规范性文件、重大行政决策、行政机关合同等应审尽审,积极参与农村集体合同合法性审查,为“法治乡村”建设把好“决策预防关”。2021年,司法所所长列席镇长办公会近20次,依法依规对镇政府、村、公司合同集中把关110件,出具法律意见23件,对21件城管执法案件进行重大法治审核,有效保障行政决策、执法规范等关键环节崇法善治。

罗店镇依托“三项制度”优势，着重突出“关键少数”作用发挥，从法治思维培养、依法行政能力提升、法治保障强化等方面入手，完善政府法治实施体系建设，将政府工作全面纳入法治轨道，夯实法治之基，行稳法治之力。

（二）党（工）委积极落实党内法规执规责任制

《中国共产党党内法规执行责任制规定（试行）》确立了执规责任制，要求“统分结合、各司其职，一级抓一级、层层抓落实”，地方各级党委对本地区党内法规执行工作负主体责任，党委（党组）书记应当认真履行本地区本单位党内法规执行第一责任人职责。基层党（工）委要带头遵规学规守规用规，落实党内法规执行责任制有力，做到有规必执、执规必严。在严格落实党内法规执规责任制方面，上海基层开展了很多行之有效的实践探索。

1. 基层党（工）委创新“考法、问法、述法”机制

为深入贯彻落实习近平总书记关于全面依法治国的重要指示，深入推行领导干部学法用法制度，贯彻市委、市政府全面加强和改进基层法治建设的各项要求，基层党（工）委积极推进创新完善基层法治建设工作机制的各项要求，基层党委在相应体制机制方面积极尝试、努力创新。

奉贤区南桥镇制定“考法、问法、述法”工作机制

为深入贯彻习近平法治思想，结合南桥镇工作实际，制定了“考法、问法、述法”工作机制，这一工作机制主要包括以下四个方面。

第一,抓住关键提意识,提升履职能力。坚持抓住领导干部这个“关键少数”,抓紧抓实党政主要负责人履行推进法治建设第一责任人职责,推动南桥镇法治建设取得新成效,把法治建设列入政府工作的重要议事日程。将党政主要负责人履行推进法治建设第一责任人职责情况列入年终述职内容,做到对法治建设重要工作亲自部署、重大问题亲自过问、重大环节亲自协调、重要任务亲自督办。以上率下,用“关键少数”引导“广大多数”,树立重大决策先问法,解决问题要用法,化解矛盾要靠法的意识。结合工作实际制定并下发了《南桥镇干部法律法规应知应会》,内容涵盖《宪法》《民法典》《人民调解法》《全国人民代表大会和地方各级人民代表大会选举法》等与日常工作密切相关的法律法规。通过组织专题考试的方式,检验了学法成效,有效提升了南桥镇各级领导干部法治思维和依法行政的能力,营造了尊法学法用法守法的良好氛围。

第二,专题会议定基调,考核督促见实效。发挥南桥镇法治建设委员会作用,召开法治建设委员会会议,研究部署全年度法治建设重点工作并讨论通过了《关于建立南桥镇“考法、问法、述法”机制　提高干部队伍依法履职能力的实施方案》,明确各单位的工作要求和工作目标。将各单位开展法治建设工作纳入本年度考核内容,充分调动各单位的积极性。建立了问题管理机制和责任追究机制,要求各单位要及时研究解决、整改,落实检查考核中指出的问题。对于造成重大损失的单位,由法治建设委员会办公室对其及时约谈、责令整改;对情节严重的,报法治建设委员会并在全镇范围内通报批评,并依照相关党内法规和法律法规予以问责处理。为南桥镇开展“考法、问法、述法”工作奠定了扎实的基础。

第三，奠定制度基础，细化要求促目标。一是通过建立工作机制，使“考法、问法、述法”工作机制具体化，有效提升了南桥镇干部队伍运用法治思维和法治方式依法决策、依法办事、依法处理各种社会矛盾的能力，为实现“绿色生态、实力强劲、人民幸福”的战略目标，实施乡村振兴战略，建设法治乡村，创造新时代新片区“奉贤美、奉贤强”新高峰新奇迹打造公开、透明、稳定、可预期的法治环境。二是结合各单位工作实际，进一步细化“考法”工作，制定了《2021年南桥镇镇管干部法律基础知识考试方案》。已于6月底举办了针对村居“两委”班子的法律基础知识考试，全镇村居委共有近300人参与考试，通过率为100%，优秀率为95%。在11月底对各部门和事业单位以及经济园区集体企业的领导班子进行法律知识考试。三是积极推动述法机制走深走实，将法治学习宣传教育、依法决策、依法行政、依法办事、加强和创新法治建设等内容列入年终工作总结和年终述职。计划在年终时组织全镇单位的行政负责人围绕全年的法治建设情况进行述职。

第四，发挥律师作用，助推法治建设。发挥昆仑、理帅、四维乐马、炜衡和观韬中茂5家律师事务所组成的镇法律顾问团以及一村居一法律顾问的积极作用。镇法律顾问团律师积极参与政府决策并提供法律意见，对党委规范性文件、重大决策进行合法性审查，从源头到执行把好政策关，保障决策事项于法有据、决策程序依法履行、决策内容依法合规，确保在法治轨道上全面履行职能。村居法律顾问深度参与基层依法治理，为村居委依法治理痛点难点、人民群众反映强烈的问题，化解矛盾等提供法律建议，同时也为群众提供法律咨询、法治讲座等服务，用普惠便捷的服务推动基层社会治理现代化，切实增强了人民群众的获得感、幸福感、安全感。

奉贤区南桥镇的这一系列工作机制成效显著，是基层党委创新“考法、问法、述法”机制的优秀典范，在“考法、问法、述法”一系列制度约束下，很好地提升了基层干部的法治素养。

2.“行政首长讲法”工作机制

基层政府承担着履行推进本区域内法治政府建设的主体职责，基层政府的行政主要负责人是法治建设的第一责任人。“行政首长讲法”做法对于促进党(工)委积极落实学法用法、学规用规执规等相关制度要求具有重要意义。

杨浦区持续推进“行政首长季度讲法”做法

杨浦区在全市率先形成党政主要负责人法治建设第一责任人履职情况报告制度，在年终考核体系中，述法与述职、述学、述廉并列，对法治学习、重大事项依法决策、依法履职等情况单独述法。目前进一步延伸，拓展覆盖全体400余名区管处级干部。

第一，强化第一责任人意识。区政府持续推进“行政首长季度讲法”制度，着重深化政府部门主要负责人法治建设第一责任人意识，检验“谁执法谁普法”成效，结合重要节点及民生热点，每季度安排1次政府部门主要负责人在区政府常务会议上讲法。

第二，形成常态化机制。贯彻落实“行政首长季度讲法”工作，需要从部门职能相关的法律法规入手，在区政府常务会议上讲法，在各部门行政首长中形成良好的学法氛围，促使行政首长知法、懂法、严格执法，以此推动法治政府建设进程。2021 年，杨浦区已经组织《治安管理处罚法》《上海市养老服务条例》《社区矫正法》《预算法实施条例》4 次行政首长季度讲法。

第三，在实践中不断创新完善实施机制。根据杨浦区政府通过的《关于进一步落实法治政府建设主体责任的若干意见》精神，下一步，区政府在法治政府建设方面还将重点创新、推进以下举措：深化行政执法体制改革，全面推行行政执法公示制度、执法全过程记录制度和重大执法决定法制审核制度；抓住关键少数，加强行政机关负责人出庭应诉通报制度；加强行政复议应诉工作，深化区行政复议委员会制度；完善法治政府建设通报、约谈和考核制度，将述法制度纳入处级干部的专门板块；完善政府法律顾问和公职律师管理制度等。

“行政首长季度讲法”做法是杨浦区政府常务会议会前学法制度的一种新的形式，是全市首推的关于法治政府建设的一项创新举措，有利于深化各级党员领导干部的法治意识和履职自觉，切实发挥“一把手”在落实“谁执法谁普法”普法责任制中的示范引领作用，使法治政府建设各项工作任务落实到位。

3. 党风廉政建设责任制工作机制

党风廉政责任是意识，更是责任，需要各级党员领导干部学习党内法规知识，更需要在实际工作中强化意识、提高能力，通过多维度、多形式、多主体的创新举措，切实提高党风廉政教育的实效，让广大党员干部真正在干中学、在学中干。

徐汇区长桥街道有效拓展党内法规学习广度和深度

为了压实基层党风廉政建设责任制相关工作机制，徐汇区长桥街道持续增强广大党员干部学习党内法规的广度和深度，形成了一些创新做法。

第一，做深做细党内法规专题培训。街道党(工)委积极开展中心组学习党内法规，邀请区纪委同志进行党纪党规专题培训，充分借助新媒体加强对党员干部的教育培训。比如，邀请区纪委同志作题为“遵纪律守法律、勇担当善作为——为创新社会治理加强社区建设提供坚强保障”的辅导报告。从深刻理解全面从严治党的时代要求以及准确把握监察体制改革的法律精神两个角度，结合典型的违纪案例，对新时期加强党风廉政建设进行了深入浅出的解说，并对加强社区党风廉政建设提出诸多有针对性的建议。

第二，定期召开党风廉政建设大会。2022 年 2 月 8 日，长桥街道召开党风廉政建设大会，把全面从严治党向纵深推进，以实际行动迎接党的二十大胜利召开。会议明确，要严格落实“四责协同”机制，放大抓责任、重协同的综合效应；要确保全面从严治党工作横向到边、纵向到底，不留死角、不留盲区；要敢于问责、勇于明责、勤于督责，自觉履行好全面从严治党的责任；要围绕中心，加强政治监督，确保工作执行不偏向、不变通、不走样；要锤炼作风，强化担当作为，践行宗旨意识；要加强自身建设，打造过硬队伍，全面加强队伍建设、提升履职本领、接受约束和监督。

第三，制定《党风廉政建设目标责任书》。街道每年制定当年的《党风廉政建设目标责任书》，压实党纪党规主体责任，并将党内法规的共性责任、廉政风险点梳理并融合其中，街道领导、各科室负责人、居民区书记等均签约，做到有规必执、执规必严。

第四，强化警示教育。街道充分利用各种媒体资源，从正面宣传和反面警示两个方面进行宣传教育。以查处党员干部谢某违纪违法案件为例，通过教育、指导，该党员干部充分认识了错误，在后续工作中积极改进、表现突出，该案例“坚持纠容并举　激励干部内生动力”获“清风徐来汇正气”公众号推介。

徐汇区长桥街道在党内法规学习上既有专题培训、宣传动员，也能通过制度化的形式压实责任、明确目标，做到了让制度生威、让铁规发力。

4. 全面从严治党“四责协同”机制

习近平总书记2018年11月在上海考察时强调：“要坚持严字当头、全面从严、一严到底，严格落实管党治党责任。”全面从严治党向纵深推进，落实管党治党政治责任是关键。上海市对标以习近平同志为核心的党中央全面从严治党重大决策部署，探索建立全面从严治党“四责协同”机制，即党委主体责任、纪委监督责任、党委书记第一责任人责任和班子成员“一岗双责”统一联动、合力运行的责任落实机制，努力构建主体明晰、有机协同、层层传导、问责有力的管党治党责任落实机制，取得积极成效。牵住主体责任“牛鼻子”，用协同来推动责任落实，有利于构建责任落实“共同体”，推动履行管党治党责任从“要我做”向“我要做”转变，维护政治生态从“一家做”向“大家做”转变，形成同心划船、同向发力的生动局面。按照“四责协同”工作部署，上海基层政府结合各自工作实际，探索了很多创新举措。

浦东新区高行镇深化细化全面从严治党“四责协同”机制

为深入学习贯彻习近平新时代中国特色社会主义思想，认真落实区委部署，立足坚强保障、立足引领作用、立足全面进步，以更高标准、更严要求、更好水平深入推进“四责协同”机制，扛起全面从严治党政治责任，为浦东打造社会主义现代化建设引领区提供保障，高行镇坚持全面从严、一严到底，在全区率先创新日常监督方式，推进“四责协同”机制向基层延伸提质增效，着力构建主体明晰、有机协同、层层传导、问责有力的“四责协同”机制。

第一，量化“考核指标”，助推责任落实。为贯彻落实管党治党政治责任，推进“四责协同”机制向镇属企事业单位、居村延伸，高行镇制定了《高行镇企事业单位、居村落实“四责协同”机制考评办法》和《工作纪实操作手册》，通过细化量化考核指标，让基层落实责任有指南，考核责任落实有依据。工作推进中，镇纪委（监察办）采取全面培训、分片指导、互相交流、答疑解惑等形式，充分打造知责、明责、督责、考责、问责的责任闭环，构建层层担当、人人担当、共同担当的良好局面。

第二，强化“三份清单”，撬动责任落实。结合年度区管单位领导班子和领导干部落实党风廉政建设责任制重点项目报备书和责任书的工作要求，建立各基层单位（部门）、居村党组织书记《党风廉政建设责任书》填报制度，坚持目标导向和问题导向相结合，排查重点领域廉政风险，明确防控措施和时间节点，落实责任分工，强化

“三份清单”，构建主体明晰、有机协同、层层传导、问责有力的管党治党责任落实体系。

第三，建立“谈话制度”，压紧压实责任。出台《高行镇关于对镇管单位（部门）主要负责人开展监督谈话的工作方案（试行）》，建立对全镇内设机构负责人、企事业单位党政负责人和居村党组织负责人日常监督谈话制度，协助党委加强对各单位（部门）“一把手”这个“关键少数”的监督管理，着力提升“关键少数”履行“一岗双责”的意识和廉洁自律意识，进一步强化各基层党组织落实“四责协同”机制延伸的实效。

浦东新区高行镇将始终坚持“一盘棋”统筹推进，“四个责任制”全面抓、整体抓、系统抓，一体谋划、一体推进、一体落实，抓好“四责协同”形成明责、履责、尽责、追责“四责闭环”，切实把全面从严治党落实到各方面和全过程。坚持“真刀真枪”抓推进落实，更好发挥考核“指挥棒”作用，用好述责、约谈等机制，层层压实全面从严治党主体责任，确保责任传导到“神经末梢”。

5. 创新“小微权力”清单机制

基层村干部虽然权力小而微，但由于同基层群众接触最频繁，关系也最紧密，一旦出现违纪违规行为，其负面影响不可低估。正所谓“村看村、户看户，群众看干部”，“微腐败”也会成为“大祸害”。一些基层干部，虽然职位不高，但权力未必不大，对集体土地、涉农资产、征地补偿，以及公共事务的运行等，很有发言权和影响力。“小微权力”成了“微腐败”的温床，现实中更出现过“小官巨腐”的惊人案例。上海在基层法治建设中，对于防范“微腐败”、规范“小微权力”做了很多有益探索。

嘉定区南翔镇晒出"小微权力"清单

群众利益无小事,"微腐败"也可能成为"大祸害"。南翔镇永乐村通过梳理和编制农村"小微权力"清单和流程,推出了一系列工作举措,精细化设计、项目化分责、倒逼式追责,建设"四责协同"机制落实全面从严治党,积极探索杜绝"小微权力"导致"微腐败"的治理模式,为提高基层民主法治能力作了可贵的先行尝试。随着南翔镇永乐村经济发展,健全的治理体制、有力的治理主体、有效的治理方式、殷实的经济基础是乡村治理体系现代化的标志,是促进乡村有效治理的关键构建。

第一,"制清单　明流程"。为加强永乐村对下属单位的运行监督,深化农村基层党风廉政建设和民主法治建设,永乐村委会针对各下属单位工作内容,制定了规章制度和运行流程,编制《永乐村"小微权力"清单》,对每一项应办事项的法律法规依据、办理主体、办理方式、办理时间、办理流程等一一予以明确。同时绘制《永乐村"小微权力"运行流程图》并上墙公示,让群众一看就知道所办事项具体步骤,并享有一次性告知、限时答复、按时办结等权利。与此同时,建立群众监督、村务监督、纪委监督的农村"小微权力"三级监督体系。永乐村"小微权力"建立将接受村务监督委员会和镇纪委双重领导,能够真正行使独立监督权的村级监督机构。确保一切工作有程序、一切程序有控制、一切控制有规范、一切规范有依据。

第二,"照单监　督权力"。原先村里的工程项目申报、审批时偶有程序脱节现象，造成了一些程序漏洞，给后期管理带来了诸多不便。逐步清晰了工程组织架构，建立规范的工程招投标制度，严格按照规定程序运作，使所有项目都能在公平、公开、公正的“阳光”环境下运作。对于5万元以上的工程，严格遵守“三重一大”制度执行；对于5万元以下的工程，也建立了内部申报审核制度、现场监督制度和工程验收制度。绘制《永乐村工程项目流程图》（以下简称《流程图》）并上墙公示，从工程招投标到工程完工验收，各个流程一目了然。对在建工程的任何环节有异议，村民都可以在《流程图》上找到负责人，通过电话或者面谈了解情况。让权力在阳光下运行，让流程在目光下施行。

第三，“便民办　惠民众”。永乐村村会所是村民办理婚丧喜事的重要场所，因管理服务流程不清晰，容易出现经办人借机优亲厚友，在群众中造成了负面影响。通过制定《永乐村会所预定使用及管理流程》，逐步对村会所的预约、定金支付、水电煤支出等多个环节制度进行完善。永乐村的公益性墓地也和村会所一样，是村民们的福利。《永乐村公益性墓地管理使用规范》制定出台后，推动墓地管理使用制度规范起来，不但简化了村民办事流程，更让“托关系”“说人情”无处立足。

嘉定区南翔镇永乐村的“小微权力”清单取得了一定的成效。群众身边的“微腐败”，损害的是群众切身利益，啃食的是群众获得感，挥霍的是群众对党的信任。“小微权力”清单发挥永乐村村委会“麻雀虽小，五脏俱全”工作模式的作用，通过“四责协同”形成压力层层传导、责任人人担当，作用共同发挥的局面，不因量小力微而逃避责任，要以谨小慎微的态度行使手中的权力，始终把服务于民、心系于民作为工作目标。

（三）健全完善党（工）委依法决策机制

在基层治理中，街道乡镇党（工）委决策处于重要支配地位，是街道乡镇重大决策的主体。在全面依法治国和全面从严治党的战略布局下，基层党（工）委必须完善依法决策机制，建立健全议事规则和决策程序，严格审查党（工）委文件、重大决策的合法合规性。在决策过程中，不得下达或者变相下达与法律规定冲突的任务指标或者完成时限，避免因决策不当或失误引发重大群体性事件，实际上是要求领导干部要把对法治的尊崇、对法律的敬畏转化为思维方式和行为方式，做到依法决策、依法办事。

1. 建立健全党委依法决策机制

在健全完善党（工）委依法决策机制方面，上海做了很多富有成效的经验探索，出台了大量有针对性的制度规则，确保基层党（工）委的决策始终在法治轨道上运行。

闵行区颛桥镇建立健全党委依法决策机制

闵行区颛桥镇全面贯彻党的十九大和十九届二中、三中、四中、五中、六中全会精神，深入贯彻习近平法治思想，坚定不移走中国特色社会主义法治道路，有效推进全面依法治市、全面依法治区的新任务新要求，获评首批“上海市法治建设示范街道乡镇”，努力夯实“法治之基”，奋力打造“法治颛桥”，在基层法治建设中持续践行习近平法治思想。

第一，党委坚强领导，有力统筹基层法治建设全局。颛桥镇制定《关于全面加强和改进颛桥镇法治建设的实施方案》，建立由党委书记任主任的全面依法治理委员会，作为法治建设的议事协调机构，形成“1＋3＋X”法治建设制度体系，创设依法行政、行政执法、守法普法3个专项小组，有效运行任务分派、督办、培训等机制；党政主要负责人切实履行推进法治建设第一责任人职责，推动法治建设内容进规划、进要点、进报告，形成党委领导统筹全局，政府履职依法依规，行政执法规范文明，法治队伍坚强有力，法治社会深入推进的法治建设工作格局。

第二，政府依法履职，奋力打造法治政府示范标杆。依法全面履行政府职能，建立“法治四审制度”，对重大经济合同、重大行政决策、重大执法决定、重要党委文件开展法治审核。落实重大行政决策程序，严格执行公众参与、专家论证、风险评估、合法性审查和集体讨论五项法定程序。深化行政执法体制改革，建设数字化智能化城市管理指挥系统。严格规范公正文明执法，全面推行行政执法公示制度、执法全过程记录制度、重大执法决定法制审核制度。不断优化营商环境法治保障，进一步落实公平竞争审查制度。

第三，推进法治社会，努力建设至善、和美法治颛桥。深入开展法治宣传教育。建立党委中心组“季度学法”制度和国家工作人员学法制度，制定应知应会清单。全面落实“谁执法谁普法”责任制，公开普法责任清单。建立全市首个“社区法治日”，打造“颛心述法”“周四法治宣传日”等品牌，颛桥法治主题公园获评“上海市社会主义法治文化品牌阵地”，积极推进基层依法治理，颛桥银一居民区获评“全国民主法治示范村（社区）”，司法所获评全国先进司法所，党建引领依法治理的“七彩工作法”获评“长三角基层依法治理十大优秀案例”。实现镇、居村、邻里中心和园区公共法律服务工作站全覆盖，促进公共法律服务提质增效，依法多元化解调处矛盾纠纷。

闵行区颛桥镇注重将习近平法治思想与破解基层依法治理难题相结合，不断提高运用法治思维和法治方式深化改革、推动发展、化解矛盾、维护稳定和应对风险的能力，系统研究和谋划解决法治领域人民群众反映强烈的突出问题。

2. 修订完善决策制度汇编

完善依法决策机制，是推动依法执政、依法行政的必然要求，是推进社会治理体系和治理能力现代化的重要举措，而制度对于完善依法决策机制具有根本性、全局性、稳定性和长期性的作用。

徐汇区徐家汇街道着力完善决策制度汇编

徐家汇街道高度重视制度建设，不断健全和完善相关制度，打造一系列的制度汇编。

第一，强化组织领导，推进法治建设委员会规范化、实体化。2019 年 9 月，徐家汇街道在全市范围内率先成立街道法治建设委员会，由街道党(工)委书记担任委员会主任，街道主任、街道政法书记担任副主任，所有副处级干部以及街道相关部门负责人担任委员，办公室设在司法所，明确领导责任和日常的办事机构，也为此专门编写了《徐家汇街道法治建设职责规定》，通过这一制度性文件，明确了相关机制、考核、培训等内容，从而确保了法治建设领导体制和工作机制健全，推进街道法治建设委员会实体化运作，抓好各项决策依法进行，也保障各项法治建设任务得到合理的分派。

第二，强化机制建设，健全议事规则和决策程序。徐家汇街道进一步完善依法决策机制，编写了《徐家汇街道制度汇编》，这一制度汇编涵盖了党(工)委建设、重要会议、党风廉政、机关管理、条线工作等各方面的规定和要求，从各个方面规范了街道的依法行政和依法决策，完善了依法决策机制，健全了议事规则和决策程序。《徐家汇街道制度汇编》自公布施行以来，在街道重大行政决策程序，保证科学民主依法决策方面发挥了重要作用。此外，针对各项重大决策，都会请到法律顾问以及相关部门进行共同会商，出具相关法律意见，严格遵循重大行政决策法定流程，坚持合法性审查和集体讨论决定。

第三，强化规范执法，切实保障群众权益。街道在开展各项涉及群众权益的重要工作前，都会请到职能部门、律师、司法所等共同参与进行会商，明确执法依据、执法程序、执法中的注意事项，从而规范执法。对一些经常性、日常性的工作，街道编制了系列的工作制度和规范，梳理了相关处置流程和法律依据，编写了《12345 热点难点问题处置流程法律依据》《徐家汇社区管理难点热点问题法规、法律建议整理》《居委涉法涉规问题处理指南》《户外招牌导则》等制度规范。这些制度规范进一步明确了街道开展各项工作的法律依据，也要求各科室在开展相关工作时必须依据制度的规定，从而确保街道的相关决策和行政执法在制度的框架内运行，切实保障群众权益。

徐汇区徐家汇街道作为首批获评的上海市法治建设示范街道乡镇，牢固树立依法决策意识，严格遵守决策法定权限和程序，将法治工作与街道改革发展一起规划，将推进依法决策与提升治理能力统筹部署，通过打造制度汇编，不断完善党（工）委依法决策机制。

四、余论：继续深入推进依法决策

推动领导干部做尊法学法守法用法的模范，各级领导干部要全面提高运用法治思维和法治方式深化改革、推动发展、化解矛盾、维护稳定、应对风险能力。近年来，上海市、区、街道乡镇围绕党委模范守法遵规、依法决策的工作部署，逐步建立健全法治建设党委领导体制和工作机制，严格落实党内法规执行责任制，健全法律顾问制度、合法合规性审查制度、集体决策制度，全面开展述法工作，将述法履职情况纳入党委考核指标体系等。同时，上海基层党委、政府在模范守法遵规、依法决策方面也开展了大量卓有成效的实践探索。例如，以法治思维破解基层治理难题，依"三项制度"构建基层政府法治实施体系，创新"考法、问法、述法"机制，加强党风廉政建设，编制村干部"小微权力"清单，以及打造制度汇编完善党委依法决策机制等。这些制度和实践成果，充分彰显了上海基层法治建设的高标准、高效能，切实让法治成为上海的一张闪亮名片。

第三章

完善全面领导、统筹推进法治建设的体制机制

法治是我们党领导人民治国理政的基本方式。法治国家建设必须坚持党的领导，把党的领导贯彻到全面依法治国全过程和各方面，中国共产党的领导是我国社会主义法治之魂，是推进全面依法治国的根本保证。全面推进依法治国关键在于坚持正确的政治方向，完善全面领导、统筹推进法治建设的体制机制。在党中央部署完善全面领导、统筹推进法治建设体制的总体要求后，上海市积极响应，加强党对全面依法治市、依法治区的统一领导、统一部署、统筹协调，形成很多具有理论研究和实践推广意义的实践样本。

一、完善全面领导、统筹推进法治建设体制的总体要求

加强党对全面依法治国的领导，需要科学有效的制度和机制来保证。必须不断健全党领导依法治国的具体制度和工作机制，加强党对全面依法治国的统一领导、统一部署、统筹协调。

（一）持之以恒地坚持党对全面依法治国的领导

习近平同志指出，“全面依法治国绝不是要削弱党的领导，而是要加强和改善党的领导”[1]，“全面推进依法治国，要有利于加强和改善党的领导，有利于巩固党的执政地位、完成党的执政使命”[2]。全面依法治国，必须把坚决维护党中央权威和集中统一领导作为根本要求，把坚持和加强党的领导作为根本保证。为推进党对全面依法治国的领导，党中央于 2018 年 3 月决定成立中央全面依法治国委员会，负责全面依法治国顶层设计、总体布局、统筹协调、整体推进、督促落实，作为党中央决策议事协调机构，统筹整合各方面资源和力量推进全面依法治国，完善全面领导、统筹推进法治建设的体制机制。

推进党的领导制度化、法治化，既是加强党的领导的应有之义，也是法治建设的重要任务[3]。习近平同志指出：“要进一步推进党的领导入法入规，善于使党的主张通过法定程序成为国家意志、转化为法律法规，推进党的领导制度化、法治化、规范化。”[4]推进党的领导入法入规，最重要的举措就是以国家根本大法的形式不断强化党的领导。2018 年 3 月，十三届全国人大会一次会议通过的宪法修正案在总纲第 1 条第 2 款“社会主义制度是中华人民共和国的根本制度”后增加“中国共产党领导是中国特色社会主义最本质的特征”，强化了党总揽全局、协调各方的领导地位，为党的领导制度作为国家根本制度提供了最重要的宪法依据。2019 年 1 月，《中共中央关于加强党的政治建设的意见》进一步提出：“贯彻落实宪法规定，制定和修改有关法律法

---

[1] 习近平：《坚定不移走中国特色社会主义法治道路　为全面建设社会主义现代化国家提供有力法治保障》，载《求是》2021 年第 5 期。

[2] 习近平：《论坚持全面依法治国》，中央文献出版社 2020 年版，第 106 页。

[3] 习近平：《论坚持全面依法治国》，中央文献出版社 2020 年版，第 223 页。

[4] 习近平：《论坚持全面依法治国》，中央文献出版社 2020 年版，第 273 页。

规要明确规定党领导相关工作的法律地位。将坚持党的全面领导的要求载入人大、政府、法院、检察院的组织法,载入政协、民主党派、工商联、人民团体、国有企业、高等学校、有关社会组织等的章程,健全党对这些组织实施领导的制度规定,确保其始终在党的领导下积极主动、独立负责、协调一致地开展工作。”

依规治党深入党心,依法治国才能深入民心。党内法规既是管党治党的重要依据,也是建设社会主义法治国家的有力保障。习近平同志指出:“党和国家的治理体系包括两个方面:依规治党,依据党章党规党纪管党治党建设党;依法治国,依据宪法法律法规治国理政。”[1]持之以恒地坚持党对全面依法治国的领导,需要坚持依法治国和依规治党的有机统一,既要依据宪法法律治国理政,还要根据党内法规管党治党、从严治党。1938 年毛泽东在党的六届六中全会上首次提出“党内法规”概念,强调以其维护党的团结统一、推进革命事业。新中国成立后,党不断深化对党内法规重要性的认识,更加注重发挥其作用。目前,中国共产党党内法规制度体系不断完善,截至 2021 年 7 月 1 日,全党现行有效党内法规共 3615 部。其中,党中央制定的中央党内法规 211 部,中央纪律检查委员会以及党中央工作机关制定的部委党内法规 163 部,省、自治区、直辖市党委制定的地方党内法规 3241 部。习近平总书记在庆祝中国共产党成立 100 周年大会上宣布,我们党已经“形成比较完善的党内法规体系”。这为持之以恒地坚持党对全面依法治国的领导提供了根本制度保障。

(二)全面部署“共同推进”与“一体建设”的总体布局

全面依法治国是一项系统工程,必须统筹兼顾、把握重点、整体谋划,更

[1] 《中国共产党第十九次全国代表大会文件选编》,人民出版社 2017 年版,第 150 页。

加注重系统性、整体性、协同性,需要“坚持顶层设计和法治实践相结合”[1],全面部署“共同推进”与“一体建设”的总体布局。自党的十八大以来,习近平同志明确提出“建设法治中国”,号召全党全国各族人民向着建设法治中国不断前进,为建设法治中国而奋斗,逐渐形成党全面领导依法治国的基本格局。党的十九大指出,坚持全面依法治国,就要“坚持依法治国、依法执政、依法行政共同推进,坚持法治国家、法治政府、法治社会一体建设”,明确了今后与未来的全面依法治国的工作布局。完善全面领导、统筹推进法治建设的体制机制也必然要在此布局下进行。

坚持依法治国、依法执政、依法行政“共同推进”必须使三者相互统一、共同推进、形成合力。依法治国是党领导人民治理国家的基本方略。自从党的十五大首次将依法治国确立为党领导人民治理国家的基本方略以来,依法治国已成为实现国家治理体系和治理能力现代化的必然要求。依法治国、依法执政是党治国理政的基本方式。中国共产党作为执政党,能不能坚持依法执政,能不能完善党领导立法、保证执法、支持司法、带头守法的体制机制,对完善全面领导、统筹推进法治建设具有重要作用。依法行政是各级政府活动的基本准则。行政机关必须在党的领导下依法全面履行职能,统筹推进法治建设的体制机制。

法治国家、法治政府、法治社会三者共同构成建设法治中国的支柱。在这其中,法治国家是目标,法治政府是推进全面依法治国的重点任务和主体工程,法治社会是构筑法治国家的基础。党的十九大明确提出到 2035 年基本建成法治国家、法治政府、法治社会的宏伟目标。为此,中共中央印发《法治中国建设规划(2020—2025 年)》《法治社会建设实施纲要(2020—2025 年)》,中共中央、国务院印发《法治政府建设实施纲要(2021—2025 年)》等

[1] 习近平:《论坚持全面依法治国》,中央文献出版社 2020 年版,第 275 页。

文件,在坚持党的全面领导,确保法治政府建设正确方向的前提下,统筹推进法治建设的体制机制,对“共同推进”与“一体建设”的总体布局作出明确全面的部署,切实把党的领导贯彻落实到全面依法治国全过程和各方面。

（三）充分发挥领导干部的“关键少数”作用

领导干部是社会主义法治建设的重要组织者、推动者、实践者,是全面依法治国的“关键少数”。全面推进依法治国,领导干部肩负重要责任。抓住了领导干部这个“关键少数”,就能带动“绝大多数”,因此,充分发挥各级领导干部的“关键少数”作用,从严管好各级领导干部,就抓住了全面依法治国的重要关键。

党政主要负责人要履行推进法治建设第一责任人的职责,这是推进法治建设的重要组织保证。《党政主要负责人履行推进法治建设第一责任人职责规定》明确提出,党委主要负责人要充分发挥党委在推进本地区法治建设中的领导核心作用,政府主要负责人加强对本地区法治政府建设的组织领导,各级党委要将法治建设与经济社会发展同部署、同推进、同督促、同考核、同奖惩。党政主要负责人要切实履行推进法治建设第一责任人职责,将履行推进法治建设第一责任人职责情况列入年终述职内容。从制度上赋予各级党政主要负责人成为履行依法治国重要组织者、推动者和实践者的职责。

领导干部在法治建设中可以起到关键推动作用,也可能起到致命破坏作用。领导干部是各个单位的“一把手”,他们的违纪违法最容易造成区域性、系统性、塌方式的法治不彰甚至腐败问题。习近平同志强调:“绝不能让那些法治意识不强、无法无天的人一步步升上来,这种人官当得越大,对党和国家的危害就越大。”[1]事实上,在《中国共产党章程》《中国共产党党内监督条

[1] 习近平:《论坚持全面依法治国》,中央文献出版社2020年版,第137页。

例》《中国共产党问责条例》等党内法规中均对领导干部提出了非常严格的要求，通过制度建设不断健全党对全面依法治国领导，不断提高领导干部的政治判断力、政治领悟力、政治执行力，保障各级领导干部真正发挥在法治建设领域的“关键少数”作用。

二、上海市推进全面领导、统筹推进法治建设体制建设

法治是国家治理体系和治理能力的重要依托，是最好的营商环境。上海要面向全球、面向未来，提升城市能级和核心竞争力，建设具有世界影响力的社会主义现代化国际大都市，就必须把全面依法治市摆在全局性、战略性、基础性、保障性位置，使法治成为城市核心竞争力的重要标志。上海深入贯彻习近平总书记考察上海重要讲话和在浦东开发开放 30 周年庆祝大会上重要讲话精神，坚持党的领导、人民当家作主、依法治国有机统一，坚定不移走中国特色社会主义法治道路，培育和践行社会主义核心价值观，以解决法治领域突出问题为着力点，深入践行“人民城市人民建，人民城市为人民”重要理念，为建设具有世界影响力的社会主义现代化国际大都市提供有力法治保障。2021 年，上海市委先后发布《法治上海建设规划（2021—2025 年）》与《上海法治政府建设规划（2021—2025 年）》，提出到 2025 年，上海市委领导全面依法治市体制机制更加健全，有序推进法治上海建设。

（一）把党的领导贯穿上海法治建设的全过程和各方面

上海市委领导担任市委依法治市委主要负责人，切实履行党政第一负责人推动法治建设，真正将法治建设作为一项重点工作来抓。同时，通过建立健全市委依法治市委工作机制，明确任务分工，抓好督察督办，压紧压实责任，确保各项部署有序推进、取得实效。

坚持党的领导必须体现在党领导立法、保证执法、支持司法、带头守法上。为进一步发挥市委依法治市委领导上海法治建设的主体功能，上海市委在市委依法治市委下设立法、执法、司法、守法普法 4 个协调小组，加大对《法治中国建设规划（2020—2025 年）》与《法治上海建设规划（2021—2025 年）》实施中重大问题的协调力度，把党总揽全局、协调各方，同人大、政府、政协、监察机关、审判机关、检察机关等依法依规履行职能、开展工作统一起来。

在领导立法方面，上海不断加强和改进地方立法，完善地方立法工作格局。加强市委依法治市委统筹作用，推进每年市委依法治市委会议审议年度立法计划。加强市人大及其常委会对立法工作的组织协调和前期参与，发挥市人大及其常委会的审议把关作用。完善综合性、基础性地方性法规由市人大相关专门委员会、市人大常委会工作机构牵头组织起草的制度和人大、政府领导"双组长"工作机制。充分发挥市人大常委会组成人员在立法工作中的作用，逐步提高市人大常委会专职委员特别是有法治实践经验的专职委员比例。

在保证执法方面，上海深化落实行政执法体制改革，统筹配置行政执法职能和执法资源，最大限度减少不必要的行政执法事项。进一步整合行政执法队伍，继续探索实行跨领域跨部门综合执法。推进行政执法权限和力量下沉，将点多面广、基层管理迫切需要且能有效承接的行政执法权赋予街道乡镇，整合组建街道乡镇综合行政执法队伍，实现街道乡镇"一支队伍管执法"。加大执法人员、经费、资源、装备等向基层倾斜力度。进一步健全行政执法和刑事司法衔接机制，全面推动"两法衔接"信息平台建设、应用和功能拓展。健全行政强制执行工作机制。健全军地联合执法机制。建立健全跨部门、跨区域执法协作联动机制。

在支持司法方面，上海推动公安机关、检察机关、审判机关、司法行政机关各司其职，侦查权、检察权、审判权、执行权相互配合、相互制约的体制机制有效运转。持续推进政法领域全面深化改革,全面落实司法责任制。整合优化司法机关内设机构职能,形成分工协作、岗位适配、精简高效的新型办案组织架构和运行格局。全面贯彻“让审理者裁判,由裁判者负责”,依法赋权独任法官、合议庭。坚持“谁办案谁负责、谁决定谁负责”,科学合理向独任检察官、检察官办案组授权,落实检察官办案主体地位。

在带头守法方面,上海把抓“关键少数”和管“绝大多数”统一起来,以各级领导机关和党员领导干部带头遵规学规守规用规,带动全市各级党组织和全体党员遵规守纪。按照规定建立完善领导干部应知应会法律法规清单制度,把法治素养和依法履职情况纳入考核评价干部的重要内容,推动领导干部带头尊崇法治、敬畏法律,了解法律、掌握法律,通过各种方式和途径不断提高各级领导干部运用法治思维和法治方式深化改革、推动发展、化解矛盾、维护稳定、应对风险的能力。同时,结合“八五”普法,不断加大全民普法工作力度,不断深化“谁执法谁普法”普法工作机制,深入开展法官、检察官、行政复议人员、行政执法人员、律师等以案释法活动。融合上海城市精神和城市品格,打造上海法治文化品牌。加强突发事件应对法治宣传教育和法律服务。

(二)落实优化党领导法治建设相关制度规范

为更好地发挥法治固根本、稳预期、利长远的保障作用,上海不断落实优化党领导法治建设相关制度规范,科学谋划、统筹推进法治上海建设各项工作,加强党对法治上海建设的领导,把党的领导贯彻到全面依法治市全过程和各方面,使之更加成熟、更加定性,逐步实现上海各项工作的制度化、规范化、法治化。

政法工作既是党和国家工作的重要组成部分,也是党领导政法机关履行专职职能、管理职能、服务职能的重要方式和途径。习近平同志指出:“在坚持党对政法工作的领导这样的大是大非面前,一定要保持政治清醒和政治自觉,任何时候任何情况下都不能有丝毫动摇。”[1]坚持党对政法工作的绝对领导是新时代政法工作的最高原则。2019 年颁布的《中国共产党政法工作条例》中规定,党委应对涉及贯彻落实党中央以及上级党组织、党委政法委员会关于政法工作的决定、决策部署和指示的重要事项以及下级党委、党委政法委员会、政法单位党组(党委)请示报告的重要事项及时研究作出决定、决策部署或者指示。为更好地实现依法治市与依规治党的统一,加强党的领导部署与统筹协调法治工作的能力,上海建立了市委定期听取市政法机关工作专报制度和政法机关党组织重大事项及时向市委请示报告制度。上海凝聚全市政法工作合力,定期召开政法工作会议,研判分析全市社会稳定形势、政法工作情况动态以及政法领域重点工作,统筹推动全市政法单位依法行使职权。

党领导法治建设是管方向、管政策、管原则、管干部,不是党组织直接包办政法机关或办案人员的具体业务。习近平同志指出:“各级党组织和领导干部要支持政法单位开展工作,支持司法机关依法独立工作行使职权。”[2]上海严格执行《领导干部干预司法活动、插手具体案件处理的记录、通报和责任追究规定》,各级党委(党组)和领导干部支持立法、执法、司法机关开展工作,支持司法机关依法独立公正行使职权、加强领导、履职尽责,机关基层党组织和党员充分发挥战斗堡垒和先锋模范作用,保障宪法法律实施。

(三)将法治建设成效作为衡量干部工作实绩的重要内容

为完善全面领导、统筹推进法治建设的体制机制,上海着力压实街道乡

[1] 习近平:《论坚持全面依法治国》,中央文献出版社 2020 年版,第 42 页。
[2] 习近平:《论坚持全面依法治国》,中央文献出版社 2020 年版,第 249 页。

镇党政主要负责人推进基层法治建设的责任，将法治建设成效作为衡量干部工作实绩的重要内容。为贯彻落实《党政主要负责人履行推进法治建设第一责任人职责规定》，2019 年 2 月，市委依法治市委会议审议通过《上海市推行党政主要负责人法治建设责任制的规定》，全市 16 个区均结合实际制定了实施文件，就适用对象、总体要求、党政主要负责人的职责、法治建设述职与督察、考核与评估、约谈、问责等作出具体规定，切实推进法治建设责任制在本市的制度化、规范化、长效化。全面组织开展街道乡镇党政主要负责人履行基层法治建设第一责任人述职工作，并将履职情况纳入政绩考核指标体系。

党的十八大以来，以习近平同志为核心的党中央坚定不移推进全面从严治党。上海在落实管党治党责任上深化细化，建立了党委主体责任、纪委监督责任、党委书记第一责任、班子成员“一岗双责”的“四责协同”机制并扎实推进，体现了对落实党委主体责任、纪委监督责任的具体化，体现了责任落实中的问题导向，体现了在全面从严治党上的改革创新精神，实现全面从严治党从“一家做”到“大家做”、从“要我做”到“我要做”，推动走出一条管党治党责任落实的新路子。“四责协同”机制要求，党委要抓好本地区、本部门全面从严治党工作的总体部署和推进落实，强化责任分解、检查考核、责任追究。纪委要发挥好党内监督专责机关的作用，强化监督执纪问责。党委书记要管班子、带队伍、作表率，做到重要工作亲自部署、重大问题亲自过问、重要环节亲自协调、重要案件亲自督办。班子成员要严格履行分管领域从严治党责任，加强干部的经常性严格教育管理。在这一前提下，上海市委为促进四个责任有效衔接，形成项目清单和责任清单。抓紧补齐“一岗双责”短板，真正做到管党治党与业务工作同考虑、同部署、同实施、同检查。坚决管住问题多发易发领域，盯紧“四风”问题，关注改头换面、隐形变异的新动向，聚焦公权力大、公益性强、公众关注度高的领域，发现一起查处整改一起。推动全面从严治党向基层延伸，打通全面从严治党“最后一公里”。督责问责是“四责协同”机制建设的重要保障。要强化问题发现，提高督责问责的针对性。持续用好问责利器，敢碰硬、动真格、见实效，发挥督责问责的震慑力。完善“一案双查”制度，加大监督监察力度，强化督责问责的刚性。

为加强党对基层法治建设工作的领导，健全基层法治建设体制机制，中共上海市委办公厅、上海市人民政府办公厅于2020年印发《关于全面加强和改进基层法治建设的意见》（以下简称《意见》），明确各街道乡镇党（工）委要建立健全法治建设领导体制和工作机制，明确负责人以及日常办事机构，统筹各方力量推进基层法治建设。党（工）委书记要切实履行推进基层法治建设第一责任人职责，加强组织领导，将法治建设与经济社会发展同部署、同推进、同督促、同考核、同奖惩。街道办事处主任、乡镇长要履行好推进基层法治政府建设主体责任，带头抓好推进法治政府建设各项工作。日常办事机构一般由党（工）委分管负责人担任主要负责人，日常事务一般由司法所承担，主要负责统筹、协调、督促、检查、推动各项基层法治建设任务落实。

三、上海基层完善领导、统筹推进法治建设体制机制创新

党的十八大以来，特别是《法治政府建设实施纲要（2015—2020年）》和《上海市法治政府建设“十三五”规划》贯彻落实5年来，上海市各级党委对法治政府建设的领导不断加强，法治政府建设推进机制基本形成，各区、各部门多措并举、改革创新，推进党的领导制度化、法治化，提高党委领导全面依法治市的能力和水平，形成诸多基层街道乡镇完善全面领导、统筹推进法治建设体制机制的创新经验，不断夯实党全面领导、统筹推进法治建设的基石。

（一）“一规八制”“五轴联动”创新法治建设体制机制

党的十八届四中全会指出，全面推进依法治国，基础在基层，工作重点在基层。面对复杂多元的基层社会环境，上海市坚持完善共建、共治、共享的社会治理制度，积极构建党委领导、政府负责、民主协商、社会协同、公众参与、法治保障、科技支撑的社会治理体系。在上海基层的法治实践中，逐渐形成“一规八制”“五轴联动”等创新之举，党委全面领导、统筹推进法治建设体制机制不断完善。

闵行区“一规八制”推动法治建设能级提升

法治建设，需要系统推进，重在制度建设。自2008年伊始，闵行区探索运用评估方式推进区域法治建设，形成了具有闵行特色的法治评估体系。前后淬炼12年，闵行区将原本的法治评估机制升级为闵行法治工作体系。2020年开始，闵行区全面推进依法治区工作，建立了以“一规八制”为核心的全面依法治区工作制度体系（“一规”即依法治区“十四五”规划，“八制”即法治观察、法治调研、法治考核、法治评估、法治督察、法治会议、法治信息、法治备案8项制度），落实中央和市委关于法治建设的重要部署，充分发挥区委依法治区办统筹协调和推动作用，全面激活区委全面依法治区体制机制效能，为闵行实现更高能级城市品质提升，全面增强区域核心竞争力和现代化治理能力，提供更好的法治保障。

一、法治评估以人民群众对法治建设的感受为标尺。法治评估工作坚持科学性、客观性和成效性原则，注重评估本区各领域及各区域法治建设工作客观推进情况和人民群众对法治建设的感受度与满意度情况，全面真实反映闵行区法治建设整体情况，客观公正评价各领域法治建设工作，提出富有针对性和可操作性的评估建议。

二、清晰勾勒法治评估工作主体、对象、方式和内容。区委依法治区办是法治评估工作的主体，每年成立法治评估工作小组，对象主要为各镇党委和人民政府，各街道党（工）委和办事处，莘庄工业区党（工）委和管委会，区委、区人民政府各部、委、办、局，各区级机关，各人民团体，区各直属单位。法治评估工作采取主观评估和客观评估相结合的方式，采取调研座谈、个别访谈、收集资料、数据统计、问卷调查、实地走访等形式，一般每年开展全面法治建设评估1次和基层法治建设评估1次。

三、提出开展法治评估应制定法治评估指标体系。法治评估以法治评估指标体系为标准。其中，全区法治建设评估的标准为《闵行区法治建设评估指标体系》，基层法治建设评估的标准为《闵行区各镇、街道（莘庄工业区）基层法治建设指标体系》，其他专题法治评估工作制定相应专题法治评估指标体系作为评估标准。

四、充分发挥法治评估结果的运用。法治评估工作小组每年撰写法治评估报告，形成法治指数，提出有针对性和可操作性的评估意见建议，必要时针对相关部门制发专项评估建议书。法治评估报告经区委依法治区办审定后，报区委全面依法治区委，在区委依法治区委会议上公布，经区委依法治区办领导批准，根据实际向社会公众发布法治指数和法治评估报告。法治评估工作与法治督察工作相结合，法治评估结果纳入依法治区工作考核。

嘉定区真新街道“五轴联动”共同推进法治建设全局

2020年起，真新街道从夯实法治建设运行机制入手，对法治建设组织架构进行细化，增设“依法决策”“行政执法”“守法普法”“宣教创建”“依法监督”5个法治建设工作领导小组，建立起“五轴联动”工作模式，由党政办、平安办、司法所、文明办、纪工委分别负责牵头协调五大板块工作。为确保治理活动始终对焦“法治政府建设”和“法治社会建设”两个总目标加设了5个“坐标轴”，明确了“部门重视参与、程序规范、发挥合力”行动抓手。

一、明确法治建设工作领导小组机构设置。嘉定区真新街道法治建设工作领导小组是街道党(工)委议事协调机构，统一部署和组织法治建设工作，直接受街道党(工)委领导，坚持为街道党(工)委服务、对街道党(工)委负责。法治建设工作领导小组设组长1人、副组长和成员若干人，副组长、成员由有关街道领导及相关部门主要负责同志担任。党(工)委书记、办事处主任为街道法治建设第一责任人，负责推动建设党组织领导的自治、法治、德治、礼治相结合的具有真新特色的基层治理体系。

二、划分法治建设工作领导小组职责任务。嘉定区真新街道按照工作性质，共设有5个协调小组。

依法决策协调小组组织研究街道依法决策方面的重要问题，并协调推动街道党(工)委严格执行“三重一大”集体决策机制、街道办事处执行重大行政决策、街道权力清单、政务公开、行政复议、法律应诉案件、负责人出庭应诉等制度。

行政执法协调小组组织研究街道行政执法方面的重要问题，统筹协调街道依法履行行政权力的具体行政行为、区属相关职能部门派出机构的行政执法行为、行政执法“三项制度”全面落实以及协调推进法制岗位和公职律师、法律顾问队伍建设。

守法普法协调小组职责任务：组织研究街道全民守法普法方面的重要问题，加强法治文化建设，广泛开展法治社会宣传教育活动，协调推动法治社会建设，如协调推进街道“谁执法谁普法”、公共法律服务供给推动人民群众依法参与社会治理，开展民主法治示范社区创建，培养法律明白人等方面的工作。

宣教创建协调小组职责任务旨在加强政府工作人员法治思维和依法行政能力全面提高。为此，小组推动落实街道党(工)委中心组集体学法制度，将法治教育培训纳入街道机关和社区居委工作人员培训内容，有计划、有步骤、有重点地开展日常学法普法。

依法监督协调小组职责任务：对街道法治建设工作领导小组工作部署的落实情况、对法治政府建设情况、对严格规范文明公正执法情况、对加强法治工作队伍建设和法治能力保障情况开展督查。

三、定期组织法治建设工作会议。法治建设工作领导小组会议形成的结论性意见和工作部署，由各协调小组、各部门贯彻落实，法治建设工作办负责检查督办，并向街道法治建设工作领导小组报告。法治建设工作办每季度召开 1 次工作例会，由法治建设工作办主任主持召开，各协调小组负责人及法治建设工作办全体人员参加。会议主要由各协调小组负责人汇报法治建设工作推进情况及下阶段工作计划。

“五轴联动”工作机制促使所有部门依据分组，协同共进、规范有序、全面深入地投入到法治建设具体工作中，为各牵头部门协调组内工作提供了依托,有利于充分发挥不同职能部门的合力,进一步提高工作效能。

(二)从“第一责任”到“第一推力”,将法治责任转为基层治理助力

领导干部是党和国家事业发展中的“关键少数”,对法治建设起着关键的推动作用。上海各基层街道乡镇加强党对基层法治建设的领导,充分发挥街道乡镇党(工)委在基层法治建设中的领导推动作用,健全街道乡镇法治建设领导工作机制,真正落实街道乡镇党政主要负责人履行推进基层法治建设第一责任人制度,把法治作为基层的重点工作来抓。

从“第一责任”到“第一推力”,
金山区山阳镇打通基层法治建设“最后一公里”

金山区山阳镇位于金山新城建设核心区域。随着金山滨海旅游度假区的不断开发建设,以及人口的持续导入,城市管理、社会治理等方面的矛盾日益凸显,信访数量较大且类型多样,群众要求参与共治自治以及希望党委、政府解决实际问题的诉求日趋强烈。在“法治山阳”建设过程中,山阳镇紧密结合工作实践,仔细研判工作情况,耐心倾听民众需求,经过认真的分析梳理,总结出了基层法治建设的“山阳心得”和“山阳经验”。

一、领导带头示范是前提。党委、政府主要领导带头示范,坚持以抓“关键少数”为重点,而且常抓不懈,始终将法治思维融入重大决策、社会治理、城市建设、经济发展等各个环节,融入日常工作的方方面面,形成了法治建设的思想自觉和行动自觉。通过推行集体

学法制度，把宪法法律、党内法规列入党委中心组年度学习计划，通过定期法治培训，培养一支具有法治思维、法治能力的干部队伍，而且要求镇领导班子成员和村居、职能部门负责人每年2次在党委会上进行专题述法。

二、法治制度建设是起点。山阳镇政府根据《法治金山建设规划（2016—2020）》中提出的工作要求，编制了《法治山阳建设规划（2017—2020）》，先后制定完善各类法治山阳工作制度27项。其中，针对党委、政府决策，出台了议事规则、“三重一大”正面清单以及工程建设项目规范管理办法、利益相关方列席会议等制度，提升镇级决策法治化、规范化水平。针对社会治理的难点、痛点，在学习法规政策并广泛征求各方意见的基础上，出台了党建引领社会治理“1+3”制度体系，强化村居党组织建设，促进社区治理规范化、法治化、体系化。针对广大基层村居，则以“总则+细则”的模式推动村规民约、居民公约修订，制定实施“个性化”、有约束性的村规民约和居民公约。

三、闭环体系打造是核心。为使法治山阳真正取得实效，山阳镇党委在顶层设计上打造了一套闭环的管理体系，率先组建了镇级法律服务办公室，搭建实体机构，为重大决策、重大事项“把脉问诊”、保驾护航。司法所有效履行统筹协调职能，筹划出台街道乡镇层面法治村居、法治部门创建的指标体系，指导村规民约、居民公约更新工作，组织全镇法治知识能力测试活动，牵动各项工作有效落地落实。通过在实践中总结出具体工作的程序流程，避免因工作不当新增管理的隐患和漏洞。加强结果评议，通过第三方专业法治建设成效评估、人大评议、村居法律顾问述职评议等举措，客观掌握法治建设的成效和不足，不断改进法治山阳建设。

法治的根基在人民。法治建设需要全社会共同参与,只有全体人民信仰法治、厉行法治,国家和社会才能真正实现在法治轨道上运行。基层街道乡镇需要坚持顶层设计与法治实践相结合,通过法治建设工作提升治理能力。党政领导干部必须为人民用权、为人民履职、为人民服务,保护人民权益,强化人权保障思维,切实尊重和保障人权,努力形成良好的社会风尚与社会秩序。

(三)聚焦法治素养和依法履职,完善考核体系

上海建立完善领导干部应知应会法律法规清单制度,把法治素养和依法履职情况纳入考核评价干部的重要内容,推动领导干部带头尊崇法治、敬畏法律,不断提高各级领导干部运用法治思维和法治方式深化改革、推动发展、化解矛盾、维护稳定、应对风险的能力。

浦东新区高行镇将法治建设责任制纳入年度考核体系

为深入贯彻习近平法治思想,深刻把握浦东“打造社会主义现代化建设引领区”核心使命,根据区委、区政府对法治建设责任制工作的部署安排,高行镇切实履行党政主要负责人推进法治建设第一责任人职责,促进依法治理水平提升。

一、积极履行党政主要负责人履行推进法治建设第一责任人的职责。党政主要负责人要带头学法尊法守法用法,争做全面依法治理示范者,积极组织、推动、实践好法治高行建设,在法治保障经济治理、城市治理、社会治理等方面勇于担当。坚持和发展新时代“枫桥经验”,构建以大调解工作机制为牵引的多元矛盾纠纷化解格局,

促进社会和谐。

二、将履行推进法治建设第一责任人职责情况列入年终述职、述廉内容。通过镇长办公会、党委会集体决策，召开专题会议推进高行镇法治建设。每年党代会报告和政府工作报告都将法治建设作为重点推进落实内容。推动成立高行镇全面依法治理委员会，并定期召开会议。年初首个工作日即召开5个责任制工作部署会，与相关部门负责人签订法治建设责任书。

三、述法工作采取领导干部年度考核和专题集中评议相结合的方式进行。在领导干部年度考核中，结合述职、述德、述廉开展述法工作。领导干部年度总结述职应包括推进法治建设情况。考核民主测评表增设法治栏目，由参加民主测评的人员对考核对象履行法治建设职责情况填写评价意见。考核组综合总结述职、民主测评等情况，发现党政主要负责人履行法治建设职责不到位的纳入考核报告，一并反馈、一并整改完善。

四、坚持考用结合，将履行法治建设职责情况作为衡量党政主要负责人工作实绩的重要内容和考察使用干部、推进干部能上能下的重要依据。与选拔任用、培养教育、管理监督、激励约束、问责追责等结合起来，鼓励先进、鞭策落后。对不认真履行法治建设第一责任人职责或不如实报告职责履行情况的党政主要负责人，运用提醒、警示等方式予以督促整改；对不履行或不正确履行推进法治建设第一责任人职责的党政主要负责人，依规依纪依法追究责任。

浦东新区高行镇作为首批获评的上海市法治建设示范街道乡镇，各级领导干部将进一步提高政治站位，自觉用习近平法治思想武装头脑、指导实践，推动高行全面依法治理开拓新局面，让群众感到法治可信赖、正义可预期、权利可保障。

松江区广富林街道十二部门联合审查,避免“带病提拔”

选人用人是关系党和人民事业的关键性、根本性问题,只有严格把关,确保考察过程规范有序、严谨细致、扎实到位,才能为党和人民选出政治上可靠、工作上作为的干部。近年来,广富林街道通过完善落实部门联合审查机制,始终把政治标准放在第一位,注重领导干部法治诉讼,从严从实把好机关干部、居民区“两委”成员以及人大代表和政协委员“资格关”,推动各级领导干部不断提升运用法治思维和法治方式能力。

一、完善工作机制。明确由党建办总牵头联合审查工作,其他各相关部门按照工作职责配合。街道联合区纪委监委、区委组织部、区委政法委、区公安分局、区信访办、区卫健委等 12 个职能部门逐一审查。

二、明确工作标准。坚决贯彻“逢进必审”“凡提五必”(对委员、代表及委员推荐人选的档案“凡提必审”,个人有关事项报告“凡提必核”,纪检监察机关有关廉政情况“凡提必听”,反映有关问题的信访举报“凡提必查”,巡视巡察结果“凡提必用”)的要求,牢固树立“谁审查谁负责”思想,充分发挥职能作用,以高度责任感对政治素质、综合能力、法治素养、廉洁情况等情况做全面了解,确保人选“优中选优”,避免“带病提拔”。2021 年以来,广富林街道共完成对 169 名居民区“两委”成员人选、28 名人大代表人选和 4 名政协委员提名人员的联合审查,经党(工)委研究,联合审查中 14 名发现问题的同志继续担任人选，对 2 名同志提出暂缓或不宜推荐的建议。

三、建立日常沟通机制。 街道党建办、纪工委、信访办等部门建立定期沟通机制，对涉及干部工作作风的有关信件线索等互通有无，党建办主任作为纪工委委员参与相关案件线索集体研判，将审查工作做在平时。

通过联合审查，对有关人选及考察对象从思想政治、工作实绩、法治素养、廉洁自律等方面进行多角度、全方位的了解，及早发现问题隐患，真正把德才兼备、群众公认的优秀干部选拔出来，坚决防止干部“带病提拔”。

四、余论：正确处理政治与法治的关系

坚持党的领导，是社会主义法治的根本要求，是党和国家的根本所在、命脉所在，是各族人民的利益所系、幸福所系，是全面推进依法治国的题中应有之义。[1] 习近平同志强调：“全面推进依法治国，方向要正确，政治保证要坚强。”[2] 历史和现实表明，只有在中国共产党领导下，才能真正从理论和实践上解决中国为什么必须厉行法治、要建立什么样的法治，以及怎样建设这样的法治等重要命题，并在此基础上统一全党和全国人民的思想，从根本上明确中国法治建设的性质、方向、目标和路径等问题。把党的领导贯彻到依法治国全过程与各方面，是我国社会主义法治建设的基本经验。党的领导必须依靠社会主义法治，社会主义法治也必须坚持党的领导。

---

〔1〕 习近平：《论坚持全面依法治国》，中央文献出版社 2020 年版，第 92 页。

〔2〕 习近平：《习近平关于全面依法治国论述摘编》，中央文献出版社 2015 年版，第34 页。

实践中,有人将党的领导和法治建设对立起来、割裂开来,讨论所谓的“党大还是法大”等问题。习近平强调:“‘党大还是法大’是一个政治陷阱,是一个伪命题;对这个问题,我们不能含糊其词、语焉不详,要明确予以回答。党的领导和依法治国不是对立的,而是统一的。”[1]“宪法为上、党章为本”的法治原则为坚持党的领导提供了制度合法性。党领导人民制定、实施宪法法律,全党也在宪法法律范围内活动。在现实的法治实践中,每个党政组织、每个领导干部都必须服从和遵守宪法法律。党委以政治性、程序性、职责性把握具体的实际工作,严格划清党委领导与私情插手、包庇性干预的界限。

“党的领导和社会主义法治是一致的,只有坚持党的领导,人民当家作主才能充分实现,国家和社会生活制度化、法治化才能有序推进。”[2]在党领导全面依法治国的过程中正确处理政治与法治的关系,既要坚持党对政法工作的绝对领导,又要推进政法机关依法行政行使职权。党对政法工作的领导是管方向、管政策、管原则、管干部,并不是越俎代庖地包办具体事务。各级党政领导干部绝不能借党对政法工作的领导之便不当干预政法工作。上海基层法治建设的经验也一再证明,必须完善全面领导、统筹推进法治建设的体制机制,建立健全政法机关党组织重大事项向党委汇报制度、在执法司法普法工作中发挥政治核心作用制度、党政主要负责人参与法治建设重要工作,确保政法工作沿着正确方向前进。我们必须始终坚持全面依法治国的政治立场,在中国特色社会主义法治建设各方面与全过程旗帜鲜明地讲政治,把政治与法治有机结合起来,努力实现最佳的法律效果、政治效果以及社会效果,不断提高党领导依法治国的能力和水平,巩固党的执政地位。

---

[1] 习近平:《坚定不移走中国特色社会主义法治道路　为全面建设社会主义现代化国家提供有力法治保障》,载《求是》2021 年第 5 期。

[2] 习近平:《论坚持全面依法治国》,中央文献出版社 2020 年版,第 43 页。

第四章 依法全面履行政府职能

依法全面履行政府职能是深入推进依法行政、加快建设法治政府的必然要求，也是基层法治建设的重点和关键。2020 年以来，上海认真贯彻落实《法治中国建设规划（2020—2025 年）》和《法治政府建设实施纲要（2021—2025 年）》目标要求，紧紧围绕新时代依法全面履行政府职能的重点任务，紧密结合上海实际，大胆创新实践，扎实深入地推进基层法治政府建设，基层政府效能进一步提升，超大城市基层社会治理进一步优化，人民群众的获得感、幸福感、安全感大大增强，政府治理水平取得了显著的成效。

一、新时期依法全面履行政府职能的基本要求

党的十八大以来，党中央高度重视全面依法治国，法治国家建设步伐进一步加快。党的十八届四中全会通过的《中共中央关于全面推进依法治国若干重大问题的决定》，围绕深入推进依法行政、加快建设法治政府、加强和改进党对全面推进依法治国的领导等提出了一系列新观点、新举措，明确提出

了全面推进依法治国的指导思想、总目标、基本原则、主要任务和重点举措，深刻回答了全面推进依法治国的一系列重大理论和实践问题，为新形势下建设社会主义法治国家提供了根本遵循。近年来，中共中央印发《法治中国建设规划（2020—2025 年）》，中共中央、国务院印发《法治政府建设实施纲要（2021—2025 年）》，对未来 5 年的法治中国建设和法治政府建设提出了具体的任务规划和路线图。其中，面对新时期依法全面履行政府职能方面存在的新问题和新挑战，也提出了具体的发展规划和任务要求。综合起来，主要有以下几个方面。

（一）着力厘清政府和市场、社会的关系

厘清政府与市场、政府与社会之间的关系，是深化政府职能转变、依法全面履行政府职能的核心和关键。要确保政府在与市场、社会的关系上不“越位”，在保障民生等基本公共服务、监管违法行为等方面不“缺位”，就需要着力厘清政府与市场和社会之间的边界，明确政府该做什么，不该做什么，从而切实做到“法定职责必须为、法无授权不可为”，既促进市场经济健康快速发展，又实现社会充满活力有序。

1. 推动“有效市场”和“有为政府”更好结合。在现代市场经济中，政府是经济体系的一个必然存在的组成部分，政府对于宏观经济运行起着不可或缺的作用。党的十九届五中全会提出：“要坚持和完善社会主义基本经济制度，充分发挥市场在资源配置中的决定性作用，更好发挥政府作用，推动有效市场和有为政府更好结合。”一方面，要使市场在资源配置中起决定性作用。经济活动必须遵循和贯彻价值规律，使市场在资源配置中起决定性作用，其实质就是让价值规律、竞争和供求规律等市场经济规律起决定性作用。必须积极稳妥从广度和深度上推进市场化改革，大幅度减少政府对资源的直接配置，深化“放管服”改革，推动资源配

置依据市场规则、市场价格、市场竞争实现效益最大化和效率最优化，从而更好地激发社会主义市场经济活力。习近平总书记强调，要“毫不动摇巩固和发展公有制经济，毫不动摇鼓励、支持、引导非公有制经济发展，推动各种所有制取长补短、相互促进、共同发展”[1]，从而培育更有活力、创造力和竞争力的市场主体。要建设高标准市场体系，实施高标准市场体系建设行动，健全市场体系基础制度，坚持平等准入、公正监管、开放有序、诚信守法，形成高效规范、公平竞争的国内统一市场。另一方面，要更好地发挥政府作用。发展社会主义市场经济，既要发挥市场在资源配置中的决定性作用，也要发挥政府的经济职能和重要作用。科学的宏观调控，有效的政府治理，是发挥社会主义市场经济体制优势的内在要求。提出使市场在资源配置中起决定性作用，其目的是进一步发挥市场机制作用，解决政府对经济干预过多、干预不当和监管不到位问题。但这绝不是说市场是万能的，更不是认为政府对市场可以撒手不管。只有政府的“有形的手”有效配合市场“无形的手”发挥作用，才能保证市场经济健康发展。因此，政府要以国家发展战略和规划为导向，正确运用宏观经济政策手段，调节总需求和总供给水平，防范财政、金融的系统性风险，防止经济周期性大幅波动；要加强市场监管，维护市场秩序，保护生态环境和劳动者、消费者的安全、健康等权益。政府还必须采取反对垄断和不公平竞争的经济性规制，保障竞争公平和消费者利益。尤其重要的是，由于市场机制不能很好地解决公共产品供给和收入分配公平问题，政府必须加强和优化公共服务，推进基本公共服务均等化；维护和规范由市场形成的初次分配秩序，并通过税收、社会保障、转移支付等手段

---

〔1〕 习近平：《不断开拓当代中国马克思主义政治经济学新境界》，载《求是》2020 年第 16 期。

对收入再分配进行合理调节,防止差距过大,促进共同富裕,维护公平正义和社会稳定。

2. 激发社会活力。党的十八届三中全会通过的《中共中央关于全面深化改革若干重大问题的决定》强调,要“正确处理政府和社会关系,加快实施政社分开,推进社会组织明确权责、依法自治、发挥作用”。党的十九届四中全会通过的《中共中央关于坚持和完善中国特色社会主义制度　推进国家治理体系和治理能力现代化若干重大问题的决定》对激发社会活力、构建共建共治共享的社会治理新格局提出了战略部署,提出“必须加强和创新社会治理,完善党委领导、政府负责、民主协商、社会协同、公众参与、法治保障、科技支撑的社会治理体系,建设人人有责、人人尽责、人人享有的社会治理共同体”。一方面,政府必须充分履行应有的社会治理职能。在中国的语境中,政府是一个包含党委、人大和政府机构在内的“大政府”概念。强调“党委领导、政府负责”,就是要在社会治理中充分发挥各级党委在社会治理中总揽全局、协调各方的领导核心作用,同时强化各级政府抓好社会治理的责任制。以保障人民群众根本利益为出发点和落脚点,发展人民民主,维护社会公平正义,保障人民群众在社会治理事务中依法实现自我管理、自我服务、自我教育、自我监督,努力形成社会治理人人参与、人人尽责的良好局面。另一方面,要充分发挥“社会”在社会治理中的积极作用。“社会协同”中的“社会”,是广义的“社会”,不仅指“社会组织”,还包括各类企事业单位、社会组织、人民团体和城乡基层自治组织等。“协同”体现的是“共治”,要求治理模式转变为合作、共治、善治,强调多元主体共同参与公共领域关系建构,共同治理社会公共事务,共同分享社会发展成果,形成利益共享、风险共担、协同共进的新型社会治理机制,从而推进社会治理体系和治理能力现代化。要积极发挥群团组织、社会组织作用,发挥行业协会商会自律功能,实现政府治理和社会调节、居民自治良性互动，夯实基层社会治理基础。由于社会组织的自愿性、民间性、组织性、公益性、非营利性和自治性等特性，社会组织在社会治理方面具有不可替代的重要作用，因此要积极支持和发展志愿服务组织，重点培育和优先发展行业协会商会类、科技类、公益慈善类、城乡社区服务类社会组织，同时加强监管，促进社会组织健康有序发展。

（二）深入推进简政放权、放管结合、优化服务

深入推进“放管服”改革，是提高政府治理能力、全面正确履行政府职能的迫切需要。党的十九届四中全会通过的《中共中央关于坚持和完善中国特色社会主义制度 推进国家治理体系和治理能力现代化若干重大问题的决定》提出，要“深入推进简政放权、放管结合、优化服务，深化行政审批制度改革，改善营商环境，激发各类市场主体活力”。简政放权、放管结合、优化服务，这三项改革并不是简单相加，而是一个三管齐下、协同推进的有机整体。一是要大力简政放权，把该放的权放到位，从而激发市场主体活力，使政府从审批发证的微观管理中抽身，集中力量做好市场监管和政府服务。要全面推行市场准入负面清单制度，清理精简行政许可和变相审批，加快“证照分离”改革，深化商事制度改革、推进投资项目审批改革、大力破除市场准入壁垒、进一步推进减税降费。二是要强化事中事后监管，创新监管理念和方式，全面推行“双随机、一公开”监管。坚持对新兴产业实施包容审慎监管，落实监管责任。要着力破除行政垄断、地方保护和市场壁垒，建立统一、公平、透明、开放的市场。把该管的管到位，做到放管结合、放管并重，确保市场“活而不乱”。三是要优化政府服务。要坚持以人民为中心的发展理念，强化服务意识，转变服务理念，更加重视从企业公众角度而不是从政府自身角度考虑问题，从利企便民出发优化服务流程，

提高办事效率，提供便捷高效的政务服务，为市场主体发展创新营造公平竞争的良好生态，为群众提供公平可及的公共服务，使人民群众有更多获得感。

（三）不断完善权责统一的监督问责机制

权利与义务统一、职权与职责统一，是法治的基本要求，是现代法治政府的基本理念。政府的权力是人民通过法律赋予的，必须要为人民服务、对人民负责。强化对行政权力的制约和监督，不断完善权责统一的监督问责机制，做到执法有保障、有权必有责、用权受监督、违法受追究、侵权需赔偿，是政府依法全面履行政府职能的重要保障。一是要优化政府机构设置和职能配置，将权力过于集中的关键部门和重点岗位，按照健全科学权力结构的要求，推进决策权、执行权、监督权适度分解与制衡，大力推进分事行权、分岗设权、分级授权，将重点岗位的权力科学分解到多个岗位、多个层级，形成既相互制约又相互协调的权力架构。二是要强化行政权力运行全过程的监督。要深入推进政务公开，确保权力在阳光下运行。积极推进电子政务建设，建立健全相应的听证制度、查询和咨询制度等，做到规则公开、程序公开、结果公开，让“暗箱操作”寸步难行。完善政府内部层级监督和专门监督，坚持日常监督与专项监督相结合，主动监督与受理举报投诉监督相结合，定期督导与突击检查相结合，从而保证监督频率和覆盖范围，增强监督实效。三是要完善纠错问责机制。行政机关必须对法律负责，承担因自身行政行为违法或不当产生的各种法律责任。要深入推进行政问责制度化、规范化，进一步明确问责范围、问责程序，加大问责力度，增强行政问责的针对性、操作性和时效性，坚决纠正缺位、越位、错位的行政行为，充分体现“有权必有责、用权受监督、违法必追究”的依法行政基本要求。

二、上海依法全面履行政府职能的创新探索

上海市坚持以习近平新时代中国特色社会主义思想为指导，深入学习贯彻习近平法治思想，全面落实习近平总书记考察上海重要讲话和在浦东开发开放30周年庆祝大会上的重要讲话精神，围绕使法治成为上海核心竞争力的重要标志，把上海建成具有世界影响力的社会主义现代化国际大都市的目标，各级政府深入推进法治政府建设各项工作，依法全面履行政府职能，积极开展法治创新实践，取得了显著成效。

（一）持续转变和优化政府职能

上海紧紧抓住依法全面履行政府职能的"牛鼻子"，持续转变和优化政府职能，大力推进"两张网"建设，基层政府的服务效能不断提升。

1. 政务服务"一网通办"建设持续深化。上海先后印发了《关于深入推进"一网通办"　进一步加强本市政务服务中心标准化建设与管理的意见（试行）》《上海市"一网通办"平台运行管理暂行办法》《2020年上海市深化"一网通办"改革工作要点》等文件，有力推进了"一网通办"建设。根据《2020年上海市法治政府建设情况报告》，2020年政务服务"一网通办"实名用户数从1024万增加到4416万，日均办事17.3万件，网办率为58%，提高30.3个百分点，321个事项实现"一件事一次办"，部门核发材料基本实现免于提交，"一网通办"国际版开通运行。同时，"随申办"还推出"专属"数据服务功能，为用户提供个性化的数据服务，做到"用户数据由用户自己管理"。随着上海市政务服务"一网通办"的不断推进，越来越多的实际应用正让上海市民的生活更便捷、更高效。如今，"一网通办"已经成为上海城市的金字招牌和城市数字化转型的重要

抓手。

2. 城市运行“一网统管”建设加快推进。抓住城市现代化治理的“牛鼻子”,大力提升上海城市的“智治力”。上海市先后印发《关于进一步加快智慧城市建设的若干意见》《上海市城市运行“一网统管”建设三年行动计划》《关于加强数据治理　促进城市运行“一网统管”的指导意见》等文件,大力推进“一网统管”建设。根据《2020 年上海市法治政府建设情况报告》,上海城市运行“一网统管”“三级平台、五级应用”的架构基本形成,防汛防台、道路交通管理等重点应用场景投入使用,城市网格化综合管理增能提效。目前已整合信息系统 1182 个,归集公共数据超过 390 亿条。上海这个超大城市治理越来越精细,环境越来越整洁、治安越来越有序、办事越来越便捷、百姓生活越来越幸福。政务服务的“一网通办”和城市运行的“一网统管”,有力牵引着上海城市治理的现代化,正成为我国城市的现代治理样板,也向世界展现了“中国之治”的新境界。

(二)不断深化“放管服”改革

深化“放管服”改革,是依法全面履行政府职能的关键之举。上海积极贯彻党中央和国务院的决策部署,不断深化“放管服”改革,先后出台了系列优化营商环境的制度,不断完善形成市场化、法治化、国际化的一流营商环境,也为全国“放管服”改革、优化营商环境树立了标杆。

1. 深化审批制度改革。根据《2020 年上海市法治政府建设情况报告》,2020 年,上海深入开展重大项目审批制度改革,取得了显著成效。制定印发了《关于进一步深化行政审批制度改革　加快推进重大项目建设的若干措施》,围绕项目准入立项、土地出让、规划审批、开工手续、竣工验收和提升服务效能等方面,出台了 23 项审改措施,在各类项目上应用超千次,有力推动项目早落地、早开工、早见效。将 61 项市级行政审批事项下放浦东新区实施,将56项市级行政审批事项委托张江科学城建设管理办公室实施,支持相关区域建设和发展。落实国务院有关决定精神,完成上海市行政审批等事项对应清理工作,取消16项、下放区级实施1项、承接国务院下放3项。完成"证照分离"改革全覆盖试点。积极落实国务院有关政策安排,组织各相关部门制订试点工作方案、操作办法、管理制度等87件,告知承诺书格式文本77份,在自由贸易试验区(含临港新片区)对519项事项开展"证照分离"改革全覆盖试点,并将地方事权内的248项事项改革举措在上海市推广实施。积极推进"一业一证"改革。浦东新区起草《上海市浦东新区开展"一业一证"改革试点　大幅降低行业准入成本总体方案》,并获国务院批复同意,在浦东新区对首批31个行业开展"一业一证"试点,推动浦东新区"一业一证"改革上升为国家级改革试点。全面推行审批服务"马上办、网上办、就近办、一次办",推动"证照分离"改革全覆盖,进一步推进"照后减证"。坚持需求导向和效果导向,浦东新区颁发首批行业"综合许可证",在全国率先推进行业准入审批改革,推动"一业一证"改革落到深处、实处。落实《上海市工程建设项目审批制度改革试点实施方案》,推进工程建设项目审批制度改革,全面建成建设项目审批平台。推动长三角区域联动,在全国率先开展医疗器械注册人制度改革试点,制定《长江三角洲区域医疗器械注册人制度试点工作实施方案》,深化药品医疗器械审评审批制度改革,药品医疗器械审评审批时限和材料实现"双减半",已有13家企业的29个产品按照试点方案获批。

2. 切实维护公平市场竞争秩序。一是进一步强化事中事后监管。全面梳理总结各区、各部门以及自由贸易试验区近年来事中事后监管工作的经验做法,印发《关于加强和规范事中事后监管的实施意见》,提出5方面17条政策措施,并明确10方面51项下阶段监管重点任务清单。二是落实推行告知承诺制度。按照国家部署,积极组织开展证明事项告知承诺制试点工作,印发《上海市开展证明事项告知承诺制试点工作实施方案》,在浦东新区、长宁区就22项证明事项(含司法部试点1项)开展告知承诺制试点工作。全面实施《上海市行政审批告知承诺管理办法》,扩大告知承诺实施范围,各区、各部门先后对200余项行政审批事项实施告知承诺。三是深化"双随机、一公开"监管制度。制定《上海市人民政府贯彻〈国务院关于在市场监管领域全面推行部门联合"双随机、一公开"监管的意见〉的实施意见》,对投诉举报多发易发或违法行为相对集中的企业、行业和领域实施定向抽查,建设联合抽查系统,推进跨部门"双随机"联合抽查常态化,依托上海市"互联网+监管"系统,进一步优化随机抽查工作平台。

3. 积极为市场主体和市民提供便利。一是对标世界银行《营商环境报告》标准,全面落实《上海市全面深化国际一流营商环境建设实施方案(3.0版)》和加强投资促进32项举措,全面提升企业全生命周期管理服务。具备条件的各类企业均可使用无纸全程电子化方式办理设立登记;在全市推广实施企业名称告知承诺和住所、经营范围自主申报,实现符合条件的企业设立登记"即报即办";加强企业开办服务与银行开户之间业务协同和信息共享;优化企业开办"一表申请"和"一窗发放"措施;进一步优化企业注销"一窗通"平台等。2020年由上海市服务企业联席会议——35个委办局共同打造的"上海市企业服务云",作为企业服务"一网通办",面向全规模、全所有制、全生命周期企业提供普惠制、精准性、兜底式服务,解决企业关于政策找不到、看不懂、难操作的问题。通过创新服务解决了企业发展过程中面临的各种难题,被企业誉为"政策的北斗,服务的指南"。二是加大政策支持力度,积极回应市场需求,出台上海市扩大有效投资稳定经济发展的若干政策措施、关于促进上海市汽车消费若干措施及实施细则、外贸产品出口转内销和推进贸易高质量发展实施意见、应对新冠疫情提振上海市消费相关举措方案等一系列政策文件，扩大政府投资，稳定外贸外资基本盘，大力提振消费需求，全方位支持企业稳定发展。三是开展免罚清单工作。深化包容审慎监管，拓展轻微违法违规经营行为免罚清单，覆盖市场监管、城市管理等 6 个领域，累计免罚金额逾2.8亿元，2300 余家企业受益，被国务院列为改革试点经验在全国复制推广。

（三）高质量推进人民城市建设

城市治理是推进国家治理体系和治理能力现代化的重要内容。2020 年以来，上海深入贯彻习近平总书记提出的"人民城市人民建，人民城市为人民"的重要理念，依法全面履行政府职能，深入推进人民城市建设，统筹推进疫情防控和经济社会发展工作，走出了一条超大城市现代化治理新路，人民群众有了更多幸福感、获得感、安全感。

1. 推进经济持续健康发展。2020 年以来，面对世界经济深度衰退和新冠疫情严重冲击，上海以政策措施的有效性积极应对疫情冲击的严重影响，以自身发展的确定性全力对冲外部环境的不确定性。一是坚持以保促稳、稳中求进，"六稳""六保"工作取得积极成效。出台实施抗疫惠企"28 条"、稳就业促发展等一系列政策举措，持续减税降费、增加就业岗位。二是全力以赴落实改革开放重大任务，通过制订实施贯彻落实中央支持浦东打造社会主义现代化建设引领区意见的行动方案、发布市政府关于加强浦东新区高水平改革开放法治保障的决定等一系列政策措施，加快推进浦东高水平改革开放。三是全面完成长三角一体化发展第一轮三年行动计划，长三角国家技术创新中心建成运行，推进政务服务事项实现跨省市"一网通办"，促成省际对接道路建成通车。四是"五个中心"建设深入推进，"四大功能"进一步强化。国家实验室、期智研究院等一批高水平科研机构落户，重点领域关键核心技术攻关、国际大科学计划取得重要进展。2021年上海市生产总值突破4万亿元大关,达到4.32万亿元,增长8.1%。集成电路、生物医药、人工智能三大产业制造业产值增长18.3%,新增市场主体快速增长,每千人拥有的企业数位居全国第一。上海港集装箱吞吐量达到4703.3万标准箱,连续12年排名世界第一。

2. 积极增进民生福祉。2020年以来,涵盖交通出行、社会保障、公共设施、人居环境等市民普遍关注的热点领域的36项民生工程、民生实事项目超额完成,养老金、医保、低保等社保标准进一步提高,残疾人生活补贴、护理补贴制度进一步完善,着力补齐了民生短板。支持多渠道灵活就业等稳就业政策进一步完善,高校毕业生初次就业率保持全国领先。养老金、医保、低保、最低工资等民生保障待遇标准稳步提高,创新推出"沪惠保",主动发现、精准服务的社会救助制度加快健全,残疾人康复服务专业化水平持续提升。新一轮教育综合改革全面启动,义务教育减轻作业负担、加强课后服务、规范校外培训机构等"双减"任务全面落地。教育"空中课堂"实现大中小学全覆盖,义务教育公办、民办学校同步招生全面推行,产教融合型城市建设试点启动实施,国家教育综合改革试点任务圆满完成。新建、改建健身步道219条、多功能运动场194片、益智健身苑点1328个,人民群众的获得感、幸福感、安全感得到进一步增强。

3. 创新推进超大城市现代化治理。2020年以来,上海坚持科技赋能、重心下移,城市治理现代化水平明显提升。城市运行"一网统管""三级平台、五级应用"架构基本形成,积极打造"一江一河"高品质"生活秀带",苏州河中心城区42公里岸线的公共空间基本贯通开放。持续推进架空线入地和杆箱整治,桥下空间品质提升和公共空间休憩座椅设置和优化,使街区更加和美。扎实开展政法队伍教育整顿,全力做好重大活动安保维稳、社会治安防控、风险隐患排查化解、反恐防暴、扫黑除恶等工作,精准打击电信网络诈骗等违法犯罪,社会大局保持稳定。深化“群租”治理,推进城乡房屋安全隐患排查整治,社区更加和谐有序。制定“碳达峰、碳中和”实施意见、“碳达峰”实施方案,全国碳排放权交易市场在沪上线运行。启动实施第八轮环保三年行动计划,完成1042家工业企业挥发性有机物治理,两年共淘汰国三柴油车15.1万辆,推广应用新能源汽车25.4万辆,累计达到67.7万辆。生活垃圾分类收运、处置体系基本形成。实现原生生活垃圾零填埋,污染防治攻坚战成效考核排名全国第一。全面推行“林长制”,世博文化公园北区开园,免费或延长开放公园增加42个,新增森林5.1万亩、绿地1031.8公顷、绿道212.6公里、立体绿化40.6万平方米。

（四）构建简约高效的基层管理体制

基层既是产生利益冲突和社会矛盾的“源头”,也是协调利益关系和疏导社会矛盾的“茬口”。2020年以来,上海积极构建简约高效的基层管理体制,大胆创新基层治理,着力推进基层治理体系和治理能力现代化,走出了一条符合超大城市特点和规律的治理新路。2020年7月上海出台了《关于完善街道乡镇管理体制　整合街道乡镇管理服务资源的实施意见》,紧密结合上海实际,对标建设人民城市的目标任务,对构建简约高效基层管理体制作出了具体部署。一是聚焦减负、增能、赋权,坚持治理重心下移,保障基层事情基层办、基层权力给基层、基层事情有人办,充分激发基层活力,推动基层社会治理更加顺畅高效,广大基层干部更加心无旁骛地抓推进落实抓创新突破。二是加强基层资源、力量的统筹调配,持续用力为基层松绑减负,完善街道乡镇权责清单,严格执行职责下沉准入制度,切实向智能化要效率,给予了基层工作更多理解关怀,基层干部有了更多时间和精力为群众干实事、解难事。三是因地制宜、稳妥有序推进。16个区紧密结合地区实际和基层需求,在实践中创新性地推进工作,既确保了制度的刚性落实，又充分调动了地方积极性，探索了许多宝贵经验。四是以基层社会治理创新的良好成效，进一步优化了营商环境，更加精准地服务企业，不断夯实经济发展基础。

三、基层依法全面履行政府职能的典型实践

2020年以来，上海基层政府坚持以习近平法治思想为指导，认真贯彻市委、市政府关于法治建设的各项决策部署，积极依法全面履行政府职能，从基层实际和群众需求出发，大胆创新实践，探索积累了许多宝贵经验，形成了一大批基层依法全面履行政府职能的典型做法。

（一）完善扁平化、网格化的基层管理体系

在利益诉求多元的现代社会，网格化、扁平化管理是现代无缝隙政府的流程再造。2020年以来，上海各区积极贯彻落实市委出台的《关于完善街道乡镇管理体制　整合街道乡镇管理服务资源的实施意见》文件精神，着力构建扁平化、网格化的基层管理体系，进一步夯实了基层治理基础。

虹口区曲阳路街道以“全岗通”促“治理通”

为了打破长期形成的条线壁垒，提升社区干部综合能力，让居委会干部做到“一专多能、全岗都通，一人在岗、事项通办”，助力解决小区治理顽症，上海市虹口区曲阳路街道创新推行了居委会“全岗通”的基层治理新模式，着力打造“人人参与、人人负责、人人奉

献、人人共享”的社区治理格局，极大提升了基层治理服务能力。多年来的小区治理顽症得到了有效解决，物业服务也得到有效改善，居民的幸福感与获得感得到了明显提升。

一、分阶段推进，“技能通”“服务通”“治理通”梯次打通。虹口区“全岗通”分为“技能通”“服务通”“治理通”三个阶段。其中，“技能通”与“服务通”以搭建居委会和居民之间的良性关系为目标，最大限度地提升居民对居委会的支持和认同；“治理通”则希望让居委会升级成为社区治理的中心和枢纽，使居委会工作人员面对日益复杂的社区事务时，具有更加专业化的治理禀赋、治理理念和治理能力。一是实现“技能通”，打造“全科医生”式的居委会队伍，如实行条线部门职责下沉准入制度，梳理减少条线部门下沉到基层的协助行政事项，推广居委会“全岗通”信息管理平台，提升居委会队伍能力等。二是做实“服务通”，探索社区治理精细化、智能化，如推出“不见面办事、零距离服务”，通过建立全区统一的居民网上办事服务平台实现线上办理；建立楼组分类治理体系，将居委会“全岗通”延伸到楼组等。三是打造“治理通”，推动条线部门围着社区转，如开展社区体检，居委会定期自查居民区问题、厘清实际需求，“每周自下而上形成一个小目标”；建立多方参与机制，聚集居民区党组织、居委会、业委会、物业公司、社区居民等各方代表，协商讨论社区议题；实现项目化运作，建立居委会“日日清”约请机制等。

二、形成专业体系，服务水平与治理能力明显提升。一方面，“全岗通”让社区工作者迅速成长，全区居委会干部的综合素质和能力有了很大提高，尤其是越来越多的年轻干部在较短时间内具备了服务群众、解决问题的必备素质，为落实居委会全天候接待，不让居民办事跑第二趟提供了队伍能力支撑。据统计,“全岗通”推行以来,许多“全岗通”工作能手已经走上了居民区党组织书记、居委会主任的岗位,队伍建设呈现良好局面。另一方面,“全岗通”让居民自治水平不断升温。居委会干部从“服务通”走向“治理通”,居民区自治从“独角戏”向“大合唱”转变,逐步形成有温度、有活力的熟人社区。据统计,全区推行“全岗通”后,居委会干部一年内共走访群众近51万户次,是推行前的3.4倍。培育和发展了“漂亮楼道”“美丽弄堂”“爱心小屋”等一批群众自治品牌、自治团队和社区领袖,形成社区治理的良性机制。

三、激发基层活力,居委会工作积极性明显提升。“全岗通”机制通过广泛开展议事协商,促进社区的多元参与,不仅充分调动了社区居民的参与积极性,也激发了居委干部的工作积极性。如赤峰小区是老旧小区,存在诸多问题。为了解决这些问题,街道将补足历史欠账和破解难点问题的实效作为年终考核的关键加分项,居委干部的积极性便上来了,社区问题最后也得到了成功解决。

虹口区曲阳路街道通过推行“全岗通”的基层治理新机制,有效打破了长期形成的条线壁垒,不仅有效化解了社区矛盾纠纷,更极大提升了社区干部的综合能力,培养了居民自治意识和自治能力,促进社区了认同,使社区居民真正成为社区的主人,夯实了基层治理基础。

(二)以全面落实“一网通办”推进审批服务便捷高效

上海基层政府以“一网通办”服务理念引领公共服务、便民服务优化,以场景应用驱动服务供给创新,实现了与群众和企业生产生活密切相关的服务全覆盖，打造了标准化、普惠化、均等化、智慧化的全方位服务体系，有力提升了整体服务质量和水平，切实增强群众和企业的获得感、满意度。

奉贤区创新无科层审批改革，推进政府依法高效履职

为进一步深化“放管服”改革，转变政府职能和改进工作作风，奉贤区积极探索无科层、重监管、少审批乃至无审批的扁平化管理模式，通过“三个打破、一个建立”，以“高效办成一件事”为目标，压缩审批层级，提升审批效能，推动上下游贯通，实现“一窗受理、集成办理”，打造了审批事项规范化、审批层级扁平化、审批资源集约化的行政审批新模式。

一、打破部门内部边界，实现许可事项归集。由单部门整合归并散落在各科室的审批职能，28 个行政审批部门 408 个审批事项相对集中于一个科室，实现“一口清、一手批”；线下推进行政审批服务事项向实体大厅集中，实行“一窗受理、集成服务”；线上推进行政审批服务事项向“一网通办”集中，确保审批服务事项线上线下同标同质。过去，社会投资类项目从取得土地到取得建设工程规划许可证等证件，短则月余长则半年。如今通过实践无科层审批制度，“店小二”全程待命协助在线申报，建设单位在 24 小时内就可成功拿到、建设用地批准书、建设用地规划许可证、建筑工程设计方案批复、建设工程规划许可证、不动产权证。

二、打破人员科层边界，压缩行政审批层级。一是破除行政许可科层审批固有模式，推行形式审查“审核独任制”，即从受理到审

批全面授权、全程办理、力争当场办结；二是实质审查“一审一核”制，即一人受理审查、一人审核把关。目前1000多种审批情形中，337种审批情形实现了“独任制”、478种审批情形实现了“一审一核”制，占全区所有办理情形的80%以上。

三、打破审批部门间边界，高效办成一件事。在企业开办、建设工程、不动产登记等领域设置综合窗口，实行“一窗进出”，无差别受理。尝试跨部门物理整合，授权行业主管部门“一帽牵头”，组建跨部门审批工作组进行集中办公、集中审批，实行“一窗式办理，一条龙服务”。在全市率先实施营业执照“审核独任”制，通过独任制累计办理注册资本200万元以下营业执照6万余件，实现从受理、审核到拿照最快23分钟办成的记录，实施新设企业“一窗领取”开业“大礼包”（营业执照、数字证书、免费公章、税控盘和税务发票），开启了1天办照2天即可营业的企业开办服务新模式，实现了高效办成一件事。

四、探索建立行政审批管理新模式和行政审批集中管理。通过审批流程再造，打破行政审批“先核后证”固有模式，首创农业领域“先证后核”的行政审批新模式。对动物防疫条件合格证等6个审批事项实行“先证后核”，即先行承诺后窗口直接发证，将现场检查环节置于审批发证之后，进行事中事后监管。变原本法定20个工作日、承诺10个工作日办结的审批事项为“当场办结”，极大提升了审批实效。对标最高标准、最好水平，将各进驻区行政服务中心所有人员的考核评优权、人事任免建议权等集中管理，实行“一个平台管人员、一枚印章管审批”。

奉贤区无科层审批改革，让人民群众享受到了“淘宝购物”般的公共服务，让各类市场主体享受到高效便捷的办事服务，有效提升了营商环境软实力，为审批制度改革提供了一个很好的样板和范例。

徐汇区徐家汇街道优化营商机制服务商圈发展

徐汇区徐家汇街道充分发挥党的政治优势与组织优势，推动商圈党建与营商服务“四个融合”，不断优化营商机制，着力优化营商环境，实现了高水平党建与高质量发展的双向赋能、共同发展。

一、领导机制融合：实现党建与营商服务“一组统筹”。街道成立了营商工作领导小组，构建了营商工作的指挥层，从机制上为党建与营商服务的融合创造条件。在开展区域化党建、“两新”党建过程中，把企业服务同步渗透进去，让党建更加体现“围绕中心，服务大局”。例如，对辖区企业进行分类梳理，明确重点企业服务名单，并由街道党（工）委牵头建立专人服务和定期走访制度，对重点企业开展一对一精准服务，实时了解企业困难需求，真正做到“无事不扰，有求必应”。

二、队伍力量融合：推进党建办与营商办“一岗多能”。一是在街道层面，推进党建办与营商办工作人员“一岗多能”。实行党建办与营商办“一岗双责”，党建办同志在为企业提供党建服务的同时了解企业经营发展、税收增长情况，对于企业提出的发展问题，如不能当场解答的，带回交给营商办同志对接处理。营商办的同志在走访企业协调解决问题的同时，也同步了解企业党员以及党组织设置情况。对于有党员但未纳入组织覆盖的企业信息，及时告知党建办，由后者上门进行对接,同步推进“两新”党建的组织覆盖与工作覆盖。二是在楼宇服务队伍上,推进楼宇党建顾问与营商服务顾问“一岗多能”。以楼宇网格化服务为契机,将39幢1万平方米以上重点楼宇的楼宇党建顾问与楼宇营商服务顾问进行重新整合。作为楼宇综合网格服务员,主要职责由以前只负责楼宇党建或企业服务,改变为同时负责这两方面工作,进而提高了楼宇一线队伍的综合服务能力。

三、资源服务融合:推行企业与白领服务“一网发布”。推进“党建+营商”的常态化运行,有力推动相关部门服务资源的融合。以党建为引领,统筹调动区域的服务资源,共同做好企业和白领的服务。在街道范围内依托街道“悦领汇”网上平台,推动党建办、工青妇、营商办等部门条线的场地资源与服务项目,在网上统一信息发布、统一接受报名。将部分服务项目与场地资源网上发布,变“政府端菜”为“白领点菜”,鼓励白领根据兴趣自行“拼课”,灵活选择。一旦拼课人数达到最低限度即安排配送,从而进一步提升了白领服务的精确性。

四、载体空间融合:推进党建与营商平台“一体多能”。推动“商圈党建+营商服务”的协作联动,积极推动双方空间载体融合。一是办公空间一体化。推动街道社区党群服务中心与营商服务中心的联合办公,以更加方便双方的日常沟通交流,促进彼此协作互动。二是组织空间一体化。依托楼宇物业,打造“红色营盘”,建立全面覆盖的组织体系和工作机制,在街道39幢重点楼宇以及25幢小型楼宇,建立楼宇党组织51个,推动党建服务与企业服务同步进入、同时对接,形成“支部与楼宇共建、党员与群众共进、党建与营商共融”的楼宇党建新模式。三是服务空间一体化。建立了全市第一个街道乡镇层面的“一网通办”自助办理点——徐家汇商圈“一网通办”自助办理点(宜山路8号),涵盖了378个法人事项和56个自然人事项,辅以街道营商办的代办服务,真正实现了“商圈的事,在商圈办”。

商圈、楼宇作为城市经济的主要载体和新兴业态的集聚领域,既是优化营商环境的发力点,也是基层党建的重要阵地。徐家汇街道通过商圈党建与营商服务的“四个融合”,做强了徐家汇商圈的红色引擎,打造了最优的营商环境,有力助推了商圈企业发展。

(三)推进“一网统管”和“12345”市民服务热线办理

超大城市社会治理现代化的基础在基层,难点也在基层。2020年以来,上海各基层政府始终坚持以人民为中心,积极创新体制机制,扎实推进“一网统管”和“12345”市民服务热线办理,切实解决群众的“急难愁盼”,有力促进了社会和谐稳定,切实增强了人民的幸福感和满意度。

杨浦区新江湾城街道大力推进“一网统管”模式创新与流程再造

杨浦区新江湾城街道积极践行“人民城市人民建,人民城市为人民”重要理念,大力推进“一网统管”管理模式创新与机制流程再造,在全面整合已下沉的房管、绿容、城管等管理力量的基础上,全力推进与公安、市场监管以及综治、建管、环保、卫生等动态参勤力量的融合,按照“力量跟着问题走”的导向,织密社区创新治理网,有力提升了基层治理效能。

一、优化组织架构，完善制度规范。街道党(工)委从实际出发，坚持问题导向，广泛深入社区了解群众需求。在征求各方意见的基础上，街道针对“一网统管”中的痛点、堵点，从加强组织领导构架、规范制度、定期培训、业务试点、电子亮证、推进两个“免于提交”等方面落实“一网通办”的改革要求，加以“点穴式”优化。依据百姓的日常需求，建立清晰的逻辑树，以便更容易找到办事出口。同时，打通各个信息库，让群众办事更便捷。积极落实行政审批告知承诺制、证明事项告知承诺制，制定了《上海市杨浦区新江湾城街道办事处政务公开标准目录》，进一步明确了公开事项、时限及渠道等要素，强化了制度刚性约束。制作《市民“高效办成一件事”“一网通办”“当日达”业务导览》，介绍“当日达”操作流程。

二、构建智慧大脑，提升处理效能。街道打造了综合城市运行中心，连接了社区各项管理资源，通过统一发现、统一指挥、统一处置，实现了高效的“统一”工作机制。城市运行中心的城管、公安、市场监管局、情况督办等工作人员，时刻紧盯大屏幕和数据联动电脑系统，一旦发现问题就立即处理，极大提高了问题处置的针对性。

三、再造流程机制，试点“当日达”业务。街道按照“多格合一”要求，不断完善网格化运行机制，深化业务流程再造。如推行夜间整治联动、“110”非警情联动、无人机地空执法联动，实现城运系统案件派遣与现场执法力量无缝衔接，高效解决渣土偷倒等城市管理顽症，“12345”市民热线满意度从73.54%提升至82.26%，年度考核排名全区第一。自2020年5月起，街道还成为全市6家“当日达"业务试点之一。通过研发"视频交互技术＋不见面的政务服务"办事系统，实现居民"不出家门办事"服务事项达120项，极大地方便了群众。

杨浦区新江湾城街道通过"一网统管"管理模式创新与机制流程再造，大力推进基层治理数字化转型，有效解决了基层事务管理碎片化的痛点、难点问题，有力提升了基层治理效能。

宝山区张庙街道城运中心数字化平台实现执法的全覆盖

近年来，宝山区张庙街道在推进"一网统管"建设工作中，在充分调研和广泛学习的基础上"摸着石头过河"，着力推进工作流程再造、信息系统融合和制度机制创新等，推动城运平台从建起来向用起来、转起来、强起来迈进，有力提升了"一网统管"实效。

一、从"碎片化间歇性"到"全覆盖全天候"。街道将"科技支撑"嵌入社会治理体系，着力打造城运"智治"新平台，积极运用网上办案、手机App处理等数字化城管管理方式，实现了执法全覆盖，并对重点区域的管控实现了全天候、全时段，极大提高了执法的效率。一是积极对接小区垃圾分类150多个视频监控接入平台，着力解决投放时间混投、乱投现象以及非投放时间投放问题。二是积极对接平安建设智能化系统接入，依托科技赋能强化实有人口、租赁房屋和"三合一"场所等智能化管理，防范和降低城市安全运行风险。三是探索形成"网格发现、社区呼叫、街道吹哨、部门报到"分级响应、协同处置机制，通过城运“单兵”信息化终端，对应急突发事件、城运平台案件协调督办等进行现场调度，全力防范化解各类风险。

二、从“被动接单”到“主动发现”。城市管理精细化的高标准，倒逼张庙街道不能止步于城运平台的个案“闭环”。以治理共享单车为例，经过积极探索实践，张庙街道初步形成城运平台“三快一长”的运作模式，一条派单指令从城运中心政务微信群发出，3 分钟后街面专职巡查员就可到达现场，进行清运积压单车、引导规范停放、维护现场秩序、纠正违停行为等工作。从线上派单到线下处置再到线上结案，管理闭环的运行链条完整且紧凑，使“快速发现、快速响应、快速处置、长效管理”变成现实。街道城运平台投入试运行以来，“被动接单”变“主动发现”，区派发街道办理的投诉工单数量呈稳定下降趋势。

三、从“束手无策”到“联勤联动”。街道个别老旧的小区公共小凉亭存在被部分居民用旧桌椅“占地抢座”、噪声扰民、杂物乱扔等现象，市民投诉多但却收效甚微。针对居民投诉反映的问题涉及物业管理、消防安全、邻里矛盾、城管执法、噪声防治等多个方面，单兵作战难以奏效，张庙街道城运中心主动加强协调，由小区对应的网格长启动网格联勤联动机制，带领由城管、社区民警、小区物业、居委、第三方队伍等组成的处置小分队连夜出击，联合执法全面整治，一举解决问题，成功恢复了小凉亭的公共属性与和谐宁静。

宝山区张庙街道通过创新体制机制，着力打造管用高效的数字化街道城运中心，有力提升了联勤联动快处效率，为社区群众解决了一大批闹心事、烦心事，使社区群众对党和政府工作的满意度稳步攀升。

（四）健全有效防范化解重大法律风险的事前事中事后机制

加强重大法律风险防范和强化事前事中事后监管是深化“放管服”改革、优化营商环境的重要任务，也是依法全面履行政府职能的重要前提和保障。2020年以来，上海各基层政府积极创新监管机制，不断完善事中事后监管，不仅充分激发了社会和市场活力，也有效防范了重大法律风险。

奉贤区海湾镇强化重大决策的合法性审查

奉贤区海湾镇坚持以习近平新时代中国特色社会主义思想为指导，全面贯彻习近平法治思想，健全组织保障机制，以创建促提升、以示范带发展，紧扣区域发展大局和重点民生领域，自觉运用法治思维、法治方式深化改革、推动发展、维护稳定，强化重大决策的合法性审查，确保决策的科学合法，努力把各项工作纳入法治化轨道，开创了法治建设工作新局面。

一、完善理论中心组学法制度，把好“思想关”。镇党委深入学习习近平法治思想，制订镇党委中心组学法计划，在宪法宣传周期开展中心组系列学法活动，专题研究镇市域社会治理现代化与“五治融合”社会治理新模式，组织学习优化法治化营商环境、深化“一网统管”提高城市运行能力等相关精神，为高质量发展提供法治支撑。

二、健全议事决策机制，把好“决策关”。制定出台《海湾镇党委政府议事规则》，认真贯彻落实党的民主集中制原则，切实落实“三重一大”制度，严格遵守决策法定权限和程序，对党委的重大决策、政府的重点任务、群众关心的民生项目等实行集体研究决定，不断完善依法决策、科学决策、民主决策机制。对重大决策与群众关注重点问题听取群众意见，集体讨论决定，对即将推行的重大决策从合法性角度加强审查，努力把好“决策关”。

三、严格规范性文件管理，把好“文件关”。加强规范性文件事前审查、事后备案等工作，严格规范政府行政行为。组建镇法律顾问队伍，聘请专业律师为法律顾问，建立司法所长列席镇长办公会制度，发挥好在政府依法决策中的把关作用，积极防范政府履职风险。加强规范性文件事前审查、事后备案等工作，完善对规范性文件的监督制度和报审程序。2020 年 6 月以来，司法所长列席镇长办公会 21 次，发表相关法律意见建议 10 余次。镇党委根据自由贸易区新片区规划跟进法律服务保障，调研走访镇区中小企业，了解法治诉求，形成法治服务项目清单。组织召开注册型企业法律风险防范专题协调会，多部门与会，研究法律风险与防控举措。制定海湾镇优化法治化营商环境八项举措，抓好顶层谋划设计“超前一公里”和政策落实打通“最后一公里”。

四、自觉接受对权力的监督，把好“监督关”。坚持把权力关进制度的笼子里，深化“四责协同”机制，落实领导干部述职、述廉制度和重大事项报告制度，自觉接受人大监督、民主监督、监察监督、司法监督、审计监督、群众监督、舆论监督，促使党风廉政建设和反腐败斗争与法治建设、依法行政工作相辅相成。

海湾镇通过强化重大决策的合法性审查，确保了决策的科学合法,有效防范了重大法律风险,进一步推进了“放管服”改革,取得了显著成效。2020年、2021年海湾镇连续两年法治建设工作考核名列全区第一。2022年1月,海湾镇获评首批“上海市法治建设示范街道乡镇”称号。

黄浦区南京东路街道试点“最细”餐饮现场管理规范

黄浦区南京东路街道是上海的“零公里”社区,是上海的行政、文化和商业中心,具有独特的区位优势。作为黄浦区的现代服务业集聚区,辖区内不仅拥有63幢商务楼宇和一大批名企强企,也拥有一大批中小微企业。近年来,街道深入推进“放管服”改革,完善制度规范,强化餐饮业的事前事中事后监管,有效守住了百姓舌尖上的安全底线。

一、坚守安全底线,筑牢监管意识。一勺油、一碗米、一桶水,其质量安全,不仅关乎老百姓的身体健康,更是老百姓安全感、幸福感的基本要求。强化餐饮业的事前事中事后监管,核心就是要守住百姓舌尖上的安全底线。南京东路街道小餐饮店众多,街道不断强化监管底线思维,以小餐饮业规范作为食品安全工作的底线,不断完善监管制度规范,筑牢了食品安全防线。

二、坚持试点先行,完善制度规范。早在2018年,黄浦区就被列为全市首批区级小餐饮标准试点区,发布了《小餐饮店管理规范》,探索通过高标准引领高效能治理,当年就有683家小餐饮店通过标准化验收。2019年,黄浦区又结合垃圾分类、环境保护等新要求,对《小餐饮店管理规范》进行2.0版升级。目前,黄浦区已对

2247 户小餐饮单位完成标准化建设并实施评估。在小餐饮单位标准化工作试点的基础上,2021 年,黄浦区市场监管局联合南京东路街道、上海市餐饮烹饪行业协会对中型以上餐饮单位现场规范化管理进行探索,并将南京东路街道作为首批试点地区,试点推行《黄浦区中型以上餐饮单位现场管理规范》(以下简称《管理规范》),在区域内积极打造中型以上餐饮单位标准化综合管理模式,努力形成可复制、可推广的黄浦经验。

三、注重监管实效,引领高效治理。街道在制定汇编《管理规范》的时候,始终从监管实际出发,《管理规范》的条款全部源于日常监管的启发,实操性极强。比如,规定:使用自制蛋液的,应冷藏保存蛋液,防止蛋液变质;加工制作鲜榨果蔬汁,食用冰等的用水,应为与包装饮用水、使用符合相关规定的水净化设备或设施处理后的直饮水、煮沸冷却后的生活饮用水。同时结合新形势、新要求,融入明厨亮灶、网络送餐、垃圾分类、信息追溯、绿色文明消费等内容。不少要求甚至高于通用标准。

强化事前事中事后监管是推进"放管服"改革的必然要求和题中之意。黄浦区南京东路街道通过创新餐饮业监管制度,细化监管规则,有效规范了中小微餐饮业的健康发展,筑牢了食品安全防线。

四、余论:推进依法全面履行政府职能

依法全面履行政府职能是法治政府建设的主要内容,更是法治中国建设的关键所在。党的十八大以来,上海各基层政府深入贯彻习近平法治思想,依法全面履行政府职能,积极开展基层法治创新实践,基层法治

政府建设取得显著成效,形成了一批可复制、可推广的典型案例和宝贵经验。但应当看到,对标法治中国建设的战略部署,对标上海建设具有世界影响力的社会主义现代化国际大都市的目标任务,上海基层法治政府建设依然任重道远。例如,基层政府履职依然存在不全面、不积极、不到位现象,人民群众的一些合法诉求还存在难以畅通表达、及时解决等问题;行政权力的监督制约有待进一步加强,重大行政决策程序相关规定的执行还不到位,不少单位还存在预先拍板、提前定调等情况,还有些单位存在风险评估和合法性审核未发挥实质性作用等问题;少数单位政府外聘法律顾问工作存在"顾得上就问、顾不上就不问"、意见进不了决策层等情况;少数单位政务公开工作的主动性、积极性不够;基层治理体系还存在不少难点、堵点问题,治理能力还有待进一步提升,社会活力还未能得到充分激发;等等。这些问题都亟待各基层政府深入贯彻习近平法治思想,以更大的力度、更强的决心和更高的智慧深入推进依法全面履职政府职能,更加充分地发挥政府在推进法治建设中的主体功能。

根据我国《宪法》第107条的规定,县级以上地方各级人民政府依照法律规定的权限,管理本行政区域内的经济、教育、科学、文化、卫生、体育事业、城乡建设事业和财政、民政、公安、民族事务、司法行政、计划生育等行政工作。要准确理解"法定职责必须为、法无授权不可为"的行政法治原则,着力厘清政府和市场、社会的关系,确保政府在与市场、与社会的关系上不"越位",在保障民生等基本公共服务、监管违法行为等方面不"缺位"。

基层是国家治理的最末端、服务群众的最前沿。法治政府建设的重点在基层,难点也在基层。基层党员领导干部是推进基层法治政府建设的中流砥柱,只有不断增强基层领导干部的法治素养,把基层党组织建强，才能引领好基层法治建设，才能为基层治理提供坚实的保障。坚持问题导向和群众需求导向，大胆创新基层法治实践方式，提升基层治理效能。把增进人民福祉作为出发点和落脚点，加强基层社会矛盾综合治理，完善多元化、法治化纠纷解决机制，激发群众的积极性、主动性、创造性，积极构建共建、共治、共享的基层治理新格局，切实解决好人民群众最迫切、最急需、最期盼的问题，最大限度地把各类矛盾纠纷化解在基层、消灭在萌芽状态。基层治理面临的最大问题就是人的问题。从很多暴露问题的基层来看，基层带头人缺乏法治意识和法治能力是核心。破解基层治理“瓶颈”，关键是补齐法治人才短板。要积极引进、培养基层法治人才，选优配强基层党组织法治带头人，为基层依法治理注入源源不断的内生动力。

有权必有责，用权受监督，这是法治政府的题中之义。党的十九大报告提出：“加强对权力运行的制约和监督，让人民监督权力，让权力在阳光下运行，把权力关进制度的笼子。”[1]要进一步严格落实重大行政决策程序制度，从源头上堵住违法决策的漏洞，推进科学决策、民主决策、依法决策。充分发挥党委、政府法律顾问、公职律师的法治参谋作用，强化重大决策和行政规范性文件合法性审核和备案，加强重大行政决策事项目录管理，推进运用信息化技术对重大行政决策事项进行全流程监督。健全重大行政决策事前评估机制，畅通参与决策制定的渠道，保障基层人民群众通过多种途径和形式参与决策。还要健全决策执行中的问题反馈机制和决策后评估制度，严格落实重大行政决策终身责任追究制度及责任倒查机制。要严肃责任追究，对侵害基层群众利益的违纪违法行为要零容忍，高

---

〔1〕 习近平：《决胜全面建成小康社会 夺取新时代中国特色社会主义伟大胜利——在中国共产党第十九次全国代表大会上的报告》（2017 年 10 月 18 日），载《党的十九大报告辅导读本》，人民出版社 2017 年版，第 66 页。

举反腐利剑,以百分之百的惩处来预防和杜绝百分之一、千分之一的不作为、慢作为、乱作为,从而确保基层政府既全面履职,又合法合规、清正廉洁。

第五章 严格落实重大行政决策程序制度

党的十八大以来，党中央、国务院高度重视科学、民主、依法决策。2019年《重大行政决策程序暂行条例》（国务院令第713号）（以下简称《条例》）正式实施，开启了重大行政决策制度的新阶段。2021年，中共中央、国务院印发《法治政府建设实施纲要（2015—2020年）》，提出了着力实现行政决策程序规定严格落实、决策质量和效率显著提高，切实避免因决策失误产生矛盾纠纷、引发社会风险、造成重大损失等要求。

严格落实重大行政决策程序制度是实现依法决策的关键环节和主要路径。上海市先后于2016年探索制定了《上海市重大行政决策程序暂行规定》（沪府令47号），于2020年制定了《上海市重大行政决策程序规定》（沪府令35号），逐步建立完善相应落实机制，积累了丰富的实践经验。在街道乡镇层面，也探索建立配套的制度和实施机制，以确保重大行政决策制度得以在基层落地生根。

一、贯彻落实重大行政决策程序制度的要求

为深入推进依法行政，加快建设法治政府，党的十八届四中全会提出，健

全依法决策机制，把公众参与、专家论证、风险评估、合法性审查、集体讨论决定确定为重大行政决策的法定程序。中央和地方各级人民政府在总结既往经验的基础上，经过数年的努力，正式建立了重大行政决策程序制度。贯彻落实好重大行政决策程序制度，成为摆在各级人民政府面前的重要法治任务。

（一）推进行政决策科学化、民主化、法治化

推进行政决策科学化、民主化、法治化是重大行政决策程序制度的出发点和落脚点。行政决策科学化是指行政决策主体在作出行政决定的过程中，从客观环境出发，充分考虑相关利益主体之间的关系及利益分配，运用科学、合理的方式和方法进行决策；行政决策民主化是指行政决策主体在作出行政决定的过程中，始终保持与人民群众的密切联系，开发并不断创新群众参与行政决策的渠道和方式，广泛吸纳民意，充分发扬民主；行政决策法治化是指行政决策主体在作出行政决定的过程中，有法有据，并将实践中形成的好的行政决策机制、决策方式方法、决策制度以法律的形式固化下来，通过法律的权威性和稳定性指导行政决策主体的决策实践。

推进行政决策科学化、民主化、法治化不仅是行政决策自身特点的内在要求，还是我国经济社会发展变化的反映，是推动我国经济社会发展、促进民主政治文明的必然要求，是我国法治政府建设的重要内容。2015 年 12 月由中共中央和国务院联合印发的《法治政府建设实施纲要（2015—2020 年）》在党的十八届四中全会精神的基础上，提出了一些具体要求。

为推进行政决策制度科学、程序正当、过程公开、责任明确，决策法定程序严格落实，具体提出健全依法决策机制、增强公众参与实效、提高专家论证和风险评估质量、加强合法性审查、坚持集体讨论决定并严格决策责任追究等措施，以此来提高决策质量，保证决策效率，提升行政公信力和执行力。

依法健全行政决策机制。依法规范重大行政决策程序，是深入推进依法行政、建设法治政府的必然要求。近年来，地方政府出台了规范重大行政决策程序的制度文件，依法决策水平在一定程度上得到提升。但在地方实践中，仍出现违法决策、专断决策、应及时决策而久拖不决等问题，折射出行政决策机制不健全、制度约束力不强等问题，损害政府公信力，有损营商环境，一定程度上影响行政体制改革推进和经济社会发展。因此，应当完善重大行政决策程序制度，为健全行政决策机制提供法定依据和科学支持。

明确公众参与重大行政决策的方式与途径。公众参与是行政决策民主化的重要体现。事关经济社会发展全局和涉及群众切身利益的重大行政决策事项，应当广泛听取意见，与利害关系人进行充分沟通，并注重听取有关人大代表、政协委员、人民团体、基层组织、社会组织的意见。《条例》中对公众参与方式、路径也作出了相应规定。如听取意见可以采取座谈会、听证会、实地走访、书面征求意见、向社会公开征求意见、问卷调查、民意调查等多种方式，并注重听取有关人大代表、政协委员、人民团体、基层组织、社会组织的意见。

建立专家论证和风险评估制度。专家论证和风险评估是推进行政决策科学化的重要体现。加强中国特色新型智库建设，建立行政决策咨询论证专家库，对专业性、技术性较强的决策事项，应当组织专家、专业机构进行论证。涉及社会公众切身利益的重要规划、重大公共政策、重大公共建设项目等，深入开展风险评估，认真听取和反映利益相关群体的意见建议。

加强合法性审查。针对《条例》中合法性审查要素：审查内容、审查期限、结果应用等都作出了原则决定，为依法决策提供合法审查护航。建立健全行政机关内部重大决策合法性审查机制；未经合法性审查或经审查不合法的，不得提交讨论。建立政府法制机构人员为主体，吸收专家和律师参加的法律顾问队伍，保证法律顾问在制定重大行政决策、推进依法行政中发挥积极作用。

坚持集体讨论决定。重大行政决策应当经政府常务会议或者全体会议、部门领导班子会议讨论，由行政首长在集体讨论基础上作出决定。行政首长拟作出的决定与会议组成人员多数人的意见不一致的，应当在会上说明理由。集体讨论情况和决定要如实记录、完整存档。

（二）严格落实重大行政决策程序

落实重大行政决策程序制度，严格执行《条例》，应注重增强公众参与实效，提高专家论证质量，充分发挥风险评估功能，确保所有重大行政决策都严格履行合法性审查和集体讨论决定程序。

增强公众参与度。公开征求意见、座谈会、听证会等多种公众参与形式在实践中得到了广泛的应用。从制度实施的效果来看，经由公众参与程序，公众的表达权、知情权、参与权、监督权的实现程度日益提升。但同时，公众参与的范围和形式仍有待拓展，参与的力度和效果有待加强。一些地方基层政府决策信息公开程度不高，参与渠道不畅，社会公众参与行政决策的动力不足、热情不足，不利于社会公众深入、有效地参与重大行政决策事项。应当聚焦于公众参与程序制度实施的常态化与精细化。一方面，公众参与重大行政决策的传统方式为信函、电话、听证会、座谈会等。为提升公众参与力度和便捷性，进一步推进重大决策预公开，涉及公共利益和公众权益的重大事项，除依法应当保密的外，要主动向社会公布决策草案、决策依据；除了听证座谈方式，还应采取网络征集、咨询协商、媒体沟通等形式，广泛听取意见。各级行政机关特别是市、县两级政府要加强公众参与平台建设，对社会关注度高的决策事项，应当公开信息、解释说明，及时反馈意见采纳情况和理由。另一方面，细化重大行政决策公众参与的程序制度。将重大行政决策公众参与的程序细分为决策准备阶段、决策阶段、决策执行阶段及决策评估阶段。在每一个阶段,均有相应的子程序,如决策准备阶段一般包括前期调研、非正式听取意见、正式听证等,通过细化公众参与阶段提升参与效率和力度。

提升专家论证科学性和中立性。专家论证为重大行政决策提供科学性依据,重大行政决策在听证会、座谈会中邀请专家参与提出意见建议,或者建立专家库从中遴选专家进行专家论证。从制度实施的效果来看,经由专家参与的重大行政决策事项,科学性、公正性、及时性效果凸显。同时,专家选取的专业性、代表性程度有待加强。在实践中,一些地方政府在重大决策时邀请的相关专家学者专业性、中立性、代表性不足,专家提出的意见和作出的论证带有倾向性或者预设立场,缺少持不同意见的专家。为了让重大行政决策专家论证制度能够真正发挥其应有的价值和功能,在选择论证专家上面,应注重专业性、代表性、均衡性,支持其独立开展工作,逐步实行专家信息和论证意见公开,进一步明确专家选择的方式和标准、专家论证的程序和保障、专家论证的效果与责任。

深入开展风险评估。风险评估制度是重大行政决策程序的一个必经环节,重大行政决策涉及多个主体间的利益调整,科学民主的风险评估对于政策落地、扎根有所裨益。从制度实施的效果来看,风险评估将风险治理关口前移,实现源头治理,确保重大行政决策的安全性。同时,风险评估存在信息完整性、准确性、动态性缺失问题。一方面,评估主体对风险信息的界定或理解、信息自身特点以及信息收集方式的不确定导致风险评估失效。另一方面,从地方政府评估实践中发现,各地在具体人员参与社会稳定风险评估的方式上有所不同,具体归类为自行评估、主管部门牵头和委托第三方评估等。要加强重大行政决策的评估,划分责任机制与承担,克服政府主导,在风险评估各种方式上利用大数据分析,通过技术赋能,综合考虑经济、维稳、环境等风险,做好决策的成本效益分析,对决策实施的风险进行科学预测、综合研判,提升风险评估必要的规范性和准确性。

开展合法性审查。近年来,随着法治政府建设的加快推进,各地方政府建立重大行政决策合法性审查工作机制。习近平总书记特别指出:“建立行政机关内部重大决策合法性审查机制,积极推行政府法律顾问制度,保证法律顾问在制定重大行政决策、推进依法行政中发挥积极作用。”[1]重大行政决策类规范性文件合法性审查工作真实有效开展,有效减少或杜绝“一言堂”现象。同时,在执行中仍出现合法性审查主体不明、合法性审查范围不清、审查程序不规范、标准不统一等问题。地方政府执行合法性审查程序时,相较于上级行政机关的法制机构,下级行政机关及法学专家、律师等合法性审查主体,可能为更优选择。在实践中应注重不同审查主体的预防性沟通,完善沟通机制、确定不同阶段的审查重点、对备案审查作出正确指引,让重大行政决策类规范性文件合法性审查制度在法治政府建设中有效实施。

集体讨论决定。重大行政决策集体讨论决定制度是行政机关在深入调查研究、广泛听取相关利益群体意见及专家学者等群体充分论证的基础上,由集体讨论研究,通过会议最终作出决定的工作制度。在确定议题后,召开会议,充分讨论沟通后实行表决。实践中,往往缺乏统一的行政决策集体讨论决定程序,国务院职能部门、各级地方政府分别制定了自己的集体讨论决定程序。地方政府不重视甚至忽视集体讨论决定程序的必要环节,比如意见酝酿、充分讨论和追踪监督等。少数领导者凭经验拍板决策。虽然集体讨论决定制度中明确提出要广泛听取相关利益群体的意见,但是行政机关在如何组织相关利益群体参与,是否真正考虑相关利益群体的意见方面有相当大的自由裁量权;实质上行政机关仍然集权力于自身,缺乏民主决策

[1] 习近平:《关于〈中共中央关于全面推进依法治国若干重大问题的决定〉的说明》,载《人民日报》2014年10月29日。

意识。对于涉及社会公众切身利益的行政决策,不能举行公开、透明的听证会进行充分讨论。完善集体讨论的程序规则,能更好地落实民主集中制原则。

(三)严格重大行政决策责任追究

重大决策终身责任追究制度落实是一个系统过程,是贯彻落实重大行政决策程序制度的必然要求,可以起到以责任追究制度促进行政决策规范、以参与促进公开、以流程促优化、以监督堵漏洞、以责任强担当的作用,真正让行政决策权在阳光下运行,让决策者科学依法行使权力,让约束权力的"制度笼子"扎得更加牢固。

《条例》规定,决策机关应当建立重大决策过程记录和材料归档制度。对于决策机关违反规定造成决策严重失误,或者依法应当及时作出决策而久拖不决,造成重大损失、恶劣影响的,倒查责任并实行终身责任追究:对决策机关行政首长、负有责任的其他领导人员和直接责任人员依法追究责任;决策承办单位或者承担决策有关工作的单位未按照《条例》规定履行决策程序或者履行决策程序时失职渎职、弄虚作假的,由决策机关责令改正,对负有责任的领导人员和直接责任人员依法追究责任。承担论证评估工作的专家、专业机构、社会组织等违反职业道德和《条例》规定的,予以通报批评、责令限期整改;造成严重后果的,取消评估资格、承担相应责任。

二、上海市推进落实重大行政决策程序制度的探索与成效

为贯彻落实党中央、国务院有关健全依法决策机制,完善重大行政决策程序制度的要求,上海市政府立足本市实际情况,从配套制度建设、实施机制完善、制度落实措施等方面推进重大行政决策程序制度的落实,为提高行政

决策质量,提供了“上海经验”。不仅在市级层面也在区和街道乡镇层面形成了一大批具有上海特色的做法和经验,取得了良好的成效。

(一)完善地方重大行政决策提供制度保障

2016 年 10 月上海出台了《上海市重大行政决策程序暂行规定》(沪府令第 47 号),立足上海市实际,既强化重大行政决策的法定程序要求,又兼顾决策程序与行政效率、行政首长负责制之间的关系,提高行政决策质量,为国家层面统一立法贡献了“上海经验”。在 2017 年上海法治政府建设推进工作会议上,时任上海市市长应勇同志强调,要坚持依法决策,提高行政决策的公信力和执行力,把政府决策纳入法治轨道,严格落实市政府出台的重大行政决策程序暂行规定,确保重大决策制度科学、程序正当、过程公开、责任明确。

在《条例》出台之后,2019 年 8 月,市政府印发了《关于贯彻〈重大行政决策程序暂行条例〉的实施意见》(沪府发〔2019〕18 号),对本市各级行政机关贯彻落实《条例》作出具体部署。2020 年 8 月,上海市为贯彻落实《条例》提出的新要求,维护法制统一,及时修订政府规章,制定通过《上海市重大行政决策程序规定》,并围绕重大行政决策程序全流程,正式推行《上海市重大行政决策目录管理办法》《上海市重大行政决策公众参与工作规则》《上海市重大行政决策咨询论证专家库管理办法》《上海市重大行政决策风险评估工作规则》《上海市重大行政决策合法性审查工作规则》《上海市重大行政决策督查工作规则》《上海市重大行政决策后评估工作规则》七个重大行政决策程序规定配套文件,将公众参与、专家论证、风险评估、合法性审查、决策督查五大程序纳入制度保障,推动重大行政决策程序有效执行,确保重大行政决策依法、科学、民主。

（二）健全地方重大行政决策程序工作机制

上海市委、市政府高度重视重大行政决策程序制度的贯彻落实工作，健全行政决策程序制度工作每年都被列入市委依法治市委和市法治政府建设工作要点。各级政府及其部门把严格履行公众参与、专家论证、风险评估、合法性审查、集体讨论决定五大法定程序作为推进法治政府建设的重要举措。

创新公众参与程序形式，保证公众参与重大事项决策。在实践中，上海市各区、各街道乡镇积极履行公众参与程序，保障公众参与到重大行政决策事项中。如，闵行区颛桥镇积极回应群众关注问题，将公众参与纳入决策之中，制定《颛桥镇人民政府重大行政决策程序规定》，及时公布回应群众关注问题。镇人大办牵头对区级重大项目、镇级实事项目、镇级产业项目、镇级配套项目的完成情况进行监督，广泛听取群众意见建议，并形成书面报告。闵行区江川路街道综合行政执法队结合工作实际开展系列“人民建议主题征集”活动，从学习领会《上海市人民建议征集若干规定》（以下简称《若干规定》）出发，组织主题研讨会，并广泛宣传《若干规定》施行的重大意义，引导广大市民群众了解法律规定，增强积极建言献策、参与城市管理和社会治理的热情。再如，普陀区为了落实重大行政决策机制，积极推进公众参与审议重大决策事项，在听取《普陀区第八轮（2021—2023 年）生态环境保护和建设三年行动计划》《普陀区加快推进公共法律服务体系建设实施意见》的专题会议汇报中，为了切实保证公众参与，分别邀请 3 位公众代表列席会议，并对方案进行审议。浦东新区高行镇每年向镇党代会和人代会报告行政决策等事项，定期邀请人大代表实地检查行政决策事项并进行评议和书面测评，反映人民群众建议。此外，市政府常务会议还向社会公众打开了“大门”，邀请公众代表列席参与《上海市公共数据开放暂行办法》等市政府规章的审议并发表意见，取得了良好的社会反响。

落实重大行政决策程序制度，加强重大行政决策事项目录管理。由于重大行政决策中的关键概念“重大”难以量化，且各地经济发展的不平衡也导致政府决策的侧重点不一致。从全国范围来看，深圳、广州、苏州、杭州等均发布了年度决策事项目录，且年均数量大都在 10 项以内。为促进地方科学、民主、依法决策，上海市积极探索推进重大行政决策目录的试点工作，并出台《上海市重大行政决策程序规定》《上海市重大行政决策事项目录管理办法》等规定。为探索重大行政决策事项目录管理制度，上海市政府以浦东新区和闵行区作为试点区，开展决策事项目录试点工作。2021 年，上海积极推进年度重大行政决策事项目录编制工作，在全国省级政府中率先开展探索。《2021 年度上海市人民政府重大行政决策事项目录》紧紧围绕市委、市政府重点工作，坚持依法编制，突出特色及亮点，共包括 24 项决策事项，紧贴“十四五”规划开局工作，列入“十四五”市级规划、“十四五”期间推进 5 个新城建设等 10 项决策事项；紧扣以人民为中心的决策理念，列入为民办实事项目、民生保障待遇标准调整等 7 项民生领域决策事项；紧跟重要战略任务贯彻落实。列入制订实施“碳达峰”行动方案、启动新一轮全力打响上海“四大品牌”三年行动计划等 7 项决策事项。上海 16 个区政府按照规定牵头制定本区的重大行政决策事项目录，并向社会公布。

（三）强化重大行政决策后评估、督查问责工作

为贯彻落实中共中央、国务院印发的《法治政府建设实施纲要（2021—2025 年）》，统筹推进“十四五”时期上海法治政府建设，严格落实上海市重大行政决策法定程序，上海市政府落实推进相关政策。在《上海法治政府建设规划（2021—2025 年）》中明确要求深化依法行政制度建设，在重大行政程序决策方面、加强依法决策意识方面宣传教育、加强行政决策评估、进行督查问责等。

强化各级行政机关负责人依法决策意识。上海市要求各街道乡镇在作出重大决策前,听取合法性审查机构的意见,注重听取法律顾问、公职律师或者有关专家的意见,要求街道乡镇负责人以各区各街道负责人为例,颛桥镇、高行镇、五里桥街道等负责人牢固树立依法决策意识,严格遵循法定权限和法定程序,对重大行政决策作出决策,确保决策内容符合法律法规规定。

推进行政决策后评估。行政决策后评估制度作为连接前端决策程序和末端决策责任追究的中间环节,是重大决策责任追究的配套制度之一。上海市根据《条例》《上海市重大行政决策程序规定》等相关规定制定重大行政决策后评估工作规则,由市、区政府牵头开展各级政府重大决策后评估工作。决策后评估单位可以委托高等院校、科研机构、社会组织等第三方机构开展评估。在决策评估中同时强调公众参与的作用,注重听取社会公众特别是利害关系人的意见,吸收人大代表、政协委员、人民团体、基层组织、社会组织等参与评估。可以根据实际需要,通过政府网站、政务新媒体以及报刊、广播、电视等便于社会公众知晓的途径,采取问卷调查、意见征询、舆情跟踪、实地考察、座谈研究等方法进行评估。

推进行政决策督查问责。市、区政府办公厅(室)负责组织开展本级政府重大行政决策事项的督查,具体工作由市、区政府督查机构承担。重大行政决策作出后,政府督查机构负责将其纳入本级政府目标管理系统,进行分解立项,明确目标节点、责任单位和落实时限。每月进行跟踪督办,督促决策执行单位如期完成所承担的任务。行政决策评估单位违反相关规定,应当开展而未开展决策后评估、未按照要求开展决策后评估,失职渎职、弄虚作假的,由市、区政府责令改正,对负有责任的领导人员和直接责任人员依法追究责任。

三、重大行政决策程序制度在上海基层落地的丰富实践

（一）建立健全重大行政决策工作机制

近年来，上海市政府高度重视重大决策工作，制定《上海市重大行政决策程序规定》，推动全市各级政府建立健全重大行政决策工作机制；同时，各区、各街道乡镇也积极落实《上海市重大行政决策程序规定》要求和相关工作部署，不断完善决策程序工作，创新工作实践。

闵行区颛桥镇重大行政决策一件一档，及时回应群众关注问题

闵行区政府印发《闵行区人民政府重大行政决策程序规定以及四项配套实施细则》（闵府发〔2020〕18号）后，颛桥镇政府积极落实区政府工作部署和要求，不断完善决策程序制度和相关工作机制，学习借鉴区相关做法，形成《颛桥镇人民政府重大行政决策程序规定》，制定《颛桥镇人民政府镇长办公会议议事规则》。

第一，坚持党的全面领导，不断完善决策程序制度。明确全面贯彻党的路线方针政策和决策部署，突出党的政治引领作用，充分发挥党在重大行政决策程序中的核心作用：颛桥镇把坚持党的领导贯彻到重大行政决策的全过程。制定并落实《颛桥镇人民政府重大行政决策程序规定》和《颛桥镇人民政府重大行政决策目录管理办法（试行）》。严格落实公众参与、专家论证、合法性审查程序。

第二，公布重大行政决策目录，为推进公众参与实效，及时公布

回应群众关注问题。2020年1月至2021年7月，颛桥镇在政府门户网站分别发布了2020年重大行政决策目录和2021年重大行政决策目录，共涉及6项决策事项。在决策的形成过程中，严格执行重大行政决策程序规定和决策事项目录管理办法，对合法性审查实行内审和外审两级审查机制，从而保障了重大行政决策的科学、民主、合法、高效；无因决策失误产生重大矛盾纠纷、引发社会稳定风险等情形。

同时，镇人大办牵头对7项区级重大项目、7项镇级实事项目、9项镇级产业项目、13项镇级配套项目的完成情况进行监督，广泛听取群众意见建议，并形成书面报告。

第三，严格重大行政决策程序规则，推进合法性审查工作。严格执行公众参与、专家论证、风险评估、合法性审查、集体讨论决定五大法定程序。重大决策从启动到作出，大致可以分为决策草案形成阶段、草案合法性审查和集体讨论阶段。其中公众参与、专家论证、风险评估属于决策草案形成阶段的程序，这三者之间没有固定的先后顺序。决策草案形成以后，需要依次履行合法性审查和集体讨论决定这两个法定必经程序。决策草案未经合法性审查或者经审查不合法的，不得提交决策机关集体讨论决定。为此，颛桥镇于2020年1月至2021年7月，对2项重大行政决策进行了合法性审查，决策承办部门建立重大行政决策全过程记录和材料归档制度，并将履行决策程序过程中所形成的工作记录、相关材料及时完整归档；不存在应纳未纳重大行政决策情形。

《颛桥镇人民政府重大行政决策目录管理办法(试行)》，共计发布14项重大决策目录事项，重大行政决策一件一档。司法所所长列席办公会39次，出席率为100%，提出法治意见14条，被采纳

14条;无行政决策被认定违法、无效情形。

第四,建立跟踪重大行政决策执行情况、评估实施效果机制。为规范重大行政决策的执行、调整和责任追究,《颛桥镇人民政府重大行政决策程序规定》完善决策执行报告、公众意见建议处理、决策后评估、决策调整机制等,明确对客观情况发生重大变化、决策明显未达到预期效果和公众对决策较多意见等情形,组织决策后评估,以便根据实际情况对决策进行调整完善。根据《颛桥镇人民政府重大行政决策程序规定》,建立跟踪重大行政决策执行情况和实施效果机制,镇党政办牵头对重大事项开展专项督查、动态跟踪,及时公布重大行政决策推进情况。

在追责制度方面,规定了严格的追责制度,明确了负有责任的领导人员和直接责任人员的法律责任;特别规定了决策部门违反决策程序规定要求,未履行决策程序或者履行决策程序时失职渎职、弄虚作假的,或者对执行中发现的重大问题瞒报、谎报或者漏报的,实行终身责任追究和倒查责任机制。

(二)提高重大行政决策公众参与的实效

为落实重大行政决策程序,需切实增强公众参与重大行政决策程序的实效,提高专家论证质量,确保所有重大行政决策都严格履行合法性审查和集体讨论决定程序,充分发挥风险评估的功能。上海市委、市政府在实践中充分认识到行政决策公众参与的必要性和重要性,在重大行政决策时注意吸纳公众意见。

浦东新区高行镇领导班子连线人大代表，扎实开展代表建议办理工作

为解决群众关心、社会关注的热点、难点问题，围绕经济社会发展、社会治理及民生问题等重要领域，加快推进高行镇高质量发展，镇政府对镇人大代表建议高度重视，以对人民高度负责的态度，扎实开展办理工作，主动接受人大监督。在充分尊重代表权利基础上，镇政府强化责任意识、服务意识，切实改进作风，深入调查研究，密切联系代表，加强协调配合，逐步营造了高行镇的民主恳谈、积极评议氛围。

第一，领导高度重视，强化问题导向，层层压实责任。接到承办任务后，镇政府主要领导高度重视，第一时间召开专题会，制订全年办理工作方案，与全镇重大工程和主要实事项目同步部署、同步推进、同步督办，并定期听取办理情况进展。各分管领导专题研究部署了相关建议的办理工作，通过周例会的形式积极推进，及时拟定办理目标，确保所有建议办理有方案、有目标、有计划、有路径。各承办单位也都将建议办理纳入重要工作议程，强化责任落实。镇人大对办理工作进行了认真指导，进一步明确了办理方案和时间节点。

第二，完善办理机制，规范办理程序，确保办理实效。在办理工作中，各承办单位坚持深入调查研究，加强综合分析，了解代表意图，强化对代表建议中问题的梳理归纳和综合分析，厘清工作思路，增强承办工作的针对性和实效性，每月向代表汇报办理进展情况。

严格依法办理，做到实事求是，加大工作力度，坚持重点问题重点办理工作制度，紧紧抓住代表集中关注的民生热点问题，重点进行研究和解决。凡能解决或具备条件解决的，抓紧解决和落实，给代表一个满意的答复；对应解决但因条件限制暂时难以解决的，制订计划，创造条件，逐步解决；对因政策上限制等无法解决的事项，积极向代表进行解释说明。

第三，狠抓落实情况，强化沟通联系，提高办理质量。办理过程中，努力提高办理质量和效率，加强与人大代表联络室的联系，及时沟通建议办理信息，了解代表的反馈意见，不断改进工作。加强与承办单位的联系，及时沟通答复意见及相关要求，协调工作进度，促进建议办理准确、及时、到位。加强与领衔代表的联系，了解掌握他们的真实意图，及时沟通办理情况，就落实所提建议达成共识。此外，各承办单位加大“开门办理”力度，通过开展代表集中座谈、现场调研等活动，建立了“办前沟通，办中协商，办后反馈”沟通机制，及时吸收好的建议意见，提升代表对办理工作的参与率、知晓率和满意率。

浦东新区高行镇坚持以人民为中心的理念，通过提高政治站位、优化办事机制、切实提速增效的途径与手段，在回应社会热点、民生关切的核心议题上，与人民同呼吸、共命运，做到了新时代民主沟通与联系群众、人大代表的同频共振。

黄浦区五里桥街道落实重大行政决策制度，“三会”制度充分保障社区居民参与度

为激发治理主体的积极性、创造性、能动性，推进基层治理体系

与治理能力的现代化，黄浦区五里桥街道通过首创“三会”制度，提供了一套切实有效的民主经验。其核心内容是在基层党组织领导下，在区、街道有关职能部门统筹协调下，由居委会主持召集的听证会、协调会和评议会，即事前听证、事中协调、事后评议的“三会”制度。其核心要义是居民自治，表现为居民群众参与民主决策、民主管理、民主监督的组织形式；其主要功能有助于形成公共议题、管理公共事务、化解公共矛盾；其事项覆盖范围几乎涵盖了居民区治理的全部内容，包括公共议题、公共事务和公共矛盾等。

第一，厘清“三会”制度含义，切实有效践行“全过程人民民主”。包含听证会、协调会、评议会的“三会”制度，被写入《上海市居民委员会工作条例》，也曾入选“民政部100个优秀社区工作法”。为深入学习贯彻党的十九届六中全会精神，好用、管用的“三会”制度在五里桥街道实践中拓展应用场景，攻坚啃硬放大民生获得感，助力社区打造“全过程人民民主”最佳基层实践地。此外，明确“三会”制度与“全过程人民民主”的有机联系。“三会”制度为党建引领下的“群众事群众议、群众事群众决”提供了底层逻辑和制度保障。事前听证、事中协调、事后评议，成为一套行之有效的协商机制，充分迎合了“全过程人民民主”的内涵。

第二，按需匹配，以养老服务联合体为载体，实现养老服务菜单式供给。一方面，包括七大服务菜单在内的按需服务，其精细化、合意化程度不断提升。“三会”制度的议题征询环节被全面应用于各种养老服务场景。五里桥街道党(工)委在广泛调研的基础上，按片区召开座谈会倾听呼声，梳理需求，推出居家颐养计划，提供助养、助居、助医、助餐、助洁、助浴、助智七大养老服务菜单，老人按需点单，可单选也可多选。另一方面，推动涉老服务各利益相关方共同参与,形成服务方式"多维"的养老服务联合体。譬如,以综合为老服务中心为枢纽,发挥区域化党建资源优势,开展健康讲座、权益保障、防范金融诈骗、陪伴式手机课等公益服务。

第三,明晰以人民为中心的制度实质,落实"我为群众办实事"的活动精神。首先是廓清"三会"制度核心——以人民为中心的实质。发端于社区一线,在实践中走过30年的"三会"制度,体现着人民城市在党建引领下发挥民主在基层一线治理中的不断探索与创新。它蕴含共建、共治、共享的基因,动员起居民群众参与社区治理的共情;依托特色实践让参与成为一种习惯养成,让各方学会梳理诉求、形成方案、有序参与、掌握方法;最终,让居民群众走向城市治理前沿,成为参与者,更成为获益者。其次是贯彻落实"我为群众办实事"的主题精神。五里桥街道启动"问政于民、问需于民、问计于民、问效于民"大走访,紧扣居民群众关心的突出问题,坚持开门问政,提升基层民主意识和民主能力,培养基层群众的民主习惯;在办实事、解难题中用好"三会"制度,使得基层"微治理"更富活力、生命力。

为推动新时代基层治理创新,黄浦区五里桥街道首创"三会"制度,探索了基层民主新形式,发挥了党组织的领导作用,整合了社区建设各项资源,畅通了利益表达渠道,拓宽了共治自治途径。

(三)严格遵循重大行政决策的合法性审查程序

为了增强决策程序的可操作性,《上海市重大行政决策程序规定》对五大法定程序逐一细化;《上海市重大行政决策合法性审查工作规定》在合法性审查这一关键环节构建了两级审查工作机制,明确了审查内容和方式、审查意见和效力。

徐汇区推进重大行政决策合法性审查

徐汇区为了进一步加强重大行政决策程序、提高行政决策水平、加快法治政府建设步伐，先后制定相关程序制度规定，落实规范性文件，细化重大行政决策中合法性审查具体落实措施。

第一，持续健全重大行政决策机制，提升依法决策水平。为完善重大行政决策机制，严格执行重大行政决策程序。徐汇区先后研究制定了《徐汇区关于进一步规范重大行政决策的暂行办法》（徐府发〔2017〕25号）、《徐汇区关于全面推进重大行政决策程序工作的实施意见》（徐府发〔2020〕9号）、《徐汇区人民政府重大行政决策目录管理办法（试行）》（徐府办发〔2020〕5号）、《关于进一步加强徐汇区重大行政决策合法性审查的通知》（徐府办发〔2020〕6号）等制度，对本区重大行政决策的程序和范围以及信息公开等要求进行了详细规定，在执行重大行政决策中对公众参与、风险评估、专家论证、合法性审查、集体讨论决定等有关规定进行了明确，为重大行政决策提供坚实的制度保障。

第二，落实规范性文件“三统一”制度和备案制度。严格落实公文统一登记、统一编号、统一发布制度，并按相关规定在卫健委官网上向社会公布。“三重一大”事项均实行集体决策制度，决策过程严格按照规定的程序实施。

第三，推进落实合法性审查工作，探索实践组织体系化。为健全完善行政规范性文件合法性审查机制、不断提高制度建设质量，根据《上海市行政规范性文件管理规定》（沪府令17号），徐汇区出台《上海市徐汇区行政规范性文件管理实施办法》,对合法性审查工作提出了具体要求。

2019 年机构改革后,徐汇区新组建的区司法局吸收了原区政府法制办承担的区政府行政规范性文件、重大行政决策等事项的合法性审查工作职责。对于重大行政决策事项,徐汇区实行严格的双重合法性审查保障机制:起草文件部门未进行合法性审查初审的,区司法局原则上不予受理,并确保未经合法性审查的重大行政决策不上会、不发文,从而倒逼各部门在政策文件制定之初就自觉将合法性审查工作纳入工作流程。同时,明确各部门法制机构的审查职责,由区司法局与各部门合法性审查负责科室、人员建立联系对接制度,有效地加大对各部门的业务培训和工作交流力度,确保重大行政决策事项合法性审查工作落实落细、执行到位。

在合法性审查环节,一方面,由区司法局对决策事项是否符合法定权限、决策草案的形成是否履行相关法定程序以及决策草案内容是否符合有关法律、法规、规章和国家政策的规定等内容进行审查。另一方面,由区市场监管局对涉及公平竞争的条款进行重点审核。通过流程上的多次把关,切实有效防止违反法律法规政策的重大行政决策发布实施。

第四,持续发挥法律顾问积极作用,提升依法执政覆盖。按照《上海市徐汇区人民政府印发〈关于进一步完善徐汇区政府法律顾问制度的实施办法〉的通知》(徐府发〔2016〕16 号)相关规定,聘请资深律师作为法律顾问,参与处理卫健委重大决策、重要涉法事项和重大执法决定,参与审查各类协议、合同并出具法律意见书。

奉贤区南桥镇运用科技助力重大执法决定法制审核工作

奉贤区南桥镇认真贯彻落实《关于全面加强和改进基层法治建设的意见》、《关于完善街道乡镇管理体制 整合街道乡镇管理服务资源的实施意见》及《关于全面加强新时代司法所建设 切实提升基层法治水平的意见》等文件精神，结合工作实际，认真研究落实重大执法决定法制审核制度，进一步严格规范公正执法，维护政府公信力，着力营造更加公开透明、规范有序、公平高效的法治环境。

南桥镇为了切实履行好重大行政执法决定法制审核职能、积极探索工作模式，通过与区司法局、综合行政执法队南桥中队沟通协调，建立了南桥行政执法重大审核事项清单、《奉贤区南桥镇人民政府重大或复杂行政处罚案件集体讨论制度》等工作制度，并在此基础上，试点探索运用科技手段辅助审核工作，进一步提升法制审核工作效能。

第一，结合案件要素，推动审核落地。将审核文书内容中的案件要素如执法主体、当事人、事发地点、执法人员、证据照片、违反的法条等基础内容以及案发时间、立案审核时间、检查时间、收集证据时间、调查(询问)时间等一系列时间信息与审核要求相结合，达到审核执法主体是否合法，事发地是否在管辖范围内、事发地前后是否一致，行政执法程序是否合法，基础行政执法文书是否完备，文书的审批流程、签字盖章是否符合要求，文书的时间逻辑是否有错误，前后法条的使用是否一致等形式性内容的效果。同时建立了法律法规库,在系统中设置了自动匹配文书中出现的法条的功能,便于审核人员对比适用法律、法规、规章是否准确,判断裁量基准运用是否恰当的问题。

第二,规范工作模式,提高审核效率,缓解工作压力。法制审核辅助系统审核后可以导出一份审核报告作为审核工作的开展记录,既便于审核人员以后回看案件情况,又利于审核人员总结经验,为审核类似案件打下基础,促进了审核工作规范化、标准化。

法制审核需要审核的内容多且繁杂。运用法制审核辅助系统辅助阅卷时,系统在提取关键信息后可根据预设的要求进行初步的审核。审核人员在此基础上再进行人工复核,能节约大量审核简单问题的时间,将更多精力投入相对复杂需要人工判断的审核内容上。这在一定程度上缓解了新职能带来的人员不足的问题。

第三,提高审核精准度,减少"同案不同审"问题。进行审核时,系统是根据预先设置的审核要求进行初步审核,这部分系统审核的内容可以达到同标准、同尺度,能一定程度上避免相同或者类似的案件在不同的审核人员进行审核后结果可能会存在较大差异的情况。

第四,助力规范化建设,提升行政执法工作水平。系统推广后将更快、更多地接触到各种不同类型的案子。在积累较多案例和审核经验以后,一方面可对系统功能进行进一步优化,如扩大系统能审核的内容范围、针对不同类型案件进行更个性化的审核等,进一步提升系统工作效能;另一方面可对系统功能进行拓展,如利用人工智能的大数据性,通过分析比对,归纳总结常见的各类行政执法案件的风险点,用规范促进提升,实现法律规定、证据标准和习惯做法有机统一。

（四）依法行使行政决策权，解决治理难题

上海市各级政府和职能部门充分运用法律赋予的行政决策权力，在法定权限范围内研究制定重大行政决策，创造性地解决社会治理难题，改善民生，提高社会依法治理的水平。

杨浦区市场监管局落实重大行政决策制度，破解老旧小区住宅电梯困境

为破解住宅电梯隐患处置难的困境，杨浦区市场监管局经多年探索总结，于2018年发文颁布了《杨浦区保障住宅电梯安全管理办法》，成为全市第一个比较全面的针对住宅电梯安全保障的区级规范性文件。杨浦区市场监管局通过系统阐述风险评估、奖励、应急救援等保障措施，为有效解决本区住宅小区电梯隐患提供了政策依据，为区住宅电梯安全工作提供了规范指引，形成了老旧住宅电梯监管的“杨浦经验”。

第一，坚定指导原则，专职部门各司其职。一方面是坚持公开透明、权责一致、合力推进、确保安全的原则。通过建立合理制度和工作机制，解决住宅小区电梯运行中使用管理主体责任不落实、维修基金筹集动用滞后、维护保养和应急救援不到位、应急资金垫付与回收难等难点问题，提高监管工作的针对性和有效性，切实保障住宅电梯使用安全。另一方面是厘清部门职责。杨浦区市场监管局负责住宅电梯安全日常监管和行政执法；区住房保障和房屋管理局负责紧急情况下维修基金应急使用的指导；区财政局负责电梯安

全风险评估、应急救援服务及更新、改造奖励的资金保障；各街道镇负责属地电梯安全协调，制定保障住宅小区电梯安全应急预案等工作。

第二，完善落实行政决策的机制，建立兜底制度。首先是充分发挥区保障住宅电梯安全联席会议制度的作用，协调解决电梯安全问题。联席会议应负责工作协调，信息交流，指导专项工作组开展工作。其次是建立住宅小区老旧电梯安全风险评估机制。每年9月底，由各街道镇排摸申报超过15年的住宅电梯名单（自监督检验合格之日起至次年12月底），经区市场监管局确认后，名单上报区政府，纳入下年度区政府实事项目，组织开展安全风险评估。现场评估结束后，由区市场监管局将评估报告移交相关街道镇并抄送区住房保障和房屋管理局，为隐患整改提供依据。再次是成立解决住宅小区电梯安全突出问题专项工作组，推动具体问题有效解决。最后是建立应急救援机制。由区市场监管局通过政府购买服务方式，签约2家具备相应资质、技术力量强、社会信誉高的电梯维保公司，作为本区电梯应急救援单位，以应对特殊情形下住宅小区电梯应急救援需要。

第三，构建预警系统四步法，维护常态化的有机运作。一是信息预警。建立住宅小区电梯管理预警信息系统，对全区使用超过14年的住宅电梯适时提醒，对未经检验、检验不合格或者存在严重事故隐患未整改的及时提示。二是信息通报。每年一季度，由区住房保障和房屋管理局督促有电梯的住宅小区上报维修资金状况，汇总后报区市场监管局。对住宅小区老旧电梯安全风险评估结果、使用未经检验、检验不合格且限期未整改或复检不合格中需要查封电梯的，由区市场监管局及时上报区政府、通报相关街道镇，并抄送区住房保障和房屋管理局。三是维修基金筹集。当住宅小区未筹集维修基金或维修基金余额不足时,相关业主对费用承担有约定的,按照约定承担;没有约定或约定不明确的,由所在街道镇牵头,及时协助组织相关业主筹集落实。四是制订和落实整改方案。当住宅小区电梯经检验、检测机构认定存在严重事故隐患,不采取重大修理、改造或者更新难以消除隐患且相关方对经费筹集、整改方案等达不成一致时,由相关街道镇牵头,组织使用管理单位、业主代表和房管、市场监管部门共同商议,确定整改方案和费用筹集方案。

第四,更新改造的激励举措,为修理解决资金难题。一是确立奖励标准。电梯更新方面,明确售后公房 4 万元/台、商品房 2 万元/台;电梯改造方面,明确售后公房 2 万元/台、商品房 1 万元/台。二是廓清奖励流程。三是划定资金来源。奖励资金列入区住房保障和房屋管理局部门预算,拨付至申请小区业主大会维修资金账户,补充住宅小区专项维修资金。特殊情况下由街道镇垫资的,街道镇需收回全部垫付资金后才能申请奖励。

第五,物业托管与技术赋能,双管齐下实现治理的精细化。一是物业托管。当托管物业不能履行电梯安全使用管理主体责任时,由相关街道镇书面指定住宅小区所在居民委员会临时代行物业管理职责,承担电梯安全使用管理责任。二是技术赋能。鼓励住宅小区应用物联网技术对电梯运行开展远程监测,以提高维护保养的适时性和针对性;鼓励住宅小区对电梯投保安全责任保险,以提高电梯安全风险救助能力。

为落实重大行政决策制度,杨浦区市场监管局以破解老旧小区电梯困境为抓手,通过廓清部门职责、完善兜底机制、建立预警机制、激励更新举措、利用技术赋能等多维途径着手发力,不断助力行政决策的落实落细。

四、余论：推动重大行政决策程序制度的实质性运转

近年来，随着法治政府建设的不断推进，上海市积极响应中央要求，严格执行国家和本市重大行政决策相关法律规章，增进公众参与实效，各区政府常务会议上邀请公众代表参与到重大事项决策中；提高专家论证质量，将法律顾问专家纳入重大行政事项审批；充分发挥风险评估功能，确保所有重大行政决策都严格履行合法性审查和集体讨论决定程序。

为贯彻落实中共中央、国务院印发的《法治政府建设实施纲要（2021—2025年）》，科学谋划、统筹推进"十四五"时期上海法治政府建设，上海市继续推进落实重大行政决策制度，坚持科学决策、民主决策、依法决策。展望未来，可以从以下三个方面继续深入推进上海市重大行政决策制度：

第一，注重强化各行政机关负责人依法决策意识。各级行政机关负责人要牢固树立依法决策意识，严格遵循法定权限和法定程序作出决策，确保决策内容符合法律法规规定。行政机关主要负责人作出重大决策前，应当听取合法性审查机构的意见，注重听取法律顾问、公职律师或者有关专家的意见。把是否遵守决策程序制度、做到依法决策作为对政府部门党组（党委）开展巡视巡察和对行政机关主要负责人开展考核督查、经济责任审计的重要内容，防止个人专断、搞"一言堂"。

第二，严格落实重大行政决策程序。严格执行国家和上海市重大行政决策相关法规规章，增强公众参与实效，提高专家论证质量，充分发挥风险评估功能，确保所有重大行政决策都严格履行合法性审查和集体讨论决定程序。推进各级行政机关重大行政决策事项目录管理制度，年度目录向社会公开。对涉及社会公众切身利益的重要规划、重大公共政策和措施、重大公共建设

项目等，深入开展风险评估，加大公众参与力度，认真听取和反映利益相关群体的意见建议。严格落实决策过程记录和材料归档制度。

第三，加强行政决策执行和评估。完善行政决策执行机制，决策机关应当在决策中明确决策执行主体、执行目标、执行时限、执行反馈等内容。全面落实决策承办单位按要求实施重大行政决策的责任，建立健全决策跟踪反馈制度。加强对纳入年度目录的重大行政决策事项跟踪检查。规范重大行政决策调整程序，依法作出的重大行政决策未经法定程序不得随意变更或者停止执行。依法推进决策后评估工作，将决策后评估结果作为调整重大行政决策的重要依据。严格落实重大行政决策终身责任追究制度和责任倒查机制。

第六章 深化行政执法体制改革

行政执法是衡量政府治理水平和治理能力的一个关键维度，提升行政执法效能、推动国家治理能力现代化则是深化行政执法体制改革的出发点和核心要义。党的十八届三中全会第一次提出“深化行政执法体制改革”的时代命题；党的十九届四中全会承上启下，以中央全会的形式把深化行政执法体制改革纳入中国特色社会主义制度的顶层设计层面，并成为推进国家治理体系和治理能力现代化的重要抓手。上海市坚持以习近平新时代中国特色社会主义思想为指引，持续深化行政执法体制改革的实践探索，提高了行政执法体制改革的系统性、整体性和协同性。

一、我国行政执法体制改革的形势任务

“深化”是行政执法体制改革的发展导向，推进行政执法体制改革向“深水区”挺进是新时代治国理政的重要一环，是全面深化政府行政管理体制改革的重要内容，是转变政府职能、优化职能设置、提升治理效能的必经之路。

(一)准确把握行政执法体制改革的历史定位

行政执法是行政机关开展的社会普遍高度关注、直接关乎人民群众切身利益的行政活动,行政执法是否规范直接影响了法治政府建设在人民群众心中的形象。党的十八大以来,行政执法体制改革一直是我国全面深化改革的重要基点,更是政府职能转变的热点、难点。党的十八届三中全会、党的十八届四中全会明确提出了“整合执法主体,推进综合执法,减少执法层次,跨部门综合执法”等改革任务,目的就是着力解决权责交叉、多头执法、悬浮执法等碎片化问题,进一步降低行政执法成本,避免政府资源的浪费。随着机构改革的深入推进,行政执法体制改革取得了新的进展:纵向上行政执法层级减少,执法力量下沉深入推进;横向上集中行政执法权的跨领域综合执法部门初步成型。2019 年党的十九届四中全会着眼于行政执法体制改革的形势任务和改革中出现的问题,提出了深化行政执法体制改革要“最大限度减少不必要的行政执法事项,继续探索实行跨领域跨部门综合执法,落实行政执法责任制和责任追究制度”;2020 年党的十九届五中全会又从 2035 年远景目标规划的战略视角出发,明确了行政执法体制改革是市场经济运行保障机制重要组成部分的历史定位。2021 年《法治中国建设规划(2020—2025 年)》再次把“深化行政执法体制改革、进一步整合行政执法队伍、健全事前事中事后监管工作机制”等内容作为法治中国建设的重点工作之一,赋予了深化行政执法体制改革“织密法治之网,强化法治之力,不断增强人民群众的获得感、幸福感、安全感”的新的历史定位。

(二)深入理解行政执法体制改革的建设目标

行政执法体制改革是一项系统工程,是理顺执法体制的重要一环;行政执法体制改革的一切推进活动必须紧紧围绕建设目标。党的十八大以来,我国行政执法体制改革的建设目标始终离不开"严格规范公正文明执法"这一主题,行政执法体制改革的目标导向和工作部署都是为了更好地推动法律法规的有效施行。从演进脉络来看,"十三五"时期行政执法体制改革的建设目标既立足于整体性政府厘清行政执法权责体系,构建高效运行、结构有序和权责明晰的跨领域、大综合、大市场、大监管的行政执法格局;又着眼于程序合法,持续提高行政执法的规范性程度,强化严格规范公正文明执法的制度约束。

面向"十四五"时期和2035年远景目标规划的新任务,行政执法体制改革的建设目标又有了新的要求:既要发挥优化法治化营商环境的积极作用,又要着力提升综合执法效能以更好地服务市场经济运行。因此,行政执法体制改革的建设目标与之具有高度的契合性:一方面,作为2035年远景目标规划的有机构成和建设社会主义现代化强国的细化分解目标,行政执法体制改革要在紧紧瞄准"严格、规范、公正、文明"行政执法既定建设目标的基础上,充分结合2035年远景目标的前瞻性规划以及对我国政府治理能力和治理水平现代化的内在要求,真正使行政执法体制改革成为法治国家、法治政府、法治社会建设的支柱力量。另一方面,深入推进行政执法体制改革必须对标"十四五"规划的建设目标,对标更高水平的行政执法改革要求,稳步提升行政执法效能,通过法律法规的公正执行充分彰显社会的公平正义,更好地发挥行政执法在经济社会发展中的保障作用。

(三)全面落实行政执法体制改革的主要任务

从党中央关于行政执法体制改革的战略部署来看,我国行政执法体制改革的主要任务聚焦以下几个方面:

一是强化市场监管综合执法。全面深化改革离不开社会主义市场经济体系的完善,这与构建国际国内双循环的战略布局密不可分,高水平的市场准入机制、高效能的市场监管机制、高标准的全面开放格局、超稳定的诚信竞争秩序都是强化市场体系的重要构成部分。从这个意义上讲,行政执法体制改革无疑具有重要的支撑保障作用,重点任务主要围绕强化公平竞争审查机制、加大反垄断执法力度、构建综合执法监管格局、推动综合执法力量下沉、提升智能化监管水平等工作开展。

二是服从服务政府职能转变工作大局。行政执法体制改革是推动依法行政的实现路径,是政府职能转变的具体抓手。因此,行政执法体制改革的主要任务理应契合“十三五”时期党中央的一系列重要部署,既要一脉相承,又要创新突破。无论是推动“放管服”改革走向深入,还是营造一流的市场化、法治化、国际化营商环境,抑或是新经济、新业态、新产业的监管创新,都是行政执法体制改革系统工程的一个侧面,都是为了更好地优化政府监管流程、提升政府治理水平。

三是对标社会治理创新目标,构建社会治理共同体。毋庸置疑,随着社会治理重心下移,政府治理力量下沉基层已经成为改革的重要趋势。行政执法体制改革作为政府治理体制的一环,理应服从、服务于这种趋势。在前期初步形成综合执法格局的基础上,进一步推动行政执法力量向基层下沉,具体体现为行政执法权的下放、基层行政执法力量的充实、基层行政执法装备的完善、基层行政执法信息化水平的提高,确保行政执法体制改革步伐与社会治理创新同频共振。

四是突出严格规范公正文明执法。行政执法体制改革的根本目的在于更好地维护人民群众的生命健康和财产安全,必须坚持以事实为依据、以法律为准绳,坚持实体规范和程序规范并重,坚持法律面前人人平等,坚持文明执法、柔性执法,更好地维护经济社会发展秩序。

五是着力构建廉洁执法的制度约束机制。行政执法作为人民群众感受最为深刻的政府活动,廉洁执法的程度直接影响了人民群众对政府部门的现实观感。因此,推进行政执法体制改革必须把廉洁执法的制度约束机制放在更加突出的位置,通过制度制约确保对行政执法腐败的“零容忍”。

二、行政执法体制改革的“上海样板”

近年来,上海市坚持以习近平新时代中国特色社会主义思想为指引,全面贯彻落实党中央、国务院关于行政执法体制改革的决策部署,充分发挥改革开放排头兵和创新发展先行者的示范引领作用,坚持把优化行政执法职能作为重要任务,持续开展了多元化的实践探索,力求理顺综合执法工作职责,塑造市、区、街道乡镇三级执法格局,综合执法新模式基本形成,行政执法效能实现能级跃升,行政执法体制改革的“上海样板”影响深远。在行政执法层级上,明确审批部门或行业主管部门与综合执法部门的监管职责边界,强化主管部门的监督指导作用,各级行政执法机构以上级主管部门的名义集中行使行政执法权,比如2022年2月《上海市文化领域相对集中行政处罚权办法》发布,明确了市、区、街道乡镇执法机构的权限分工。在行政执法案件管辖上,明确市级执法力量主要承担具有重大影响、跨行政区域、疑难复杂案件和上级交办案件的办理等职责,并对区级执法机构开展工作指导;区、街道乡镇执法力量按照属地化管理原则,承担行政区域内的执法工作。在工作协调机制上,建立线索通报、案件移送、联合执法等工作机制,强化行政执法部门与公安机关、银保监会、审计等政府部门的协同力度。

（一）全面推进跨部门、跨领域综合执法和“一支队伍管执法”

优化行政执法职能，形成分领域综合执法新格局。坚持把优化不同领域、不同层级的执法职能配置作为行政执法体制改革的第一要务，按照中央关于综合行政执法改革要求高效推进，在完成中央规定动作的同时，进一步加大综合行政执法改革力度，着力打破“碎片化”行政执法格局，分领域组建了综合执法队伍，强化综合监管工作力度。在市场监管执法领域，市级层面按照综专结合、整合划一、系统协同的工作思路，成立了全国为数不多的市级综合执法队伍，通过“五合一”把原本分散在不同行政部门和事业单位的行政执法职责整合重塑，涵盖了原工商局的工商执法职责、原发改委价检局的价格和反垄断执法职责、原质监局的质量技术执法职责、原食药监局的食品药品执法职责、原商务委的酒类商务盐业教育培训执法职责，同时充实区级层面综合执法队伍和街道乡镇市场监管所的人员力量；在农业执法领域，成立市、区两级农业农村综合执法队伍，执法职责涵盖了动物卫生执法、渔政渔港执法、农机农药种子化肥等领域执法职责；在交通执法领域，成立交通综合执法队伍统一承担陆上交通综合执法和水上交通执法职责，为实现交通执法领域综合执法打开了局面；在文化市场领域，不仅整合了文化、文物、出版、广播电视、电影、旅游市场等领域执法职责，而且整合了体育领域执法职责，综合执法的范围和领域不断扩大。同时，推进街道乡镇综合行政执法体制改革，制定发布第二批街道乡镇执法事项目录清单，对基层管理迫切需要而且能够有效承接的事项，大胆下放、依法下放，推进街道乡镇逐步实现“一支队伍管执法”。

优化行政执法资源配置，向基层执法一线倾斜。为了推动行政执法从“碎片化”走向“整体性”，更好地解决执法队伍良莠不齐、执法力量交叉重叠的问题，强力整合执法资源，突出精简机构编制，推动执法力量下沉一线，市级层面把原来的14支执法队伍整合为5支,大大精简了人员编制,从源头上消弭了多头执法、多层执法和重复执法的问题,避免了行政执法资源的浪费。同时,大力精简内设机构,机构设置向一线执法机构倾斜,一线执法机构原则上不低于内设机构数的2/3。比如在市场监管领域,上海市市场监管局执法总队经过两次机构改革,20个内设机构中,15个为一线执法队伍,有效充实了执法办案力量。

（二）健全事前事中事后监管工作机制

《法治政府建设实施纲要(2021—2025年)》提出要“推动政府管理依法进行,把更多行政资源从事前审批转到事中事后监管上来”。上海市着眼于推动监管体制的迭代,着力构建以“双随机、一公开”监管和“互联网+监管”为基本手段,以信用监管为基础的监管机制,实现事中事后监管的闭环。

全面推行“双随机、一公开”监管。完善随机抽查事项清单管理,除直接涉及公共安全和人民群众生命健康等特殊行业、重点领域外,原则上所有行政执法检查均根据市场主体的信用等级等因素,通过随机抽取检查对象、随机选派执法检查人员的方式进行,抽查情况和查处结果及时向社会公开。发挥市场监管领域部门联合“双随机、一公开”监管联席会议作用,以各区政府为组织实施主体,依托“互联网+监管”系统开展跨部门联合抽查,实现“进一次门,查多项事”,使部门联合抽查成为部门间协同监管的主要方式,促进市场主体增强信用意识,强化自我约束力。

坚持宽进与严管相结合。健全全链条、全流程的综合监管机制,完善监管规则和标准,夯实监管责任,厘清责任链条、加强审管衔接、强化部门联动,着力解决好“谁来管”“管什么”“怎么管”的问题。比如,推进商事制度改革,提升市场主体登记便利程度,动态归集企业名称资源,向社会开放自选名称库,优化名称自主申报服务,简化住所(经营场所)登记手续,全面推行经营范围规范化登记。鼓励各区因地制宜探索简化房屋产权证明等住所登记材料。又如,深化“多报合一”改革,加大公示信息抽查力度,推动全市涉企信息统一归集公示。强化市场主体信用信息共享应用,完善失信联合惩戒机制,积极推进跨行业、跨领域、跨部门的失信联合惩戒,依法对失信市场主体在行业准入、项目审批、获得信贷、出口退税、出入境、高消费等方面予以限制。

(三)全面提升信用监管工作水平

完善包括信用信息记录与公示、信用风险分类、失信行为认定、守信激励和失信惩戒在内的信用监管体系,依托上海大数据资源平台,提升信用监管效能,全面实现市场主体信用信息在“一网通办”“一网统管”“市公共信用信息服务平台”“互联网+监管”系统和企业信用信息公示系统的互联互通、汇聚共享。

建立完善信用等级评价机制。依托现代科技手段,实现对市场主体信用信息的科学识别、自动分类。对不同信用风险状况的监管对象,在执法资源分配、监管方法、监管内容、执法频次等方面采取差异化措施,提升行政执法精准化、智能化水平。同时,加强企业经营异常名录和严重违法失信名单动态管理,规范认定市场主体失信黑名单。

逐步完善信用修复机制。建立信用修复标准,畅通信用修复渠道,健全异议申诉制度,加强政府部门间信用修复数据共享,支持市场主体依法修复信用并解除相应失信联合惩戒。2021 年 1 月上海市政府办公厅印发了《关于进一步做好本市公共信用信息修复工作的若干意见(试行)》,强调要按照信息“谁产生,谁修复”的原则,明确了信息修复范围、修复主体、修复条件、修复流程,为行政执法信用信息主体、优化营商环境提供了基本遵循。

（四）完善行政执法与刑事司法衔接机制

2021年中共中央印发的《关于加强新时代检察机关法律监督工作的意见》强调要"健全行政执法和刑事司法衔接机制。完善检察机关与行政执法机关、公安机关、审判机关、司法行政机关执法司法信息共享、案情通报、案件移送制度，实现行政处罚与刑事处罚依法对接"，为完善行政执法与刑事司法衔接（以下简称"两法衔接"）机制指明了行动路径。上海市在联合印发"两法衔接"配套文件实施细则的基础上，持续推进"两法衔接"信息平台建设，通过"两法衔接"信息平台与全市统一综合执法系统互联互通，实现信息共享机制化、案情通报常态化、案件移送标准和程序规范化的目标。比如在安全生产领域，上海市应急管理局、上海市公安局、上海市高级人民法院、上海市人民检察院、上海市消防救援总队五个部门于2020年8月联合印发了《上海市安全生产行政执法与刑事司法衔接工作实施办法》，就案件移送、案情通报、信息共享等工作机制提出了具有可操作性的实践方案。

三、上海市行政执法体制改革的实践经验

（一）夯实基层基础，扎实稳妥推进综合行政执法重心下移

行政执法权下放是行政执法体制改革的核心内容。上海市长期以来紧紧围绕执法重心下移持续发力，执法力量、执法资源、执法权力持续向基层一线倾斜，同时强化重大行政执法决定法制审核，推动了行政执法权的有力、有效、有序下沉。

普陀区石泉路街道做实做强重大行政执法决定法制审核,为行政执法权下放护航

推行重大行政执法决定法制审核制度,是完善行政执法程序、坚持严格规范公正文明执法的重要内容,也是深入推进依法行政、加快建设法治政府的重大举措。上海市人民政府为完善街道乡镇管理体制、提升街道乡镇管理服务效能,于2021年7月、2022年8月分别将423项执法权、11项执法权下放街道乡镇。普陀区石泉路街道在重大行政执法决定法制审核工作上坚持问题导向、需求导向和目标导向,细化工作流程、明确工作要求,在具体实施的步骤、环节、方式、方法、内容等细节方面出实招、求实效、解难题,创新工作方法,确保放得下、接得住、管得好,有效推动基层行政执法规范公正。

第一,加强队伍建设,打造重大行政执法决定法制审核“硬实力”。组织从事重大行政执法决定法制审核的工作人员开展多形式培训,学习城市管理执法法律法规、文书制作规范、行政处罚裁量基准等业务知识,为工作开展夯实基础。收集城市管理行政执法典型案例、相关行政处罚复议案例和司法判例,指导工作开展。邀请街道所聘用的法律顾问单位委派精通城市管理事务的律师参与重大法制审核,借用“外脑”提升工作质效。

第二,完善工作流程,画好重大行政执法决定法制审核“同心圆”。加强与街道综合执法队的沟通、衔接,初步形成启动、审核、反馈、改进的工作闭环。涉及重大争议问题,及时组织街道综合执法

队、法律顾问、相关职能科室专题研究，力争达成共识，形成统一法制意见。涉及难以把握的问题，以会商等方式提请区司法局提出重大法核的参考意见，提高意见的准确性。

第三，明确重点内容，做好重大行政执法决定法制审核“校准仪”。着重对行政执法中的管辖权、执法主体资格、依据、程序（包括听证程序、陈述申辩程序）、理由、事实认定及证据，行政处罚种类、履行方式及期限、适用裁量基准，违法行为是否涉嫌犯罪需要移送司法机关、救济途径告知、行政执法文书等开展审核；涉及行政强制执行决定，还对具备执行条件、执行主体、执行方式及时间等内容开展审核。通过审核，制作重大行政处罚法制审核表和执法时间轴线图，明确送审行政执法行为基本情况、送审材料、审核结果和优化建议。其中审核表中增设优化建议一栏，对执法办案、文书制作等方面存在的瑕疵提出优化改进建议，力争在对个案形成法制审核意见的同时提升类案办案质量。

目前，街道乡镇开展重大行政执法决定法制审核尚属于起步阶段。普陀区石泉路街道将深入学习贯彻习近平法治思想，在实践中积极探索，力争实现法制审核制度的良好效用，规范基层行政执法行为，提升基层法治建设水平。

（二）加强整体推进，构建跨领域、跨部门的综合执法格局

从整体性治理的视角来看，行政执法体制改革的一个关键环节就是政府功能的整合。上海市以大市场、大监管、大执法、全覆盖为导向，整体性重构街道乡镇行政执法体系，强化跨部门联动监管，突出“一支队伍管执法、一次检查管全面”，实现了行政主管部门、行政执法机关、执法相对人等多元利益主体的良性互动，推动了跨部门行政执法机关的联动，有效发挥

了综合行政执法“集中力量办大事”的队伍优势和“集中职权破难题”的制度优势。

奉贤区海湾镇加强综合行政执法实践，解决城市治理顽症难题

海湾镇由三个农场合并而成，沿途海岸线长、森林覆盖率高、天然生产基地多，是绿色生态、休闲娱乐、民生幸福的现代城镇。随着自由贸易区新片区建设和G228沿海大通道的建设，战略性产业互通成为趋势，镇域社会治理面临的难度越来越大，不同程度存在违章违建、违规经营、破坏生态、安全管理、劳动争议等“通病”，一些“看得见的管不着，管得着的看不见”的问题逐渐显现。为此，海湾镇顺应机构改革要求，积极开展综合行政执法实践探索，按照“找准症结、补齐短板、突出重点”原则，提出多项有力举措，将行政执法权从分散行使到相对集中行使，对临界性、跨领域执法事项综合协调与依法合理处置，同时加强事前事中事后监管，使综合行政执法成为解决城市治理顽症难题的重要举措。

第一，坚持强化领导促统筹推进。成立海湾镇综合行政执法工作领导小组，由镇党委副书记任组长，分管副镇长为副组长，城管、公安、市场、安监、劳动、城建、环保、水务、社事、农口等执法部门及平安办、司法等部门主要负责人为成员，基本建立分工合理、职责清晰、协同高效的“综合行政执法＋部门专业执法＋联合执法”执法体系。镇党委法治建设委员会办公室履行综合行政执法的统筹职责，

即组织对镇综合行政执法工作的统一部署、统一培训、统一指导、统一监督;综合行政执法专业性业务由相关部门配合。

第二,坚持点上突破促面上推进。选择在星火二居、海滨街等重点区域,围绕飞线充电整治、垃圾分类管理、安全通道违占处置和美丽街区建设等重点领域,专题研究与实践。镇党委法治建设委员会办公室召开专项部署会,组织城管中队、公安派出所、市场所等13个部门开展现场集中排查,梳理形成本镇综合行政执法的"四张清单",即执法事项清单、检查清单、整改清单、督查清单,指导日常执法管理。目前对试点小区飞线充电、堵塞消防通道、垃圾不分类等情形,制定了22项常见执法事项清单,形成系列检查清单、整改清单,出具书面警告11张,并对执法效果进行督查。

第三,坚持最多一次促办事效率。推行"综合查一次",严格规范行政检查行为,避免重复检查。并对新建的海湾社区卫生服务中心开工进行了文明施工、消防安全、垃圾分类等综合检查行动,对星火地区新开工的商业用地进行了集中检查,对全镇320家沿街商铺的占道经营、油烟污染、门口乱停车堵路等进行集中检查,推进了一次性解决多个问题。倡导"智慧治理大联动",强化城管运行平台与"12345""12319"等网格平台对接,对沿街商铺管理、小区楼道堆物等问题,快速响应、现场处置。注重执法风险防控,整合执法、司法部门力量,建立综合行政执法事务纠纷应急处置机制,依托镇大调解中心平台,实现纠纷化解"最多跑一地"。

第四,坚持案卷评查促执法规范。围绕立案、处罚告知、处罚决定、结案执法等主要环节,积极开展行政执法案卷评查工作。2020年对镇城管中队202件行政处罚案卷进行抽查。2021年在全面抽查案卷基础上，重点评查住宅物业、占道经营、偷倒垃圾等三类案卷，对评查发现的问题及时予以整改与反馈，进一步规范行政执法“三项制度”，避免了行政处罚流程不规范、处理过程不透明、结果告知不及时等问题。

第五，坚持开门监督促阳光执法。在星火二居设立行政执法监测联络点，设置综合行政执法意见箱、意见簿，广泛征集群众对执法管理的意见。聘请部分老党员、“两代表一委员”、“法治明白人”和“法治带头人”为行政执法特邀监督员，通过明察暗访、直接反馈、集中研讨等方式，提出改善执法管理的建议。设计综合行政执法效果测评问卷，在监测联络点组织群众当场评议。与城管队伍的教育整顿相结合，在监测点开展综合行政执法第三方满意率测评，积极构建“行政执法监督+工作”机制，有效提升监督工作的透明度、参与度和影响力。

海湾镇开展综合行政执法改革实践以来，“一支队伍管执法”作用日益显现，制度建设得到完善，明确了重大问题调查研究、跨部门执法联动协作、综合行政执法案件通报、重大事项报告、执法争议协调办法等规定；执法效果有效提升，树立“721”执法工作理念，即70%工作抓管理、20%调矛盾、10%抓查处，进一步细化、量化行政处罚权自由裁量基准，推行“首违不罚”“首违轻罚”“轻违免罚”；监督模式不断创新，城管、城建、公安、市场、司法等部门共同打造执法管理“法治议事”阵地，聚焦困扰城市治理的顽症和群众“烦心事”，听取居民代表的执法管理建议与执法效果反馈，执法部门当场回应，助推综合行政执法精准、管用。海湾镇加强综合行政执法的实践，精准把握执法的“力度”与“温度”，实现了刚性约束与柔性执法相结合，促进法律效果与社会效果相统一，有效解决了城市治理中的难点问题,全面提升了人民群众获得感和满意度。

嘉定区华亭镇依托“外联内合”城市综合治理机制,打造“美边丽界”

嘉定区华亭镇毗邻江苏省太仓市浏河镇及宝山区罗泾镇,是嘉定区“东北门户”。毗邻区域因特殊地理位置,易存在管辖职责不明、违法违规行为难以根治等问题,历来是城市综合治理的薄弱环节。华亭镇社会治理力量相对薄弱,同时受资金、装备、人员素质等因素制约,治理、服务能力相对不足。为解决治理困境,华亭城管中队以“美边丽界”为目标,以“共同缔造”为理念,以“区域治理”为方法,探索“外联内合”治理机制,整合力量资源、增强执法互助,逐步使执法“空白”“薄弱”区域向“叠加”“增强”区域转变。

第一,聚合力,达成共同管辖高度共识。嘉定区华亭镇与太仓市浏河镇、宝山区罗泾镇加强社会治理领域交流互动,着力在同步整治、联合打击等方面深化合作。2018 年 8 月华亭镇、浏河镇两地举行战略合作签约仪式,签订《推进华亭、浏河一体化发展战略框架协议》《推进华亭、浏河社会治理协同化发展合作协议》;依托城运中心雪亮工程,在毛桥无名道口等治理复杂地区安装监控探头,提高监控覆盖面,同时经技术升级,实现视频联网。2021 年 4 月签订《长三角地区城管执法系统共同管辖执法协议及行动方案》,明确以华亭检查站为中心 500 米范围、以沪太路沪华东路两区交界 500 米范围为执法覆盖、共同管辖区域。

第二,创机制,实现综合治理“外联内合”。“外联”是指推行

“一家吹哨，邻居报到”模式，突破行政壁垒、加强执法、普法互动，避免和消除“无人管”“不好管”“逃避管”管辖漏洞，严厉打击各类违法违规行为。三方加强执法联动及勤务配合，运用“两头堵”策略联合治理流动设摊、垃圾偷乱倒、违规渣土运输等违法违规行为。“内合”是指以区域治理为依托，以环境秩序责任共同体为载体，推动部门间交流合作。依托城运中心，充分利用联勤网格、雪亮工程等手段，强化工作协调，提高治理效率及精细化水平。

第三，明重点，破解协同治理难题顽症。2021 年 4 月长三角地区城管执法系统学习交流会议通过了《关于加强长三角地区城管执法系统联合执法工作方案》，明确重点围绕非法运输处置建筑垃圾、建筑渣土，乱散发、张贴小广告，无序占道设摊及河道周边生态环境治理等跨区域违法事项，开展交流学习和集中联合执法整治行动。根据执法实际，渣土车整治是毗邻区联合执法的重点内容之一。部分违规渣土车司机打“边界线”主意已久，为躲避执法，部分渣土车司机会利用对讲机通风报信，未驶入检查范围的违规车辆会绕行其他路线，造成执法成本消耗。据此，两地城管联合交警、环保等部门，共同开展跨界联合执法检查，形成挤压态势。

华亭城管中队切实践行“人民城市人民建，人民城市为人民”理念，依托“外联内合”工作机制，将城市管理工作从治标转向治本，从被动应对问题转向主动发现问题。自机制运转以来，即时性协同执法可操作性得以增强，毗邻区流动设摊、垃圾偷乱倒、违规渣土车等行为有所减少，环境秩序得以改善；以城运中心及联勤网格为依托，充分发挥雪亮工程在获取高清监控视频、记录行驶路线等方面的优势，治理效率明显提升。在长三角一体化发展的当下，华亭城管中队“外联内合”机制探索为毗邻区管理部门之间加强交流、深化合作提供了可行思路。

（三）聚焦行政执法堵点，放大综合执法效应

行政执法体制改革的基本价值取向始终是问题导向。作为基层治理的关节点，综合执法的着力点在于破解基层长期存在的街道乡镇执法队伍"看得见，管不着"和市、区执法队伍"管得着，看不见"的问题。上海市行政执法体制改革推行以来，综合执法部门聚焦行政执法的堵点、痛点、难点，解决了许多长期以来想要解决而没有得到解决的问题。

徐汇区环信码评价体系，推进环境污染精细化管理

徐汇区生态环境局聚焦环境执法标准化、信息化、系统化，在建筑工地、餐饮、汽修等中心城区环境问题突出的行业试点开展环信码分级管理，定期对相关行业企业开展环境信用评分，并针对不同级别的环信码分别投入差别化监管执法资源和技术服务。环信码分级管理促进试点企业知法、懂法、守法，提升企业法治意识和环保主体责任意识，也使得有限的环保执法力量能够得到有效配置，有效提高了徐汇区生态环境治理水平。

第一，信用分级，"对症下药"。环信码即环境信用二维码。徐汇区生态环境局定期对辖区内建设工地、涉油烟餐饮单位和汽修单位开展环境信用评分，根据评分进行企业环信码分级、更新和发布。环信码共分为三级：绿码（90～100 分）、黄码（60～89 分）、红码（0～59 分），根据发布后的环信码开展分类分级精准监管，针对不同级别的环信码分别投入差别化监管执法资源和技术服务。

第二,全民监督,智慧执法。环信码是徐汇区互联网+环境信用监管体系的核心,徐汇区生态环境局依托第三方技术服务发布了环信码市民端和监管执法端扫码应用。每个试点工地、餐饮单位和汽修单位入口明显位置均张贴有环信码标识,以方便市民监督。市民可以通过微信扫描环信码快捷了解排污企业的基本信息、最新环境信用情况、相关环保管理要求和投诉电话,通过社会监督倒逼相关企业树立环境信用口碑经营;环保监管执法人员可以采用手机App扫描环信码,快速获取相关排污企业"精准画像",行政处罚信息、信访信息、在线监测信息、台账信息、现场监管信息及整改跟踪等信息一目了然,构建了环境信用监管的线上、线下闭环,丰富了智慧执法内容。

第三,自评自查,普法宣传。为落实企业环保主体责任,拓展线上普法渠道,徐汇区生态环境局还同步开展了互联网+环境信用自评+环境信用承诺试点工作,企业环境信用一季度一次线上自评,企业环境信用一年一次线上承诺。鼓励企业开展自我环境信用评估,提升自查、自纠、自学能力,同步进行法规条目宣传,促进各类试点单位知法、懂法、守法,提升相关企业环保知识水平和环保意识,保障企业污染防治主体责任有效落地。

第四,铺开领域,有序推广。徐汇区生态环境局2020年5月起正式推出工地环信码,8月起正式推出餐饮环信码,11月推出汽修环信码。建设工地环信码的初见成效,不仅推进了环境污染精细化管理,更是为环境执法工作开辟了一条新的道路,自此在徐汇区建设工地、涉油烟餐饮单位和汽修单位等多个领域环信码渐次铺开。截至2022年7月,环信码已覆盖徐汇区80个建设工地、95家餐饮单位和35家汽修单位。

徐汇区生态环境局以环信码评价体系为重要抓手，精准投入环境监管和执法资源，推进智慧化执法，提升执法监管能效。试点工作的“多点开花”，体现了环境污染精细化管理的理念和方式，可学习、可复制、可推广，为进一步提升精细化管理水平奠定了良好基础。

徐汇区枫林街道以法治思维推进枫林街道中山医院周边整治

近年来，枫林街道深入贯彻落实习近平法治思想，按照“城市管理应该像绣花一样精细”的要求，加强基层依法治理。枫林街道在综合整治中山医院周边街区环境乱象这一历史痼疾和现实难题中，蹚出一条以党的领导为轴，制度规则之治、人民主体之治、权力约束之治有机融合的“一轴三治”之路，为探索上海超大城市基层依法治理提供了“枫林经验”。

第一，始终坚持党的领导，强化基层依法治理政治保障。作为全面依法治国“最后一公里”的践行者，枫林街道党（工）委坚持问题导向，成立街道法治建设委员会，引入区域化党建平台，带动社会资源整合，让各方牢牢围绕党的领导这一主轴，画好“同心圆”，下好“一盘棋”。街道进一步升级块区党的工作小组制度，将区域化党建一竿子插到底，打造“微治理”共同体。围绕党的领导这一轴心，更多成员单位的专业资源在基层治理中找到了用武之地。

第二，注重制度规则之治，提升基层治理公信力。明晰的制度规则是依法治理的前提条件。枫林街道在整治中抓住三个关键环节，充分发挥制度规则的科学、公平、可预期作用。一是执法有据，自己清清楚楚。预先对涉及的法律法规内容、整治店铺情况进行梳理、把握。二是全程普法，群众明明白白。严格落实“谁执法，谁普法”普法责任制，针对不同人群制订法治宣传方案。三是依法执法，手势干干净净。成立综合整治领导小组，协调成员单位合力整治，区分个性情况，对一些有照无铺的商户，帮助重新勘店选址合法经营，让人民群众切切实实感受到公平正义。

第三，注重人民主体之治，激发基层治理创造力。枫林街道紧紧依靠社区、群众推进综合整治，依法制定自治章程，加强深度治理。在小区成立短租房经营者自治小组，推出《短租房管理章程》《自治小组参加公益活动制度》等一系列自治制度，有效补足了法律法规缺位。通过自治与法治融合，释放基层治理活力，激发人民主体创造力。凡是群众自己能解决好的，都由群众自己做主。居民区“大事齐参与、小事自己干、好坏大家评、事事有人管”的治理新格局逐步显现。

第四，注重权力约束之治，强化基层治理自制力。枫林街道牢牢把握权为谁用、怎么用的问题，守好边界、依法用权、规范行政。街道建立完善党(工)委“三重一大”、重大法审、司法所所长列席街道主任办公会、重大事项法律顾问参与等制度；定期安排人大代表听取汇报、查看实况，让用权者在各方监督下依法作为。居委层面原创力推“1+8+X”居务会制度，即居民区党组织牵头，居委会、业委会、物业、社区民警、城管执法、市场监管、房管办、街道联络员定期碰面，市区“两代表一委员”、区域化党建共建单位、社区社会组织、结对律师、志愿者等人民群众主体参与，共同协商处理小区重要事务，“把事情摊在台面上”，在居民的“围观”中想问题、办事情。

枫林街道辖区有中山医院、肿瘤医院、龙华医院等多家三级甲等医院，自在中山医院周边先行先试后，继而在肿瘤、龙华等医院周边综合整治中坚持“一轴三治”综合治理，街面小区内外同步推进，兼顾群众生活需要和特色业态、秩序优化、环境优美等多项功能，做到“院区”做实、“块区”管战、“小区”善治的“三区”联动管理机制，打造了城市治理类似顽疾的样板，经验可推广和复制，对深入推进基层依法治理具有借鉴意义。

（四）强化统筹协同，完善“两法衔接”机制

《法治上海建设规划（2021—2025年）》强调，要“进一步健全行政执法和刑事司法衔接机制，全面推动‘两法衔接’信息平台建设、应用和功能拓展”。为有效解决“有案不移、以罚代刑”等问题，上海市全面规范“两法衔接”工作，实行了建立联席会议制度、细化案件移送程序、加强建设“两法衔接”平台、明确证据转换规则等工作举措，有效发挥了综合行政执法与刑事司法机关的衔接与联动优势，形成了打击违法犯罪的强大合力：这无异于是一场运用法治思维提升执法效能的“自我革命”。

创新完善行刑衔接，虹口打非建立协同惩戒新机制

“行刑衔接”又称“两法衔接”，是行政执法和刑事司法相衔接的简称，旨在防止以罚代刑、有罪不究、降格处理现象发生。为更好地转变职能，把以治病为中心转变到以人民健康为中心，为人民群众提供全方位健康服务，促进虹口区卫生健康事业高标准、高质量、高水平发展，推进卫生健康公共资源向基层延伸、向生活困难群众

倾斜。虹口区卫生行政部门立足促进健康工作，积极延伸职能，主动对接公安、检察院等相关部门，探索推进无证行医涉刑案件的行刑衔接工作，建立协同惩戒新机制，各职能部门密切协作配合、多方开展联动，建立了全方位、全流程的非法行医治理体系，打击力度和广度不断加强，无论是在查处无证行医的数量、行政处罚的金额、移送司法机关的线索及案件上均有很大程度的增加，尤其在涉嫌非法行医刑事犯罪移送上取得了较大的突破，增强了工作合力，严厉打击了无证行医危害人民群众健康的违法犯罪行为，保障了人民群众的健康权益。

第一，搭建平台、理顺流程，推进行刑衔接稳步发展。虹口区委、区政府成立了由分管区长担任组长，卫健委、综治办、公安、市场监管、城管、建管委、商务委、区网格化中心、各街道等部门负责人为成员的“虹口区防范和打击无证行医专项行动领导小组”，搭建了部门沟通联合的工作平台，定期召开工作会议。在此基础上，制定了《非法行医行刑衔接工作制度》和《关于加强虹口区无证行医行政执法和刑事司法衔接工作规定(试行)》，明确了移送案件范围和移送对象认定、移送案件程序、移送案件材料和相关工作要求等，完善了工作流程，健全了行刑衔接工作机制；区卫生健康委和虹口公安分局以及各街道派出所依托打非领导小组直接对接，采取各种办法和司法机关进行衔接，缩小和补强卫生行政执法和刑事司法在现实中存在的差距与短板，解决办案过程遇到的实际问题，推动了行刑衔接的稳步发展。

第二，畅通渠道、合力办案，构建行政刑事双向衔接。行刑衔接工作机制规定行政执法机关发现所查处的案件涉嫌犯罪，要及时移送公安机关立案侦查。虽然《刑法》中对非法行医有“非法行医罪”

的定罪标准，但由于行政执法机关、公安机关、检察机关对刑事案件追诉标准、取证标准的认识有时存在一定的分歧，导致个别应当移送司法机关追究刑事责任的案件，由于证据不足等问题，公安机关无法立案侦查。在虹口区防范与打击无证行医领导小组平台上，充分利用打非联络员机制，加强卫生行政部门及公安机关之间线索互通，召开联席会议，由行政执法部门抄送"行政处罚决定书"和"案件移送书"加强线索移送、一事一办，事先沟通，事后追踪，通过畅通渠道及时有效地了解案情，深挖线索，形成合力，达到最大打击效能。卫生行政部门和公安机关及时沟通案件信息，案件调查通力协作，相关执法文书有序移送，涉案证据相互确认移交，成功避免了执法资源的浪费。另外，在总结工作经验基础上，根据虹口特点，逐渐形成了从原先的行政执法向刑事司法单向移送转变为行政执法和刑事司法双向衔接，大大提高了执法效能，政府各部门间形成了信息共享、协调互动、齐抓共管的新局面。

第三，共享信息、创新案例，提升无证行医打击效能。通过无证行医行刑衔接机制，将2019年年底查处的孔某无证行医案件移送公安部门之后，虹口卫生行政部门又积极配合虹口检察院的走访调研，对孔某案件进行多次深入交流，并向检察院提供了无害化销毁、处置、没收药械等相关材料，配合检察机关完成首例无证行医"行刑衔接＋公益诉讼"创新案件。因无证行医人存在向不特定社会公众销售药品，将医疗废水随意排放、医废物品随意丢弃等情形，对社会公共利益造成损害，虹口检察院对孔某的非法行医提起刑事诉讼并首次提出附带民事公益诉讼。日前，法院已作出判决，以非法行医罪判处被告人孔某拘役5个月，并处罚金5000元，且支持了刑事附带民事公益诉讼的全部诉讼请求。

第四，加强联动、有效衔接，深化部门联动协作机制。在卫生监督执法工作中，和属地街道、公安、司法等部门保持沟通和联动，可以增强对游医等非法行医行为的打击力度，提高办案效率。在孔某无证行医行刑衔接案件中，虹口卫健委监督所一方面通过联系属地街道立即对该处每日开展盯控，另一方面联系属地派出所进行案件研讨，开展联合办案。同时，启动省市间的部门联动，两次发函至乡村医生合格证书及乡村医师执业证书发证机关。后外省市卫生行政部门来函证实：该行医人的乡村医师执业证书未及时换证，目前该证书已失效。针对该行医人已被卫生行政部门行政处罚两次，再次被发现行医的情形，卫生部门将此案移送公安部门。公安部门经大量调查取证，将涉嫌非医师行医罪的该无证行医人刑事拘留，并交由虹口检察院提起诉讼。该案查办过程中，既有省市卫生行政部门间协作，又有辖区内各部门之间协作，各个环节缺一不可，凸显出无证行医综合治理联动机制的重要性。

上海在“十三五”规划中提出：完善覆盖城乡居民的基本医疗卫生制度，实现人人享有安全、有效、公平、可及的基本医疗卫生服务。要实现这一目标，为辖区内居民提供安全有效的医疗服务保障，离不开对无证行医行为的有力打击。虹口区卫生行政部门将继续加强与公安、法院、检察院等部门的协调配合，进一步完善行刑衔接工作机制，形成制度化、常态化，做到无缝对接；同时加大案件查处力度，加强办案协同工作。卫生行政部门将充分利用公安、检察等部门资源，健全行刑衔接机制，为打击无证行医工作提供制度保障，有效地提高各部门的执法效能，加大执法的威慑性，以点带面，为医疗卫生服务体系建设夯实基础，对全市各区治理无证行医有一定的借鉴推广意义，增大无证行医违法犯罪的违法成本，保障人民群众健康权益，实现健康虹口的战略目标。

长宁区新华街道政府各部门通力协作、发挥合力解决损坏承重墙案件

近年来上海老旧楼房的新住户装修需求较高，业主为改善居住环境、追求形式美观，破坏房屋承重结构的事情频频发生，成为极易引发安全事故的隐患，由属地街道乡镇城管管辖的破坏承重墙行政处罚案件呈逐年增加迹象。2021 年 10 月长宁区司法局新华路司法所按照程序对新华街道城管中队移交的一起损坏承重墙案件进行重大行政执法决定法制审核，通过主动与公安、法院、检察院等多部门互动发挥合力，利用与公安的三结对机制、社区法官工作室、与检察院的城市运行综合管理对接机制，同频共振、通力协作处理了损坏承重墙案件，形成了可供推广参考的经验做法。

第一，部门联动，形成合力。新华路司法所对城管的执法程序、文书和拟处罚决定等内容予以了认同；但在与房东详细交流沟通后发现该案中的装修公司设计师、项目经理存在损坏承重墙的行为，应负相关法律责任。城管部门无法可依，无权对装修公司进行行政处罚；在咨询律师和属地派出所、长宁区法院法官后，研判该案也不符合刑事立案的条件。考虑到该案损坏承重墙行为涉嫌危害公共安全，新华路司法所与长宁区检察院第二检察部检察官开展对接，在查阅研读案卷材料、前往现场开展查看评估后，考虑到没有造成实际的危害公共安全结果，检察院对这家装修公司制发检察建议书，建议企业提高安全生产意识和管理水平，完善图纸审核和施工

管理制度,履行装饰装修企业对客户的劝阻责任。通过部门联动,激发了街道乡镇综合行政执法体制改革基层的活力,盘活了多年来形成的社区创新理念、机制和司法资源,为进一步加强基层法治建设和创新社会治理打下坚实的基础。

第二,媒体沟通,良性互动。新华路司法所主动联系上海电视台《法治特勤组》记者告知案情,记者随后对现场和当事人进行了视频采访(相关节目于2022年3月10日晚于上海电视台新闻频道播出)。不同于以往电视新闻报道城管执法多是居民联系新闻媒体进行负面曝光,新华路司法所在对街道城管行政处罚进行重大法制审核的同时主动联系电视台,借助新闻媒体的力量进行监督,督促更为强势的大企业加强内部监管、落实管理措施,对被行政处罚的房主进行适当补偿。电视台也通过司法所经手的社区法治案例进行报道,对广大上海市民进行了普法教育。

第三,组织调解,搭建平台。街道城管管辖的部分行政处罚案件被发现、立案时,对他人或者公共利益已经造成损害。在检察院制发检察建议书现场,新华路司法所告知装修公司负责人按照现有证据可以明确装修公司与房主共同实施了损坏承重墙的行为,如房主提起装修公司违约(装修合同约定乙方不得损坏承重墙)的民事诉讼,装修公司有可能会承担相应法律责任。慑于法律的威严、减少诉累,避免公司因电视新闻实名报道而名誉受损,装修公司和房东在司法所达成调解协议,对房主进行了适当经济补偿。

司法所作为最基层的司法行政组织机构,直接面对社区群众,有第一时间发现并掌握社情民意的优势,相关人员又有较强的法律专业知识。面对街道行政执法资源相对于大量、专业、复杂的案件而言毕竟有限的问题,司法所可以尝试参与协助调处重大疑难复杂纠纷。

四、余论：更好发挥行政执法体制改革应有的制度价值

《法治政府建设实施纲要（2021—2025年）》提出，要“完善权责清晰、运转顺畅、保障有力、廉洁高效的行政执法体制机制，大力提高执法执行力和公信力”。“十三五”时期，深化行政执法体制改革的建设目标已经取得了一系列重要成果，“一支队伍管执法”的综合执法格局已经形成，基本实现了从“条块分割”到“协同耦合”的跃进，行政执法领域长期存在的多头执法、重复执法、执法扰民等问题逐步得到解决，基层行政执法力量有效加强，基于执法为民的行政执法图景基本呈现。

面向“十四五”时期和2035年远景规划的宏伟蓝图，深化行政执法体制改革又迎来了新的发展机遇期，不可避免地也面临着许多新问题、新任务。深化行政执法体制改革既要巩固提升前期改革措施中已有的好经验、好做法、好制度，打破政策执行过程中可能出现的“中梗阻”现象，又要聚焦市场经济发展过程中出现的新问题、新矛盾，不断探索提升行政执法工作成效的新机制。上海市作为行政执法体制改革的“重镇”，要发挥改革开放先行者的引领作用，强化行政执法体制改革同提升执法能级之间的内在关系，充分释放改革红利，在处理好三个方面的关系上下足功夫。

一是处理好“上与下”的关系，在力量整合上下功夫。要进一步理顺市、区、街道乡镇三级执法队伍的纵向关系，在深入调研、反复论证的基础上，进一步推动执法力量和执法资源下沉一线。市、区、街道乡镇三级执法队伍在岗位专业性、业务综合性、层级阶梯性等方面都有明显的差异，配置资源的强弱也有不同。因此，编制赋权清单务求厘清监管和执法的权责边界：市级层面着眼于“大”，职责分工应以规则制定、工作指导、统筹协调和督查督办等监管职能为主，具体的行政执法职能下放到基层一线，市级执法队伍承担具有

重大影响的跨区域案件；区级、街道乡镇层面着眼于“小”，职责分工应以行使辖区内行政处罚权、行政监督检查权、行政强制权等执法职能为主。同时进一步明确“局队合一”的内涵和外延，在避免基层执法力量弱化的基础上实现行政执法体制改革效能最大化，建立健全有利于激发执法效能和活力的压力传导机制，切实化解责任漏洞和治理盲区。

二是处理好“左与右”的关系，在流程再造上聚合力。随着街道乡镇行政执法机构的属地化管理程度加深，处理好行政执法部门与街道乡镇政府的关系尤为重要。2021 年新修订的《行政处罚法》第 24 条第 1 款规定：“省、自治区、直辖市根据当地实际情况，可以决定将基层管理迫切需要的县级人民政府部门的行政处罚权交由能够有效承接的乡镇人民政府、街道办事处行使……”这为行政执法权的下放提供了明确的法律依据，但是在下放的条件、下放的程序上仍然留有较大裁量空间，如何结合地方发展实际下放行政执法权，还需要做大量的调查研究，要警惕可能出现的“一刀切”乱象。对于行政执法权下放后街道乡镇执法力量能否有效承接要做充分的评估：既要考虑到下放执法事项的必要性，又要衡量基层执法人员的专业水平和能力素养，还要处理好与街道乡镇政府部门的工作衔接和协调机制，做好人员编制、执法装备等配套工作，确保“放得下，接得住，管得好，有监督”。

三是处理好“宽与严”的关系，在落实落地上见真章。法治政府建设是“十四五”时期的主要建设目标之一，强调“坚持法治国家、法治政府、法治社会一体建设”，并把监察权、审判权、检察权作为行政执法权公正开展的监督机制。因此，要把“严”的主基调长期坚持下去，强化行政执法监督机制，形成行政执法腐败“零容忍”的高压态势，树立行政执法体制改革的廉洁导向，有力推动法治国家、法治政府、法治社会一体建设。

第七章 严格规范公正文明执法

“天下之事,不难于立法,而难于法之必行”。在全面依法治国进程中,作为治国理政的基本方式,法治不仅要有一套健全、优良的法律体系,更需要行之有效地付诸实践。坚持严格规范公正文明执法,不仅是全面推进依法治国的基本要求,也是维护社会公平正义的重大举措,是提升执法公信力的重要途径。上海坚持以习近平法治思想为指导,抓住执法的关键环节,切实推进严格规范公正文明执法,有效优化了执法环境,提高了执法水平,执法公信力得到明显提升。

一、“严格规范公正文明执法”的基本要求

党的十八大以来,中央对执法工作高度重视,提出了一系列要求和部署。党的十八大报告明确提出,要推进依法行政,切实做到严格规范公正文明执法。党的十八届四中全会通过的《中共中央关于全面推进依法治国若干重大问题的决定》中,对严格规范公正文明执法提出了具体要求,涉及加大重点领域执法力度、完善执法程序、建立健全行政裁量权基准制度、全面落实行政执

法责任制等多方面内容。在党中央、国务院印发的《法治政府建设实施纲要(2015—2020 年)》中，将党的十八届四中全会提出的“严格规范公正文明执法”的要求，进一步拓展和细化为改革行政执法体制、完善行政执法程序、创新行政执法方式、全面落实行政执法责任制、健全行政执法人员管理制度、加强行政执法保障六个方面。在《法治政府建设实施纲要(2021—2025 年)》中，从提高人民群众满意度的立场出发，除了继续上一个五年计划的工作重点之外，还需特别关注行政执法方式的创新。2020 年 11 月，习近平总书记在中央全面依法治国工作会议上强调指出：“行政执法工作面广量大，一头连着政府，一头连着群众，直接关系群众对党和政府的信任、对法治的信心。要推进严格规范公正文明执法，提高司法公信力。”[1]

“严格规范公正文明执法”的要求是一个统一的整体，必须放在系统中去理解每一部分的内涵。首先，严格是执法的基本要求，严格执法的本质就是“有法必依，执法必严，违法必究”。法律的价值在于落实，只有严格执法才能凸显法律的刚性，树立法律的权威。其次，规范是执法的行为准则，规范执法针对的主要是行政自由裁量权。行政机关在行使自由裁量权的时候，必须综合考虑违法行为的性质、情节、社会危害程度和悔过态度，处以相对固定的处罚种类和量罚幅度，同时明确从轻或从重处罚的必要条件。再次，公正是执法的价值取向，是指行政主体及其工作人员执法办事公道，不徇私情，平等对待不同身份、民族、性别和不同宗教信仰的行政相对人。公正执法包括实体公正和程序公正。最后，文明是执法的职业素养，是指在执法过程中坚持以人为本，遵循法律的规定和程序，运用法律规范办理各种案件，坚持教育与处罚相结合，促使行政相对人自觉守法。文明执法背后必然渗透着执法者的服

[1] 习近平：《坚定不移走中国特色社会主义法治道路　为全面建设社会主义现代化国家提供有力法治保障》，载《求是》2021 年第 5 期。

务意识、程序意识和形象意识。

(一)完善行政执法程序

执法程序是执法公正的前提和基础;加强行政执法程序建设、规范行政执法行为,是依法行政的基础性工作和关键性环节。

1. 严格落实行政执法"三项制度"

2014 年,党的十八届四中全会通过的《中共中央关于全面推进依法治国若干重大问题的决定》中,首次提出了行政执法公示制度、执法全过程记录制度、重大执法决定法制审核制度,统称为行政执法"三项制度"。2015 年,党中央、国务院印发《法治政府建设实施纲要(2015—2020 年)》,对"三项制度"的内涵作了进一步的阐释。2018 年,国务院办公厅正式印发了《关于全面推行行政执法公示制度执法全过程记录制度重大执法决定法制审核制度的指导意见》,"三项制度"真正落地。2021 年,党中央、国务院印发了《法治政府建设实施纲要(2021—2025 年)》,再次强调"全面严格落实行政执法公示、执法全过程记录、重大执法决定法制审核制度"。"三项制度"之所以被反复提及、严格落实,根本原因在于"三项制度"聚焦执法的关键环节,对法治政府建设具有基础性、整体性和突破性的作用。

执法公示制度聚焦行政执法的透明度,折射的是阳光政府的执法理念。该制度要求行政主体必须主动、及时地向社会公开执法信息,尤其是执法结果的信息。强化事前公开、规范事中公示、加强事后公开已经成为社会的共识。执法信息公开是行政相对人获得知情权的前提;有了知情权,对行政主体的监督才成为一种切实的可能。执法全过程记录制度聚焦行政执法的过程,是阳光政府和法治政府的必然要求。该制度重在规范执法程序,力图通过文字记录、音像记录的方式,做到执法全过程留痕和可回溯管理。重大执法决定法制审核制度聚焦执法的源头,重在保障合法执法,折射出"法无授权不可为”的执法理念的深刻影响。该制度要求每一项重大执法决定必须经过合法性审核,否则不得实施执法行为。

行政执法“三项制度”聚焦行政执法的源头、过程和结果,对促进严格规范公正文明执法,切实保障人民群众合法权益,维护政府公信力,营造更加公开透明、规范有序、公平高效的法治环境,加快社会主义法治国家建设进程具有重要意义。

2. 全面落实行政裁量权基准制度

行政裁量基准就是要将行政法规范中的裁量规则予以具体化,以判断选择的标准化为个案中的裁量决定提供更为明确具体的指引。2014 年党的十八届四中全会通过的《中共中央关于全面推进依法治国若干重大问题的决定》中明确提出:“建立健全行政裁量权基准制度,细化、量化行政裁量标准,规范裁量范围、种类、幅度。”2015 年颁布的《法治政府建设实施纲要(2015—2020 年)》再次重申:“建立健全行政裁量权基准制度,细化、量化行政裁量标准,规范裁量范围、种类、幅度。”2021 年颁布的《法治政府建设实施纲要(2021—2025 年)》提出了明确的推进要求:“全面落实行政裁量权基准制度,细化量化本地区各行政执法行为的裁量范围、种类、幅度等并对外公布。”

落实行政裁量权基准制度,一方面是为了控制行政自由裁量权的行使,遏制行政权天然具有的侵略性和恣意性,从而努力在行政权的灵活性与公正性之间达成平衡;另一方面是为了增强行政行为的可预测性,更好地保护行政相对人的合法权益。通过公布行政裁量权基准,为行政权的运行设置规则,行政相对人能够及时预见自己行为的结果,从而更可能在不平等的行政法律关系中获得公正对待。

(二)创新行政执法方式

执法方式决定执法效果。2010 年,国务院在《关于加强法治政府建设的意见》中指出，要改进和创新执法方式，坚持管理与服务并重、处置与疏导结合，实现法律效果与社会效果的统一。随着社会进入数字化时代，技术革新日新月异，不断创新行政执法方式成为行政执法发展的必然要求。

1. 执法理念的创新

一是从管理向服务转变。传统型政府行使行政权侧重对行政相对人的管理，秉持的是管理者视角；而服务型政府行使行政权则是为了提供更为优质的公共产品与公共服务，秉持的是服务者视角。从管理理念走向服务理念，是对社会发展现实需求的回应，是政府行政体制改革的必然选择。

二是从注重行政效率到向注重社会效果的转变。传统的行政执法注重行政效率，要求行政机关以尽可能少的行政成本，达到对行政违法行为处置的迅速、正确和有效。而现代行政执法，则更为注重社会效果，要求执法人员不能孤立执法，而要在行使行政权的过程中，坚持“处罚与教育相结合”的原则，促使人们在接受行政权的否定性评价中，受到警醒教育，增强法治意识。从效率向效果的转变，是系统治理观的深刻反映，是通过行政执法改革提升社会治理水平的必然要求。

三是从利益冲突到利益共存的转变。在传统行政执法中，行政主体更多秉持了“利益冲突”的执法心态，认为自己代表“公共利益”，而行政相对人的违法行为是对公共利益的侵犯，因此必须被惩处。执法主体与违法主体之间存在不可调和的矛盾，因此应该强调行政执法的刚性。而在现代行政执法中，则认为执法主体与违法主体之间在具体执法个案中可以实现“利益共存”，在行政裁量空间中进行合法博弈。这也是协商式执法得以推广的观念基础。

执法理念的转变与重塑，必然带来执法模式的创新，必然产生更好的执法效果。理念涉及的是最深层次的问题。当行政执法理念愈益体现出开放性、互动性、多元化、人性化等特征的时候，执法者和相对人之间的关系将会从紧张趋向和缓,进而有助于良性互动关系的建立。从长远来看,执法理念的转变最终将对法治政府建设、公民权利产生深远意义。

2. 柔性执法日益成为趋势

一是服务型执法被大力弘扬。将"以人民为中心"的基本立场贯穿执法过程的始终,必然会以服务为导向,以人民群众的满意度为评价标准。大力推行服务型执法,必须善于发挥行政给付、行政协议、行政奖励等授益性行政行为的作用。2020 年习近平总书记在中央全面依法治国工作会议上指出:"强调严格执法,让违法者敬法畏法,但绝不是暴力执法、过激执法,要让执法既有力度又有温度。"[1] 服务型执法,首先应该将处罚的教育目的置于优先地位,"首错免罚制度""告知承诺制"都是服务型执法的重要方法。其次,服务型执法必须将行政相对人的权利保护作为价值观贯穿行政行为的始终,在对行政相对人采取行政强制措施或者作出处罚决定时,明确告知行政相对人相关救济权利。最后,服务型执法要善用行政约谈制度。通过行政执法主体和行政相对人坐在一起沟通这种柔性执法方式,行政相对人参与行政活动,充分表达自己的意愿与诉求。服务型执法方式不仅能够提升群众满意度,更能从源头上减少行政纠纷的发生。

二是协商式执法被广泛推行。传统的单向命令式执法方式,最显著的特征是行政相对人对行政执法主体的执法行为必须服从,否则行政执法主体会强制相对人服从。行政执法方式的改进和创新,强调保障行政相对人的人格尊严和行政参与权;强调通过双向民主协商,使得行政相对人对行政执法工作能够给予理解和配合。协商式执法这种柔性执法方式的优势不言而喻,由于前期有充分畅通的沟通机制,所以执法行为的推行阻力很小,不仅能够带

---

〔1〕 习近平:《坚定不移走中国特色社会主义法治道路 为全面建设社会主义现代化国家提供有力法治保障》,载《求是》2021 年第 5 期。

来行政效率的大幅提高,而且能够增强群众的获得感,带来良好的执法体验。协商式执法之所以具备成长发育的肥沃土壤,首先与我国传统文化中的“和为贵”思想密不可分,这是协商式执法得以结出硕果的文化因素。同时,行政主体为了应对复杂多变的执法状况,诞生了大量的协商式执法的案例,这是协商式执法得以推进的实践基础。综观近几年各地的行政执法情况,协商式执法的趋势已经日益显著。例如,在行政诉讼中,长期以来我们秉持行政权是公权不得任意处分的思路,不承认行政诉讼中存在调解。而现在,《行政诉讼法》经过调整,行政纠纷协商调解的路径已经畅通。总之,协商式执法既是现代行政民主化的要求,也是以人为本的行政理念的具体体现,在未来的执法改革中前景广阔,大有可为。

(三)加大重点领域执法力度

食品药品、公共卫生、自然资源、生态环境、安全生产、劳动保障、城市管理、交通运输、金融服务、教育培训等重点领域关系群众的切身利益,加大这些重点领域的执法力度,是提升人民群众获得感、幸福感、安全感的重要途径。

1. 对群众反映强烈的突出问题开展集中专项整治

党的十八届四中全会通过的《中共中央关于全面推进依法治国若干重大问题的决定》中,明确指出要“依法惩处各类违法行为,加大关系群众切身利益的重点领域执法力度”。《法治政府建设实施纲要(2021—2025年)》将执法的重点领域予以明确,主要是指“食品药品、公共卫生、自然资源、生态环境、安全生产、劳动保障、城市管理、交通运输、金融服务、教育培训等关系群众切身利益的重点领域”,同时对不同领域实行区别化执法,对群众反映强烈的突出问题,开展集中专项整治,而对潜在风险大、可能造成严重不良后果的问题,加强日常监管和执法巡查,从源头上预防和化解违法风险。

重点执法领域必然是群众反映强烈的领域,群众反映强烈的突出问题必然是乱象丛生的领域,因此关注重点领域是执法领域的"以人民为中心",专项整治活动是执法为民执政策略的生动体现。通过专项整治活动,能够集中多部门力量,从快、从重进行行政执法,在较短时间内净化市场秩序,切实有效维护群众利益。

2. 设立惩罚性赔偿和巨额罚款制度、终身禁入机制

在《法治政府建设实施纲要(2015—2020年)》中,从执法和司法衔接、惩处行政违法行为无遗漏的角度,规定"健全行政执法和刑事司法衔接机制,完善案件移送标准和程序,建立健全行政执法机关、公安机关、检察机关、审判机关信息共享、案情通报、案件移送制度"。在《法治政府建设实施纲要(2021—2025年)》中,聚焦重点领域的执法倾向非常清晰。例如,"加大重点领域执法力度。加大食品药品、公共卫生、自然资源、生态环境、安全生产、劳动保障、城市管理、交通运输、金融服务、教育培训等关系群众切身利益的重点领域执法力度……建立完善严重违法惩罚性赔偿和巨额罚款制度、终身禁入机制,让严重违法者付出应有代价"。

例如,针对群众反映强烈的补课问题,"双减"执法切实从严。2022年2月,教育部、中央编办、司法部联合印发《关于加强教育行政执法 深入推进校外培训综合治理的意见》,提出"建立完善严重违法惩罚性赔偿和巨额罚款制度、终身禁入机制,让严重违法者付出应有代价"。这是加大重点领域执法力度的鲜活实践。

二、上海落实"严格规范公正文明执法"要求的探索和成效

近年来,上海切实落实关于"严格规范公正文明执法"的要求,注重执法

方式创新，注重提升执法实效，切实增强了人民群众的获得感、幸福感、安全感。

（一）“三项制度”推进注重实效

一是迅速制定“三项制度”配套文件，积极开展试点工作，确保中央要求在本地区域落地生根。2017 年上海已经建立重大行政执法决定法制审核制度，发布《本市建立重大行政执法决定法制审核制度的意见》，着力推动行政执法全过程记录制度的试点工作，将徐汇区、虹口区、市交通委、市质量技监局、市住房城乡建设管理委以及虹口区、徐汇区、奉贤区 3 家城管局共 8 家单位作为试点单位。2019 年 6 月，上海市进一步出台了《上海市全面推行行政执法公示制度执法全过程记录制度重大执法决定法制审核制度实施方案》。《上海市优化营商环境条例》将推行行政执法“三项制度”作为保障优化营商环境的一项重要举措。2020 年上海市法治政府建设工作领导小组办公室下发《关于 2020 年进一步推进行政执法“三项制度”实施工作的通知》，该通知以问题为导向，明确了 2020 年推进的重点工作，通过抓重点、破难点，以点带面，全面提升本市贯彻落实“三项制度”水平。

完善的制度配套让各区实践有章可循，成果丰硕。例如，普陀区为推进行政执法“三项制度”，通过搭建全区行政执法公示平台，统一归集各单位分散公示的信息、明确区政府和街道乡镇的行政执法事项、推进建立重大执法决定法制审核等制度。尤其可圈可点的是，普陀区制定重大执法决定法制审核目录清单并公示，明确审核机构和人员，规范审核程序，加强公职律师、法律顾问等参与审核重大行政执法决定的工作机制。

二是积极搭建“三项制度”推进协调机制，确保机制畅通，效果凸显。《2020 年上海市法治政府建设情况报告》指出，各区都已经构建了行政执法“三项制度”协调机制。黄浦区根据《上海市全面推行行政执法公示制度执法全过程记录制度重大执法决定法制审核制度实施方案》，建立了由司法行政、编制管理、公务员管理、政务公开、电子政务、发展改革、财政、市场监管、档案等部门参加的行政执法“三项制度”协调机制。嘉定区在推进“三项制度”过程中也非常注重协调机制的建立。2021 年 3 月，嘉定区在全市率先印发了《关于加强嘉定区行政执法协调监督工作的意见》，明确了行政执法争议协调主体、行政执法争议协调程序等内容。

三是出台目录清单，让行政执法的公平公正明晰可见。《2020 年上海市法治政府建设情况报告》指出，2020 年上海市各区出台了区政府重大行政执法决定法制审核目录清单。主要市级执法部门均制定行政执法“三项制度”实施细则，进一步细化任务措施和明确责任分工，同时制定本部门重大行政执法决定法制审核目录清单。2020 年 11 月，上海市住建委制定发布了《上海市住房和城乡建设管理委员会重大行政执法决定法制审核目录(2020 年版)》。2021 年，上海市普陀区市场监督管理局公布了《重大行政执法决定法制审核事项清单》，明确了行政许可、行政强制、行政处罚涉及的审核事项及范围。各区、各部门目录清单的大量公布，使公众知情权得以保障，使行政权行使的合法性和规范性得以进一步提升，透明政府的建设更进一步。

四是组织自查整改，“三项制度”推进扎实有效。上海各区在推进“三项制度”过程中，注重实际效果，积极自查整改，发现问题，优化流程。例如，黄浦区在推动各执法单位落实行政执法“三项制度”纵深发展中，由黄浦区法治政府建设工作领导小组办公室组成专项工作检查组，对区规划资源局、区生态环境局、区建设管理委、区文化旅游局、区卫生健康委、区应急局、区市场监管局、区城管执法局 8 家主要行政执法单位“三项制度”落实情况进行了专项检查。松江区组织开展了全面推行行政执法“三项制度”专项检查暨2021年度行政处罚案卷评查会，由人大、政法委、法院、检察院、档案局的业务骨干以及高校专家、律师代表等专业力量，对随机抽取的2019年1月1日以来松江区各行政执法单位已结案归档的54件行政处罚案卷进行了全面评查，并提出了详细的评查意见。通过专项检查、专业评查、自查整改，确保“三项制度”落到实处，不流于形式。

（二）智慧执法助力城市精细化治理

一是智能识别提高行政执法效率。借助智能监管系统，城管等执法机关无须现场巡查就能够智能识别和自动采集违法信息，并立即前往现场执法。依靠智慧系统的智能识别功能，执法部门实现了从被动处置型向主动发现型、从经验判断型向数据分析型的转变。以闵行区马桥镇为例，截至2021年11月，闵行区马桥镇在全镇16个小区的主要出入口和单元门口，安装摄像头等前端设备5000多个，实现了对平安社区的智能化管理全覆盖。其中，高空抛物的场景应用是智能化平台的重要创新。通过高空抛物摄像头，多维度数据分析，智能判断高空抛物行为，从而抓取抛物轨迹，准确定位具体的抛出位置，形成报警结果，及时推送相关部门取证和处置，取得了良好的执法成效。

二是自动采集数据固定违法事实证据，执法的规范性进一步提升。各执法部门利用卫星遥感、大数据分析、走航车监测、无人机侦测、远程视频监控、在线监测等技术手段，发现违法线索，助力违法行为调查取证，实现对违法犯罪行为的精准打击。例如，2021年年初，金山区执法大队接到区环境监测站通过移交的扬尘在线监测审核报告，显示1月18日某建设工程公司扬尘在线建设数据超标，执法人员立即赶赴现场开展调查。通过调取监控录像，了解检查超标当天的生产工况以及扬尘在线监测设施的运行情况，进一步确认了扬尘在线数据超标的事实。随后依据《上海市环境保护条例》的规定，作出了责令改正违法行为和罚款的处罚决定。

三是借助智慧系统记录执法过程，强化执法的程序合法性。执法过程全记录是“三项制度”的重要内容，意在通过夯实执法的证据链条，提升执法的透明度和合法性。借助现代技术手段，执法部门的证据搜集能力得以提升，执法过程也更为清晰可见。例如，虹口区城管执法局为各中队和勤务科配备了10台无人机，用于大型执法活动保障、屋顶违章、大面积违建、违法户外广告设施等现场的视频拍摄取证。37辆执法车辆配备了北斗定位系统，13辆执法车配备了视频监控系统，依托智慧城管平台实现了执法过程全记录，执法程序的规范性、合法性得以夯实，凸显了各级政府依法行政的决心。

四是精准聚焦，分类管控，提升执法效果。通过运用智慧监管系统，对执法对象开展分级分类执法管控，不仅提升精细化管理水平，也有利于常态化、长效化机制的形成。例如，松江城管经开区中队将工地分级监管作为2021年分级监管工作的新增项目。通过监管对象库，对所有建设工地的名称、类别、地址、建设工地状态等信息进行核实，以及对安全防护、文明施工、市容环境、车辆管理等事项进行检查，形成照片等记录并上传至监管对象App中。运用监管对象分级监管工具，对高、中、低风险工地进行分级分类管控，并针对薄弱环节加强执法检查力度和频次，确保工作有重点，执法有实效。

（三）行政处罚裁量基准持续优化

一是不断完善行政处罚裁量基准，加强对行政自由裁量权的自我约束。2019年，市卫生健康委、市农业农村委、市城管局、市烟草局等9个部门共计出台16个行政处罚裁量基准制度（含制定和修订）。2020年，上海市不断完善行政处罚裁量基准制度，13 家市级部门共制定或修订 19 个裁量基准。市级主管部门不断优化、完善行政处罚裁量基准，规范行政处罚裁量权行使。

二是重视行政处罚裁量基准的辐射作用。例如，在生态环境执法方面，上海市生态环境局牵头推动长三角三省一市生态环境领域采用统一的行政处罚裁量模式。为了贯彻落实《长江三角洲区域一体化发展规划纲要》和《长三角生态绿色一体化发展示范区总体方案》的要求，健全区域环境治理联动机制，联合发布统一的区域环境治理政策法规及标准规范，上海市生态环境局于 2020 年修订并公布《上海市生态环境行政处罚裁量基准规定》。再如，在公安机关的行政执法领域，长三角区域警务一体化不断深化，沪、苏、浙、皖四地公安机关会签《关于长三角区域公安机关网络安全管理行政处罚裁量基准一体化的意见》等文件，指导四地执法办案工作，推动最大限度实现"类案同处"。

三是主动公开行政处罚裁量基准，督促行政机关加强自律与自制。裁量基准本质上属于行政机关的内部规定，但主动公开的行为则对行政相对人的权益维护具有深远意义，更能大力推动阳光政府、责任政府的建设。例如，2021 年 12 月，上海市民政局主动公布了《上海市养老服务行政处罚裁量基准》，明确了处罚理由、处罚尺度，并列举了"免罚清单"。主动公示裁量基准，对于规范养老服务行政处罚裁量权行使，避免执法随意性，保证执法的公开与公正具有积极意义。

（四）重点领域执法突出区域特色

关注重点领域执法，一直是上海法治政府建设的重点。2019 年，上海市加大重点领域执法力度，推进食品安全信息追溯工作的智能化、信息化水平，确保追溯数据的准确性与完备性。2019 年，6 万家食品生产经营单位纳入追溯平台,累计可查询追溯数据约 12.5 亿条。2020 年,上海市执法的区域特色凸显。一是加强长江禁捕工作。2020 年,市、区两级农业综合执法机构共办理案件 967 件,罚没款共计 3,107,109.67 元。没收渔获物 3557.26 公斤,各类捕鱼工具 602 套、各类网具 604 张、各类船只 20 条。二是开展城乡中小河道综合整治。完成 2076 条河道、1222 个截污纳管点源的全覆盖检查,完成 314 条河道"三无"居家船舶的整治工作。三是加强网约车治理。丰富网约车治理手段,通过网约车监管平台开展大数据预警监管,采取"线下街面检查 + 线上数据抽查""交警线上锁定扣证""个人账号禁封"等综合措施,严格网约车治理各项要求。重点领域执法针对痛点,针对难点,凸显了行政执法的针对性,注重执法的实际效果。

三、"严格规范公正文明执法"在上海基层的生动实践

基层执法水平是衡量一个城市行政执法水平的重要标尺。2020 年以来,上海各区严格落实中央和市委、市政府关于"严格规范公正文明执法"的各项要求和部署,不断创新基层执法实践,取得了丰硕的实践成果,涌现了许多可复制、可推广的生动范例。

(一)注重程序规范,"三项制度"落地生根

行政体制改革的深入推进,让执法事项不断下沉成为必然趋势,"三项制度"的执法要求正是提升基层执法水平的对症良药。上海各区积极实践,勇于探索,在"三项制度"的推进中累积了很多的成功经验,提供了具有可推广、可复制价值的区域范本。

闵行区颛桥镇扎实落实行政执法“三项制度”

闵行区颛桥镇认真落实行政执法“三项制度”，不断完善配套制度规范，有力推进了严格规范公正文明执法，取得了明显实效。

一、强化行政执法公示。闵行区颛桥镇落实《关于加强基层行政执法规范化建设的试行意见》，实现执法事前、事中、事后全过程公开，2021年共公示423项镇执法事项，公开805件执法决定。本着“谁执法，谁公示，谁负责”的原则，行政处罚、行政许可的执法决定信息在执法决定作出之日起7个工作日内，通过区政府门户网站统一公示，并与市行政执法信息公示平台实现信息共享。实现行政执法公示与行政处罚信息公示、权责清单公示、双随机抽查事项公示等信息共享。逐步探索微信公众号等移动平台公示方式，不断提升公众知晓行政执法信息的便利化程度。

二、坚持行政执法全过程记录。积极落实《闵行区行政执法档案管理办法》，按照颛桥镇全面推行行政执法“三项制度”实施方案，通过文字、音像等记录形式，对行政处罚、行政许可、行政检查等执法现场和执法过程实现全程影音记录。建设现代化智控档案室，执法案卷均按规定保存。

三、加强重大行政执法决定法制审核。颛桥镇制定《颛桥镇重大执法决定法制审核工作规定》和重大法制审核清单，建立“五合一”重大法制审核模式。对多件重大执法决定开展法制审核，法治审核主要围绕执法主体、执法程序是否合法，执法人员是否具备执法资格，案件事实是否清楚，证据是否合法充分，适用法律法规规章是否准确，裁量基准运用是否适当等展开，建立报审、决策、法核、评议、普法“五合一”模式。司法所牵头每年开展执法案卷评查自查和交叉评查，形成报告，在全区评查中结果优异。

颛桥镇通过扎实推进“三项制度”，不断完善行政执法程序、优化执法方式、加强执法监督，有效地保障了执法的公平公正，行政执法效能和社会满意度显著提高。

闵行区华漕镇探索“五合一”法制审核新模式

对于基层而言，重大执法决定法制审核制度是一项新制度，各地、各条线情况不一、基础不同，原则性和“粗线条”的制度的细化、优化以及审核范围、审核时限和审核流程的明确等问题，都需要基层去大胆创新探索。2019 年以来，在行政执法“三项制度”的推进过程中，闵行区华漕镇在重大法制审核实施的思路、环节、方式、方法等方面做了很多探索和求证，并形成了以报审、法核、决策、评议、普法“五合一”为核心的法制审核新模式。

一、“列清单”确定重大法制审核事项范围。为了细化法制审核事项的范围，华漕镇相继多次组织法学专家、顾问律师、职能部门等召开座谈会等，经过反复多次的部门核对、任务认领、条块共商、律师审核、专家会审，结合《上海市城市管理行政执法条例实施办法》，最终确定 105 项镇政府层面的执法事项为重大执法事项。

二、“定细则”抓好重大法制审核顶层设计。为了解决“谁来审、审什么、怎么审”的问题，华漕镇率先在 2020 年制定出台了《华漕镇人民政府关于推行重大行政执法决定法制审核制度的实施细则》(以下简称《实施细则》)。根据该细则,司法所为重大执法决定法制审核机构,根据《实施细则》中明确的法制审核范围、内容和程序,对拟作出的行政执法决定,进行合法性和合理性审核。同时,成立镇重大行政执法案件审理领导小组,由镇长任组长,法制分管副镇长、执法事项分管副镇长任副组长,政府办、司法所及执法事项承办部门负责人、公职律师及政府法律顾问等任成员,对承办部门提交的经法制审核准予通过的重大行政执法案件进行集体审理和讨论,并经合议依法作出执法决定。

三、"立机制"明晰重大法制审核实施路径。华漕镇确立了以"报审、法核、决策、评议、普法"为核心的"五合一"模式,形成执法部门报审、法制机构审核、案件审理决策、专家学者评议、各部门联动普法的实施路径。

闵行区华漕镇"三项制度"推进的成功实践,为基层推行行政执法"三项制度"提供了实践样本和法治智慧。一是非常注重规则的制定,通过迅速制定配套细则让制度落地有章可循;二是重视运行机制的确立,通过全流程的机制设计,确保制度运行没有堵点,制度推进取得实效;三是注重依靠专业力量,无论是制定规则还是设计流程,他们都会多次组织学者、专家、律师等专业力量进行论证,以专业力量弥补基层执法主体的理论短板。

(二)改善执法方式,提升治理水平

为有效提高城市治理水平,尽快"走出一条符合超大城市特点和规律的社会治理新路子",上海各区在治理手段和治理模式上主动创新,不断加快建设智慧城市的步伐,通过先进的数字化手段提升执法的精准性、效率性,催开了绚丽的实践之花。

浦东新区全流程“非现场执法”实现街面秩序管控

浦东新区区域面积广阔,在城市治理中,存在市容顽疾多发反复、执法力量普遍不足、执法系统人机不匹配等实际问题。为探索城市管理执法新模式,提高城市管理执法效能,浦东新区城管以高科技为依托、以智能化为抓手,推出“非现场执法”模式,有效弥补、解决了执法矛盾,取得了显著执法效果。

一、创新执法模式。借助智能化设备对街面秩序相关问题进行实时管控,通过大数据、物联网等手段做到及时发现、及时告知、及时解决。在充分保护行政相对人合法权益的基础上,开通微信自助处理、在线申辩缴款等数字化方式,提升执法效率、便利人民群众、节约执法力量。

二、转变执法方式。从传统执法向智慧执法的转变,用探头自动化发现来代替传统固守蹲点、用全区域巡查覆盖来代替传统人工巡逻、用电子送达来代替传统送达、用网上支付代替原有的线下缴款、用网上陈述申辩替代原有的窗口办案。

三、实行全流程全闭环。相较于全国其他地区的“非现场执法”,浦东新区城管执法局的执法不是个别环节的电子取证或者电子送达,而是从涉嫌违法行为的发现、上传证据的审核、当事人与行政机关的申辩交互、法律文书的送达、处罚结果的执行方面都以新型执法模式覆盖。浦东新区城管的“非现场执法”,充分考虑到了行政相对人的合法权益。公示告知、陈述申辩、防止“一事二罚”以及信息安全保护等各个方面,城管局都做了充分考量,设立了各项规章制度,确保执法非现场,但权利保障永远在现场。

四、强化机制支撑。浦东新区城管执法局案件管理中心专门成立了“非现场执法”科，还依托疫情防控时获得的沿街商户信息建立了执法中心数据库，定时维护更新并开发了相关电脑、手机程序用于处理“非现场执法”案件，同时组织法制部门与浦东新区人大、司法局、市区三级人民法院等专业单位对作为执法依据的条例进行理论性、实操性、可行性等研讨后，制定了浦东新区城管“非现场执法”相关规程，从人员、硬件、软件、制度等方面提供了保证。

浦东新区城管执法局“非现场执法”模式作为对传统执法模式的突破创新，在针对多发常见、易于判断、法律关系简单的相关违法行为上有其高效率、低(人力)成本的优势，相较传统执法方式具有不可比拟的优势。当然，“非现场执法”需要强大的软件、硬件作为支撑，包括执法记录仪升级、执法数据库建立、执法监控设备采用等相关技术，同时架设电子送达的平台进行文书的电子送达，这些举措都是促成城管数字化转型的关键环节。

普陀区“三色管理法”，提升街面整治精细化水平

普陀区城管执法局持续深化城管执法数字化转型，健全城管执法对象综合数据库，推广采用“三色管理法”，实现对全区街面环境分级分类执法管控工作。

三色管理，即通过综合沿街商户业态、商户依法经营情况等信息，结合八类城管执法事项实际检查情况，对沿街商户设置“红、黄、绿”三色等级，以分别对应“红色至少2天一次，黄色1周一次，绿色1月一次”的执法检查频次，从而达到对高频急难的违法行为攻坚

拔点，实现对街面环境的执法管控常态长效的管理目标。

一个街道中可能有成百上千家沿街商铺，对于城管队员来说，每一家商铺的管理下还细分了垃圾分类、跨门经营、违法搭建等不同的检查项目。在全面推进城市数字化转型的进程中，为了能帮助城管队员们进一步将精细化管理落到实处，市城管执法局推出了“上海城管监管对象App系统”（以下简称监管App）并配合制定了“三色管理法”。监管App可以根据商铺以往检查中的表现自动为其亮起“红绿灯”，辅助城管队员更加科学精准地进行管理。

监管App中对每一家沿街商铺的颜色划分都是动态变化的，而执法人员在检查过程中上传的检查情况就是颜色变化的依据。连续几次检查结果都是“有问题”的话，监管App可能就会对商铺现有的等级进行调整，将其重新划分为“红色”或者“黄色”。标记为“红色”的店铺连续检查半个月一直没有问题的话，就会变成“黄色”，变成“黄色”以后，执法人员以每周一次的频率继续检查，连续一个月之内如果还是没有问题的话，接下来就会变成“绿色”。由于每次检查的情况和日后检查的频率直接相关，也能督促商家进一步做好商铺管理。截至2021年12月，普陀城管已将三色管理模式广泛应用，实现全区10个街道乡镇共5629家沿街商户100%覆盖，其中“绿色”商户已多达4098家，更有6个街道乡镇的“绿色”商户占比已近100%。透过“红、黄、绿”三色商户两减一增，街面环境分级分类执法管控实效逐渐显现，也让基层巡查的勤务压力得到了科学缓解，为城管执法更好地融入社区、服务社区释放了更多可能。

“三色管理法”即在执法中通过智慧手段实现分级分类管理，其意义有二，一是突破了执法人员之前根据个人经验对沿街商铺进行检查的模式，缓解了基层巡查的勤务压力，降低了执法成本；二是通过颜色变化,达到对街面执法分类分级的动态调整,不仅公开透明而且机制顺畅,有利于建立常态化机制,消除顽固性的违法现象。

免罚清单凸显上海的执法温度

上海市深入研究相关法律法规和执法实践,依据行政处罚法“不予处罚”规定,探索出了“制定企业轻微违法免罚清单(明确不予处罚的轻微违法行为具体情形),指引一线执法人员照单免罚”的路径,回应企业关切,惠及经济社会。

明确免罚清单,自由裁量有规有矩。对符合法定情形的违法行为不予处罚,是行政机关依法拥有的裁量权之一。这些情形主要规定在我国《行政处罚法》中,但规定较为原则、不易操作。上海市司法局联合市市场监管局、市文化旅游局、市规划资源局、市水务局等单位深入研究相关单行法,分析本市执法实践,在广泛听取意见、反复研究论证的基础上,将市场监管、文化市场、规划资源、水务等领域违法行为中“轻微”的部分切分出来;再依据《行政处罚法》“不予处罚”制度,将不予处罚的轻微违法行为具体情形予以细化、明确,列为免罚事项,形成免罚清单,供执法单位据此实施免罚。

推进清单落地,执法温度触手可及。截至 2021 年 11 月,上海市已出台 4 份企业轻微违法免罚清单,分别是《市场监管领域轻微违法违规经营行为免罚清单(二)》《水务领域轻微违法行为免罚清单》《规划资源领域轻微违法免罚清单》和《上海市文化市场轻微违法免罚清单(2021 年版)》。同时,上海市积极应用新增的免罚种类。依据新《行政处罚法》,上海市在《规划资源领域轻微违法免罚清单》《上海市文化市场轻微违法免罚清单(2021 年版)》中均增加了“首违不罚”类免罚事项,“无过不罚”也体现在了免罚清单的兜底免罚条款中。免罚清单使原则化的不予处罚制度,变为可操作的规则,架起了法定不予处罚制度和行政执法实践之间的桥梁。

执法成效清晰可见,复制推广大有可为。首先,上海免罚清单已覆盖市场监管、城管、文化市场、生态环境、规划资源、水务、消防、民防 8 个执法领域。免罚事项不断扩容。其次,上海市共作出不予处罚决定 4230 余件,众多企业受益。据不完全统计,自 2019 年 3 月 15 日上海首份免罚清单实施起,至 2021 年 11 月底,两年多时间,上海市行政执法单位已适用免罚清单不予处罚 4230 余个案件,4000 余家市场主体因此受益。最后,免罚清单获得各方认可,全国复制推广。由于在精细化执法、包容审慎监管、指导企业合法经营、助力企业发展等方面的良好效果,免罚清单获得了众多企业、行业协会、一线执法人员、人大代表等的好评。免罚清单制度作为上海市优化营商环境的典型经验,被国务院列为改革试点经验在全国范围复制推广。2021 年 1 月,新《行政处罚法》修订发布,其中吸纳了本市免罚清单中常用裁量因素以及免罚同时对当事人进行教育的要求,对不予处罚的情形作了扩充;2021 年 7 月,免罚清单制度被吸纳进国家《法治政府建设实施纲要(2021—2025 年)》,成为各地应当普遍落实的要求。

免罚清单制度在精细化执法、包容审慎监管、指导企业合法经营、助力企业发展等方面具有良好效果,未来根据国家和上海市要求,将在上海市各执法领域全面推行,以惠及更多市场主体,打造更优质的法治化营商环境。

（三）关注重点领域，回应民生关切

执法的重点领域一定是人民群众的关注点，也一定是人民群众的利益点。上海各区的重点执法领域既有传统的食药安全、安全生产等领域，也涵盖了近几年比较热点的生态环境保护领域。随着重点领域执法不断向纵深推进，人民群众的获得感、幸福感、安全感明显增强。

奉贤区坚持人民至上理念，守护食品安全底线

民以食为天，食以安为先。食品安全既是基本的民生问题，也是重大公共安全问题。为切实贯彻落实党的十九大提出的“实施食品安全战略，让人民吃得放心”要求，奉贤区市场监管局始终将食品安全的责任放在心上、扛在肩上，坚守最严谨的标准、最严格的监管、最严厉的处罚、最严肃的问责“四个最严”要求，牢牢守护着老百姓的食品安全底线。

一、完善食品监管制度机制，构建食品安全社会共治格局。为了加强食品安全机制保障，奉贤区制定了《2020年奉贤区食品安全风险监测实施方案》，有效提升了食源性疾病的预警和控制能力。同时牵头成立奉贤区食品安全事故报告和调查处置工作领导小组，进一步加强队伍应急管理。面对监管体量大、执法人员少的监管困境，奉贤区市场监管局探索建立社会共治食品安全工作机制，开展“你点我检”“你送我检”活动，畅通市民参与食品安全监管渠道。依托微信投票征集抽检品种以及“家门口”的食品安全快检室自行送检两种形式，鼓励群众参与食品抽检工作，选取群众真正关心的

食品种类加大抽检力度,将群众对食品安全的“关注力”化为“监督力”。

二、聚焦食品监管两大领域,凸显监管实效。奉贤区市场监管局在食品领域的监管主要聚焦两个方面。一是加强餐饮服务环节监管。以食品安全信息公示、快检数据实时上传、食品安全信息追溯等为抓手,促进食品经营单位管理升级和行业发展,全区中型以上饭店创建“放心餐厅”已达95%,中小学校、幼托机构学校食堂创建“放心学校食堂”已达100%。有力保障东方美谷化妆品大会等各项重大活动20余次,积极推进早餐工程与夜市经济。二是加强食品生产流通领域监管。开展流通领域内猪肉、冻品冻虾、婴幼儿配方奶粉等专项检查,组织生产流通领域内长江流域非法捕捞、固体饮料等“四个最严”综合整治行动,共计检查生产流通经营户5241次,立案查处78件。全面推进保健食品安全信息追溯、生鲜食品监测体系建设等实事项目工程,加强餐厨废弃物、保健食品等综合治理,进一步净化食品市场环境。

三、创新监管执法方式,实施包容审慎监管。探索创新了“餐饮记分管理”,有效破解了餐饮单位上岗人员穿戴不规范、主动提供一次性餐具等轻微违法违规行为“屡查屡改屡犯”的“老大难”问题。自2021年5月1日起,在全区范围内探索实施餐饮服务轻微违法违规行为记分管理措施。以量变累积突破容错阈值触发严格执法的监管模式,既给予市场主体纠错的空间,又展示执法的力度,以实现监管方法的最简化、监管效能的最优化和警示作用的最强化。截至2021年5月底,“餐饮记分管理”全面推行的首月,奉贤区市场监管局已运用“餐饮记分管理”检查各类餐饮单位440家511次,实施记分措施的有401家434次,首次检查记分率为91.14%,平均记分为2.52分/家，并对其中68家进行二次复查，复查记分率为44.11%，平均记分为2.03分/家，二次复查记分率和平均记分都有明显下降。同时，首张一次性扣满12分的记分记录单已开出。根据记分累积情况已实施当场处罚11家，已立案拟处罚35家。

以法治化手段助推长江禁捕执法监管

长江"十年禁渔"是贯彻落实习近平总书记关于"共抓大保护、不搞大开发"重要指示精神，保护长江母亲河和加强生态文明建设的重要举措。上海市农业农村委执法总队会同有关部门坚持以法治化手段，加强工作机制、工作方法创新，助推长江禁捕执法监管，为落实长江大保护提供重要支撑。

加强制度建设，完善协作机制。推动协同立法，夯实法制基础。长三角三省一市人大常委会主动开展长江禁捕跨地区协同立法、联动监督工作。自2021年2月以来，上海、江苏、浙江、安徽三省一市人大常委会先后多次审议，最终于2021年4月表决通过《关于促进和保障长江流域禁捕工作若干问题的决定》。2021年5月18日，长三角三省一市禁捕退捕工作领导小组办公室联合签署《长三角地区联合做好长江"十年禁渔"合作备忘录》，在打击非法捕捞、查处制售渔具、强化网络交易监管等多个方面强化协同联动。市农业农村委执法总队和上海市司法、公安、海事等部门签订《关于加强长江渔业资源保护多部门协作备忘录》，完善了上海市长江流域执法单位的合作机制。

运用法治思维，创新执法监管模式。一是建立工作专班，形成工作机制。按照属地管理原则，压实责任，市、相关区农业执法机构建立禁捕执法专班队伍，做到执法船艇24小时值班，查处非法捕捞行为快速响应。二是创新工作方式，健全查处机制。充分发挥“一网统管”、网格化管理的信息共享、快速反应、联勤联动优势，强化水上查、陆上堵、水陆联动等长效管理机制，建立非法捕捞等违法犯罪行为发现、响应和处置机制，按照事权职责及时严厉查处。三是聚焦关键领域，重点发力推进。市农业农村委执法总队制定2021年度禁捕执法任务清单，从层层布防的“攻坚战”转换为重点明确的“持久战”。四是创新监管手段，提升执法效能。加快推进长江禁渔智能化管控系统、执法基地（码头）、高速执法船艇等项目建设，研究运用雷达、光电、无人机等信息化技术，建设长江禁渔智能化管控系统。

开展法治宣传，营造守法氛围。一是组织送法“进村入户”。制作发布通告、海报、横幅，制作公益动漫宣传片，全面宣贯相关法律法规，覆盖到沿江沿海各行政村（社区）。二是加强和新闻媒体的沟通联系，做好重点典型案件深入宣传报道，充分运用各类媒体多种形式发布禁捕通告、公益广告，广泛宣传长江禁捕工作的重要意义及相关法律法规。三是加强对渔业村、农贸市场、农家乐等经营场所宣传发动，禁止一切为非法捕捞提供生产生活资料便利、收购销售渔获物行为。

执法成效显著，执法经验可借鉴。2021年以来，上海市长江禁捕处于高度可控状态，江海沿岸持续保持干净，3月底沿江沿岸闸口港汊已经封闭管理，渔具、网具、矮围以及“三无”船舶动态清零，营造了良好的长江禁渔“四不”（水上不捕、市场不卖、餐馆不做、群众不吃）社会氛围。上海长江禁捕形势总体平稳，“十年禁渔”实现良好开局,为长江“十年禁渔”顺利开展夯实了基础,也为兄弟省份提供了可借鉴的实践经验。

(四)推进裁量基准一体化,打造区域执法规范化

为深入贯彻习近平法治思想,贯彻落实习近平总书记关于长三角一体化发展的系列重要讲话和指示批示精神,构建公正、高效、权威的区域法治环境,上海市各委办局会同长三角区域其他省市相关委办局陆续制定发布行政执法裁量基准,推动区域执法裁量权行使规则的统一。长三角公安机关协同制定公安机关网络安全管理行政处罚裁量基准。上海市公安局会同江苏、浙江、安徽省三地公安厅,以《网络安全法》为切入点,共同研究制定了《关于长三角区域公安机关网络安全管理行政处罚裁量基准一体化的意见》(沪公通字〔2020〕180 号,以下简称《意见》)。

用一把“标尺”规范公安机关的权力运行。《意见》针对《网络安全法》规定由公安机关行政处罚的 18 类违法行为,形成了具体的裁量基准,统一了沪、苏、浙、皖四地跨区域的执法尺度,实现了长三角区域网络安全违法行为类案同处,进一步提升了公安机关执法公信力,充分发挥了法治政府对法治社会的引领作用。

用一根“准绳”设定社会公众的行为预期。《意见》细化了裁量幅度及其对应的适用情形,长三角各地公安机关依据《意见》制定的地方裁量基准向社会公开后,能使社会公众对自身行为的法律后果产生合理预期,从而为社会公众提供分级分类的行为准则,有效推动全社会形成尊法守法的良好氛围,夯实法治社会的重要基础。

用一份“蓝本”提供复制推广的先行经验。《意见》是长三角各地公安机关执法办案一体化工作在网络安全领域的先行先试,四地公安机关将围绕《意见》的贯彻执行,充分总结经验,持续推动,构建起系统完备、科学规范、运

行有效的区域裁量基准体系。同时,将经验做法拓展至公安执法各领域,并对其他地区产生辐射效应。

长三角各省市经济社会发展程度较为相近,四地在网络安全管理方面均积累了成功的经验,《意见》采取先通过联合会签达成共识,再由各地因地制宜制定地方裁量基准的工作模式,能够形成既协调统一又符合地方实际的裁量基准,相关经验做法也被公安部评为优秀执法制度并通报表扬。《意见》印发后,上海市公安局迅速落实《意见》的相关工作要求,将《意见》确定的裁量基准与市局原网络安全行政处罚裁量基准进行整合,形成了《上海市公安局关于网络安全管理行政处罚的裁量基准》(沪公行规〔2021〕1 号)并印发执行,补足市局原网络安全行政处罚裁量基准中缺失的《网络安全法》相关裁量基准,对进一步健全完善公安机关行政处罚裁量基准体系,促进社会公平正义具有重要意义。

(五)加强队伍建设,打造过硬队伍

执法队伍的能力和素质决定着执法的质量和效率,对"严格规范公正文明执法"的目标能否达成起着决定性的作用。因此,加强执法人员队伍建设,一直是法治政府建设的重点。上海各区高度重视执法队伍建设,不断创新队伍培训培养的体制机制,有效提升了执法队伍素养。

闵行区颛桥镇创新推进执法队伍建设

闵行区颛桥镇人民政府非常重视执法队伍的建设,创新推行了一系列具有区域特色的做法,对不同层次人员队伍建设的侧重点不同,分层管理,分层培训,着眼需求,顺应趋势,执法队伍的成长迅

速，有力提升了执法队伍素养。

一、严格管理执法人员队伍。闵行区颛桥镇严格落实行政执法人员资格管理制度，对执法人员队伍的管理注重严格管理，强调合法性。现有行政执法人员48名，均取得行政执法证，确保人证合一，无挪用证件现象。坚持执法人员培训常态化，2019年、2020年连续两年考核结果为优秀。

二、规范执法辅助人员管理。闵行区颛桥镇对辅助人员注重规范管理，强调正规化。镇派出所现有执法辅助人员152人，全面加强职业化、制度化、正规化建设；镇网格中心现有网格员410名，通过定期举办专题培训，切实加强辅助人员管理。

三、提升法制审核队伍专业能力。闵行区颛桥镇对法制审核队伍的管理注重能力培养，强调专业性。现有法制审核人员4名，占所有持证执法人员的8.3%，其中2名通过国家统一法律职业资格考试。司法所切实履行法制审核职能，不断完善内外审制度，强化了法制审核效果。2020年1月至2021年8月，对多件重大行政执法案件进行法制审核。

四、余论：持续提升行政执法规范化

首先，落实行政执法“三项制度”助力法治化营商环境的建设。2020年中国在世界银行《营商环境报告》中的排名为第31位，而上海在其中所占权重为55%，因此，上海的法治化营商环境的建设对中国的排名具有决定性的意义。综观世界银行公布的开办企业、办理施工许可、获得电力、产权登记、获得信贷、保护少数投资者、纳税、跨境贸易、合同执行、破产办理10个评价指标，绝大多数指标都指向了法治政府的建设，都指向了政府提供的公共产品。行政执法“三项制度”作为“严格规范公正文明执法”要求的直接的制度体现,正是为了服务政府、透明政府、法治政府建设而设立的。法治是最好的营商环境,通过“三项制度”的推行,更加公开透明、规范有序、公平高效的法治环境日益可期,营商环境的不断优化必然水到渠成。

其次,重大执法决定法制审核可更多地借助体制外的专业力量。根据《本市建立重大行政执法决定法制审核制度的意见》(以下简称《意见》),法制审核应当遵循“办、审分离”的原则,以保障法制审核的独立判断。法制审核的审核机构是行政执法单位的法制机构。从《意见》规定可以看出,法制审核人员的业务能力是法制审核质量的保障,必要时也可以邀请政府法律顾问共同参与,请他们提供专业的审核意见。

最后,行政执法队伍的管理和建设需要进一步理顺。目前城管队伍的日常管理,实行“街道乡镇属、街道乡镇管、街道乡镇用”体制,基层中队人、财、物管理和具体行政事务办理事项由街道乡镇负责;在干部管理方面,由区城市管理行政执法局统一统筹人员职级晋升、轮岗交流、后备干部培养选拔等管理。这样的管理模式必然带来使用人员的主体对提拔说了不算,负责选拔人才的主体又不了解干部的具体情况等问题。长此以往,一方面不利于队伍建设,无法确保“能者上,优者奖”,增强队伍的战斗力。另一方面也容易挫伤城管队员的积极性,不利于个体的成长发展。可以探索设计全面的评价指标,确保能够全方位反映执法人员能力,探索评价主体多元化,加大用人单位、服务区域居民等主体的评价权重,让最了解的人最有发言权,确保评价的独立性和公允性。

第八章

优化法治化营商环境

优化法治化营商环境，既是全面依法治国和推动高水平开放、实现高质量发展的必然要求，也是法治中国建设的重要内容，更是国家治理体系和治理能力现代化的实现路径。上海市以习近平新时代中国特色社会主义思想为指导，以推动高质量发展为主题，以制度创新为核心，进一步转变政府职能，一体推进简政放权、放管结合、优化服务改革，大力推动上海市营商环境整体优化，营商环境迈上了更高水平，进一步提升和巩固了城市软实力和核心竞争力。

一、中央优化法治化营商环境的重要部署

党中央、国务院高度重视优化法治化营商环境，习近平总书记在多个重要场合反复申明优化法治化营商环境的重要性。2019 年 2 月，习近平总书记在中央全面依法治国委员会第二次会议上指出“法治是最好的营商环境”。2020 年 7 月，习近平总书记在企业家座谈会上强调，要“打造市场化、法治化、国际化营商环境，实施好民法典和相关法律法规，依法平等保护国有、民

营、外资等各种所有制企业产权和自主经营权,完善各类市场主体公平竞争的法治环境”。[1] 中央对优化法治营商环境的一系列部署,为新时代优化法治化营商环境提供了根本遵循。

(一)优化法治化营商环境的必要性

优化法治化营商环境与社会主义市场经济的高质量发展紧密相关,是公平竞争市场秩序形成的重要基石,是市场经济良性运行的“土壤”。

1. 优化法治化营商环境是推动高水平开放的必由之路。随着我国社会主义现代化建设进入新时期,我国经济社会发展迎来了前所未有的机遇,面对产业结构不协调、市场竞争力不充分、关键技术“卡脖子”等问题,法治在经济社会发展中“固根本、稳预期、利长远”的支撑作用更加明显。党中央、国务院从顶层设计的角度反复强调优化法治化营商环境,就是要营造一个有利于市场主体公平竞争、安心发展的市场环境,从而推动更高水平的改革开放。

2. 优化法治化营商环境是实现高质量发展的必然选择。目前,我国经济社会发展正处于高速发展期,面对以国内大循环为主体、国内国际双循环相互促进的新发展格局,制度供给在市场竞争中的支撑作用愈加凸显。“法治”能够从根本上厘清政府和市场边界,为保护市场主体合法权益提供最有力的法治保障,是稳定市场预期的“强心剂”,关乎市场秩序的稳定、发展优势的集聚、创新能力的突破,是实现高质量发展的重要保障。因此,党中央审时度势,强力推动法治化营商环境建设,通过政府职能转变、强化公平竞争、做强国内市场、畅通国际市场一体推进,着力激发发展活力、放大内生动力、挖潜国际市场,为实现更高质量、更有效率、更加公平、更可持续、更为安全的发展

---

[1] 习近平主持召开企业家座谈会并发表重要讲话,载中国政府网 http://www.gov.cn/xinwen/2020-07/21/content_5528789.htm,2020 年 7 月 21 日。

提供法治保障。

3. 优化法治化营商环境是法治中国建设的内在要求。习近平总书记强调,坚持在法治轨道上推进治理体系和治理能力现代化。这是推进法治中国建设的重要环节,也是"十四五"开好局、起好步的必经之路。作为法治中国建设的重要标志和内在要求,公开透明、公平公正的法治化营商环境直接关系到治理能力现代化战略目标的实现,必须更好地发挥政府"有形之手"的作用,加快形成法治政府的集成优势。

(二)优化法治化营商环境的总体要求

正如习近平总书记强调的那样,一个好的营商环境一定是依法平等保护国有、民营、外资等各种所有制企业产权和自主经营权,完善各类市场主体公平竞争的法治环境;一定是依法保护企业家合法权益,加强产权和知识产权保护,形成长期稳定发展预期,鼓励创新、宽容失败,营造激励企业家干事创业的环境;一定是推进简政放权,全面实施市场准入负面清单制度,支持企业更好地参与市场合作和竞争的环境。不难发现,法治化营商环境直接关系着高质量发展的成效。因此,优化法治化营商环境,必须坚持以推动高质量发展为主题,以制度创新为核心,聚焦市场主体关切,进一步转变政府职能,持续开展营商环境攻坚突破,一体推进简政放权、放管结合、优化服务改革,推进全链条优化审批、全过程公正监管、全周期提升服务,统筹深化"一网通办""一网统管"建设,高标准深化"放管服"改革,推动有效市场和有为政府更好地结合,加快构建简约高效、公正透明、宽进严管的准入准营规则,促进营商环境迈向更高水平,更大激发市场活动和社会创造力,打造市场化、法治化、国际化的一流营商环境。

(三)"十四五"时期优化法治化营商环境的主要任务

2020 年 1 月开始施行的《优化营商环境条例》聚焦营商环境的突出短板

和市场主体反映强烈的痛点、难点、堵点等问题，从法治化营商环境的角度作出回应，优化法治化营商环境走向正轨。2021 年 11 月《国务院关于开展营商环境创新试点工作的意见》正式发布，从 10 个方面明确了优化法治化营商环境的重点任务，即进一步破除区域分割和地方保护等不合理限制，健全更加开放透明、规范高效的市场主体准入和退出机制，持续提升投资和建设便利度，更好地支持市场主体创新发展，持续提升跨境贸易便利化水平，优化外商投资和国际人才服务管理，维护公平竞争秩序，进一步加强和创新监管，依法保护各类市场主体产权和合法权益，优化经常性涉企服务。对标营商环境创新试点工作的具体要求，优化法治化营商环境的法治保障作用更加凸显，主要任务可以归纳为三个层次：

一是强化规则统一的制度环境。科学立法是优化法治化营商环境的重要保障，要建立健全营商环境法规体系，助力推进营商环境相关的地方性法规、政府规章、规范性文件的“立改废释”工作，以良法促进高质量发展。既要聚焦新技术、新应用、新领域、新业态、新模式等前沿领域，填补法律空白，又要围绕科技创新、深化改革、产权保护等重要领域突出重点，依法保护各类市场主体的合法权益。

二是营造便捷高效的政务环境。精简优化审批服务。推进“一业一证”改革，探索市场准营即入承诺制，持续扩大“高效办成一件事”覆盖面，推进减环节、减材料、减费用、减时限、减跑动，更好地实现政府服务“少花钱、多办事”，甚至“不花钱、办成事”。提升在线服务能级，聚焦“一网通办”用户使用感受，着力优化提升系统使用体验，推动政务服务整体数字化转型，提高企业和群众满意度。

三是促进公平公正的执法环境。市场经济是法治经济，严格规范公正文明执法是重要内容。探索开展综合监管改革，坚持放管结合、并重，进一步加强和规范事中事后监管，落实监管责任，健全监管规则，创新监管方式。以“高效管好一件事”为目标,依托政务服务“一网通办”“一网统管”,开展好综合监管“一件事”改革试点,最大限度减少对市场主体正常生产经营活动的干扰。建立包容审慎的监管方式,探索柔性监管模式,以公平监管促进公平竞争,以包容审慎监管激发创新创业活力,推动市场轻微违法违规免罚清单优化升级,研究建立不予实施行政强制措施清单。提高监管精准性和有效性,健全监管规则,创新监管方式,完善事中事后监管,深入推进“双随机、一公开”监管、“互联网+监管”和信用风险分类监管。探索建立适合监管需要的、通用型和专业型相结合的企业信用风险分类指标体系,提高监管精准性,同时加强重点领域信用监管,推行内部举报奖励制度。

二、上海市优化法治化营商环境的具体成效

作为营商环境创新试点工作的首批试点城市,上海市精准对标中央关于优化法治化营商环境的工作目标,持续发力,先行先试,在优化、培育和激发市场主体活力营造良好法治营商环境方面,取得了明显成效。

(一)高站位谋划营商环境配套制度规范

优化法治化营商环境的着力点在于充分有效、科学有据的制度体系,上海市从经济高质量发展、高水平开放的现实需要出发,持续完善法治化营商环境配套制度规范。

1. 坚持依法治市统领全局。市委全面依法治市委充分发挥牵头抓总作用,深入推进依法治市,一体推进法治上海、法治政府、法治社会,靶定优化法治化营商环境的问题短板和制度“瓶颈”,统筹规划优化法治化营商环境工作。上海市出台了《法治上海建设规划(2021—2025)》《上海法治政府建设

规划(2021—2025 年)》《上海法治社会建设规划(2021—2025 年)》《上海市营商环境创新试点实施方案》《中共上海市委全面依法治市委员会关于加强新冠肺炎疫情防控工作法治保障的实施意见》《上海市全面推行证明事项告知承诺制实施方案》《关于加强浦东新区高水平改革开放法治保障的决定》《关于协同加强“办理破产”工作 优化营商环境的若干意见》《关于深入学习宣传贯彻实施〈中华人民共和国民法典〉的实施方案》《关于全面加强和改进基层法治建设的意见》《关于全面加强新时代司法所建设 切实提升基层法治水平的意见》,完成编制《关于在我市开展法治宣传教育的第八个五年规划(2021—2025 年)》,研究起草《进一步加强本市社会主义法治文化建设打造上海法治文化品牌的实施意见》等,为优化法治化营商环境提供了强有力的制度保障。

2. 坚持立法先行强化供给。坚持以良法促善治,持续打造营商环境“制度高地”。先后出台了《上海市数据条例》《上海市优化营商环境条例》《上海市反不正当竞争条例》《上海市外商投资条例》《上海市促进多元化解矛盾纠纷条例》等地方性法规,以及《关于全面深化开办企业便利化改革的意见》《中国(上海)自由贸易试验区临港新片区企业投资项目承诺制改革试点实施方案》《规划资源领域轻微违法行为免罚清单》《轻微违法行为免罚清单》等文件,现行的营商环境建设法规数量达到 62 部,是优化法治化营商环境的法治根基。

(二)高标准落实市场准入负面清单制度

上海市在持续深化“放管服”改革的基础上,全面推动全国统一的市场准入负面清单制度落地落实,“非禁即入”成为现实。

按照《上海市开展“证照分离”改革全覆盖工作的实施方案》的工作要求,上海全面推行“一业一证”改革,对所有涉企经营许可事项实施“证照分离”改革：一是直接取消审批，在全市范围内，取消67项涉企经营许可事项，在自由贸易试验区，进一步试点取消14项事项。二是将审批改为备案制，在全市范围内，将15项涉企经营许可事项改为备案管理，在自由贸易试验区，进一步试点将15项事项改为备案管理。三是实行告知承诺制。在全市范围内，对79项涉企经营许可事项实行告知承诺。在自由贸易试验区，进一步试点对21项事项实行告知承诺，以信用报告替代合规证明，用政府部门多“做事”换取群众、企业少“跑腿”。四是优化审批服务，在全市范围内，对362项涉企经营许可事项优化审批服务，有力减轻了企业负担。五是探索市场准营承诺即入制，进一步降低准入准营门槛、畅通准入准营通道，推动更多行业“一证准营”，落实跨地互认通用要求。

按照《2022年上海市深化“放管服”改革工作要点》的通知，上海着力畅通市场主体准入、准营和退出机制。推进商事制度改革，提升市场主体登记便利化程度，优化名称自主申报服务，创新企业住所登记模式，全面推行经营范围规范化登记。分类开展市场主体变更登记改革，加快对具备条件的变更登记事项实现全程网办，拓展高频证照变更联办“一件事”覆盖面。完善市场主体退出机制，拓展简易注销登记适用范围，对符合条件的企业实现注销登记全程网办。完善涉企经营许可“双告知”工作制度及目录，健全行业综合许可全流程管理制度，逐步扩大“一业一证”改革行业范围，进一步推进照后减证并证，降低市场准营门槛。

（三）高效能推进公平竞争审查制度

公平竞争审查制度是党中央、国务院激发市场主体活力的重要部署。上海作为全国率先开展公平竞争审查的样本城市，坚持把公平竞争审查制度全面融入优化法治化营商环境工作中，着力革除阻碍市场公平竞争的“玻璃门”

"弹簧门""旋转门",以强有力的工作机制发挥公平竞争审查制度对优化法治化营商环境的标杆作用。

1. 实行公平竞争审查的三级把关制度。按照"谁制定谁负责、谁牵头谁审查、法制审核把关"原则,建立政策制定机关自我审查、审核单位书面审查、公平竞争审查联席会议重点核查三级把关机制,不定期开展公平竞争审查专项检查,避免了危害市场公平竞争的"越位""跑偏"的问题的发生,起到了"筛查、预警、刹车、纠偏"的作用。

2. 第三方评估与法制审核同向发力。扎紧扎牢公平竞争审查的"笼子"。一方面,建立专家咨询决策机制,联合社会智库建立公平竞争审查专家论证制度,有关部门会签了《第三方机制管委会工作规则(试行)》《专业人员名录库管理办法(试行)》《第三方监督评估组织运行规则(试行)》等制度文件,在规范第三方评估机构的基础上,充分发挥第三方评估机构的"外脑""聚光灯""放大镜"作用,倒逼公平竞争审查工作提质优化,推动公平竞争审查更加公平公正。另一方面,推行法制审核制度,引导政策制定部门承担好自我审查职责,持续强化政策制定部门的公平竞争审查意识,为政策制定部门戴上公平竞争审查"紧箍咒",把公平竞争审查机制纳入多个市级重要文件,压紧、压实公平竞争审查的责任。比如《2022 年上海市深化"放管服"改革工作要点》《上海市营商环境创新试点实施方案》《上海市知识产权保护和运用"十四五"规划》《上海市市场监管现代化"十四五"规划》等,要求"严格落实公平竞争审查制度,及时清理废除妨碍统一市场和公平竞争的各种规定和做法,推动形成统一开放、竞争有序、制度完备、治理完善的高标准市场体系"。把公平竞争审查纳入依法行政考核的"硬指标",推动政策制定部门主动当好公平竞争审查的"守门员""调度员",更好发挥公平竞争审查机制在优化法治化营商环境中的支撑保障作用。

3. 严把增量政策“出口”。聚焦规范性文件上位法依据不足、与对外开放政策不符、妨碍统一市场和公平竞争，以及与“放管服”和机构改革等要求不适应、不符合的问题，全面落实公平竞争审查制度，在及时纠偏的基础上，控制好政策增量。2021 年，通过起底式排查、拉网式清理，全市各区各相关部门自查自 2019 年以来出台的规范性文件 802 件，市、区两级公平竞争审查联席会议重点核查文件 114 件，对不合理、有争议的政策文件统一要求“回炉再造”，共计 8 份文件被提出整改要求，均已停止执行，有效避免了“问题文件”的产生。

（四）高水平探索包容审慎监管模式

推行包容审慎监管，是党中央、国务院基于新发展阶段、新发展理念、新发展格局作出的一项重要部署，也是法治化营商环境的一个重要抓手。上海市坚持以习近平法治思想为指导，聚焦新产业、新业态、新模式、新技术“四新”经济，践行包容审慎监管机制，充分释放市场活力，倡导更有温度的执法，为市场主体营造更加包容、更具活力、更有温度的法治化营商环境、发展环境。

1. 全面推行轻微违法行为依法免予行政处罚。从制度性层面，制定出台《关于全面推行轻微违法行为依法不予行政处罚的指导意见》，奠定了包容审慎监管的法律地位，同时纳入《上海市优化营商环境条例》，在全国范围内率先推出首份省级轻微违法免罚清单《市场轻微违法违规经营行为免罚清单》，并大力推动轻微违法行为免罚清单全面铺开，文化市场、城管、生态环境、消防、民防、规划资源、水务、气象等 10 个执法领域先后出台 14 份免罚清单，明确了危险性不大、整改及时、社会危害性小的轻微违法行为不予行政处罚的执法口径和裁量基准，轻微违法行为免罚普遍落地。截至 2021 年年底，全市超过 4380 家企业因免罚清单受益，免罚金额超过 5.38 亿元（以单行法最低罚款金额计算)。

2. 探索出台免予实施行政强制措施清单。行政强制措施作为一种执法方式,具有较大的社会影响,《上海市优化营商环境条例》明确规定,“行政执法部门实施行政强制,应当遵循合法、适当、教育与强制相结合的原则”,上海市通过探索出台免予实施行政强制措施清单,在慎用、少用行政强制措施上走出了坚实步伐,有力消解了“一关了之、以罚代管”等执法乱象的发生,极大地减少了行政执法活动对市场主体正常生产经营活动的影响。

3. 严格规范行政执法自由裁量权。在防止违法执法、越权执法、简单粗暴、畸轻畸重等方面出实招,持续完善行政处罚裁量基准,按照新《行政处罚法》的规定和上海市《关于建立行政处罚裁量基准制度的指导意见》要求,组织开展行政处罚裁量基准全面修订工作。2021 年全年制定或修订裁量基准文件共 27 个,全领域行政处罚裁量基准文件已纳入“上海城市法规全书”系统。教育、社会保障、医疗与卫生健康、养老、殡葬、交通出行、消费者权益保护等领域行政处罚裁量基准文件数量累计达到 119 个,为提升执法温度提供了有理可据的操作指南,实现了监管效能最大化、监管成本最优化、对市场主体干扰最小化。

(五)高质量做优“一网通办”,降低企业运营成本

上海全面深化“两张网”建设,把“一网通办”作为优化法治化营商环境的重要载体,拓展服务范围,强化服务能力,优化服务体验。

1. 抓好业务流程再造,努力提升服务能级。2021 年重点推进全领域 12 个“高效办成一件事”,逐步拓展高频事项联办“一件事”覆盖事项范围和联办项目。随着“一网通办”持续升级改版,服务覆盖范围持续拓展,“沪惠保”“上海花博会”“红途”、核酸检测、早餐地图、长三角“一网通办”政务

服务地图等热门高频服务均已上线，目前，“一网统管”市级平台累计接入67个部门的198个系统、1050个应用，“一网通办”接入事项达3458项（包含3.57万个业务办理项），2021年新增接入387个事项（包含0.3万个业务办理项），涵盖超3.5万项业务办理项，基本实现与企业和群众生产生活密切相关的服务全覆盖，共涉及18大领域，其中市级“好办”事项121个、“快办”事项124个，“帮办”高频事项35项，总服务人次累计突破136.68亿次，“一件事”累计办件量超过265.11万件，企业、群众办事体验明显提升。

2.线上线下并进，提升服务体验。根据《2022年上海市全面深化“一网通办”改革工作要点》，上海通过深入推进“两个集中”，按照“能网办、尽量网办”“能下沉、尽量下沉”的原则，大力推行全程网办和下沉基层办理，同时线上线下全面实施帮办制度，推动政务服务中心标准化、规范化建设，打造“15分钟政务服务圈”，并在“一网通办”平台建设“助企纾困服务专区”“涉外服务专窗”，推出100项高频事项线上专业帮办服务，1000个事项入驻自助终端，强化惠企利企政策的汇集推广，更好地为企业提供精准服务。

（六）高起点发挥优化营商环境法治保障共同体作用

《上海市优化营商环境条例》从地方立法的角度，着重突出了优化营商环境法治保障共同体的智力支持作用。基于此，上海把畅通政策制定、制度设计、政策实施等作为优化法治化营商环境的重要支点，着力打造多元力量共同参与的优化营商环境法治保障共同体，充分发挥包括政府机关、高等院校、第三方机构等智库的参谋助手作用，携手化解优化法治化营商环境面临的制度性“瓶颈”和机制性障碍，为优化法治化营商环境提供决策参考。一是建立优化营商环境法治保障共同体联席会议机制，打造政企沟通的长期对话机制，及时就优化法治化营商环境开展磋商，更好地听取市场主体意见建议，及时捕捉市场主体关心关注的重点、热点、难点，着力营造更加稳定、公平、透明、可预期的营商环境；二是建立优化营商环境法治保障共同体联系点。2022 年 2 月，首批 19 家联系点正式授牌，为收集、研判、分析处理营商环境法治问题提供了有效途径，有利于以营商环境和法治环境的确定性，更好地对冲市场环境、外部环境的不确定性，让企业更有信心、市场更有活力。

三、上海市优化法治化营商环境的生动实践

优化法治化营商环境既要有制度化的顶层设计，更要有抓铁有痕的基层实践。上海各基层政府严格落实党中央、国务院和上海市委、市政府关于优化法治化营商环境的决策部署，积极开展基层生动实践，将一项项制度转化为一个个惠企惠民的切实行动。

（一）以精细化的制度规范统筹优化营商环境

优化法治化营商环境走向制度化和法治化是法治中国建设的内在要求，以法治思维推动高质量发展则是优化法治化营商环境的应有之义。上海市作为高水平对外开放的前沿和窗口，一直以来都是法治化营商环境建设的标杆城市，对标世界银行最新评价标准，上海市大力推动优化法治化营商环境的制度重构，以高标准的制度规范赋予市场主体更加稳定的预期，以法治化的制度机制构建更加公平的市场竞争机制，在推动经济发展质量变革、效率变革、动力变革上作出了许多卓有成效的地方性实践。

金山区“湾区十条”撑起一流营商环境，助力企业安居乐业

金山区地处上海西南门户，位于杭州湾北岸，自然风光旖旎、人文景致隽永，拥有23.3公里长的滨海岸线，尤其是7.2公里长的生活岸线，是上海最稀缺的城市海岸线。近年来，金山区充分立足自身在地理位置、空间资源、产业基础、成本红利方面的比较优势，在全力推动转型升级中打响“上海湾区”城市品牌。为此，金山区积极采取举措，持续优化营商环境，不断制定出台优化营商环境政策文件，于2021年2月围绕生命健康、人工智能等战略性新兴产业制定了上海湾区科创中心新政策，简称“湾区十条”。

第一，引进高端人才。人才是科技发展的第一资源。为此，“湾区十条”明确：对上海湾区科创中心引进的杰出人才团队项目、领军型创新创业团队项目以及创业领军人才项目等分别提供最高1亿元、1000万元、300万元不等的资金扶助；并给予不同额度的购房资助，除此以外还提供上海湾区科创中心配套人才公寓租赁。对符合条件的科创人才，还有诸如人才落户、子女就学、医疗保健等一系列服务。

第二，助推企业发展。为打造一个现代化的产城融合滨海新区，助推企业集聚发展，力争成为上海建设具有全球影响力的科技创新中心的重要承载地，成为世界版图中经济和文化高度融合、具有一流综合竞争力的科创中心。“湾区十条”明确：一是鼓励总部经

济发展。对于落地的跨国公司地区总部或外资研发中心提供最高200万元的资金支持;对民营企业总部或总部型机构提供最高50万元的资金支持。二是支持企业改制上市,对落户后在境内外上市的企业和已经上市迁入的企业提供最高100万元的资金奖励。三是鼓励科研平台建设。对国家级和市级的科技研发中心、实验室分别给予不等的资金扶持。四是支持优质项目落户。对优质项目落户分别给予场地资助和开办资助。

第三,引领标准制定。一流企业定标准。在企业中,标准为管理提供目标和依据,从而提高企业核心竞争力。“湾区十条”明确支持引领标准的制定,对制定国际标准、国家标准、行业标准提供最高20万元的奖励资金。此外,“湾区十条”还对项目贷款融资、发挥基金引导作用均给予了政策和资金扶持。

开园1年来,上海湾区通过打造一流的营商环境,依托上海在长三角和杭州湾的地理、经济、人才等优势,聚焦数字经济、5G技术、区块链、生命健康等产业,先后引进了如清华创+上海湾区学生创新创业基地、浙江清华长三角研究院湾区科创产业园、湾区智慧产业园、湾区公卫医学科创平台、湾区文创汇平台等,并吸引600多家企业落户,实现税收超过1.55亿元,上海湾区正在悄然崛起。

(二)以便捷开放型政务服务机制降低企业制度成本

力除烦苛之弊,大兴便民之举。上海市坚持以市场主体需求为导向,聚焦市场主体反应强烈的关键性问题,持续优化工作流程,创新政务服务方式,依托“一网通办”打造便企、利企、惠企的新型政务服务模式,通过“一件事”“优办好办帮办”“一次办”“网上办”“异地办”等方式,极大地降低了企业办事的制度性成本,为市场主体提供了全流程、全链条、全方位、全天候的高效便捷的政务服务体验。

黄浦区强化行政审批事前服务,
降低企业隐性筹建成本

随着“先照后证”等商事制度改革深入推进,黄浦区营商环境不断优化,企业开办环节稳步提速增效,但在行政许可办理流程上,仍有企业反映存在“办证烦、办证难”的困扰。黄浦区市场监管局积极以餐饮企业办理许可证为突破点,强化行政审批事前的指导帮办服务,通过许可证办理的个性化定制服务,有效提升企业的感受度。

第一,开发综合业务智能化知识库,个性化筹建大礼包“一键可得”。黄浦区市场监管局经多次需求调研,秉持“许可延续监管”工作理念,站在企业办事角度,在“随申办—黄浦区旗舰店”推出了注册登记材料“定制包”功能:针对企业注册登记不同申请类别,对现有的企业登记材料清单解构、分类、重组,通过人机对话、设定关键问答项等方式,精准掌握企业开办、注销、变更不同需求,系统自动推送申请表单、文书范本、填报示例、申报流程等内容至企业邮箱。根据企业定制需求,选取市场监管领域 30 个登记许可备案事项中的“高频”业务,设计开发了办事指南综合导览功能:针对食品、医药等不同行业,汇总证照办理各类材料清单,通过同类材料去重化、专业术语通俗化,形成跨业务类别的“综合菜单”,方便企业根据自身经营项目,一次查询,全面了解,为企业筹建准备工作打好

基础。

第二，在线帮办有求必应，打造“全流程”行政指导服务。为餐饮企业提供“项目选址自测”“装修图纸指导”“现场指导预约”“远程应答”等功能，按需推送定制化服务，构筑全流程餐饮许可线上前导服务流程，大幅减少企业线下往返次数，为“一网通办”向“一网好办”升级贡献了“黄浦方案”。新冠疫情期间通过线上获取咨询服务的餐饮企业共1610户，共开展咨询答复等各类线上服务4000余次。通过这种方式，不但有效降低了新冠疫情传播的风险，还大幅减少了企业办事的跑动次数，降低了企业办事成本。

第三，试点“项目可行性提前指导”，避免企业因不符合法定要求导致开业后无法经营。结合“高效办成一件事”工作推进，深入梳理企业反映较为集中的许可难点。如“放管服”改革深化中，有的行政审批事项取消后企业已无须办理，亦不在“双告知”范围内，但在企业日常经营中，如有违反仍将受到处罚，甚至停业整顿。针对此类问题，将关口前移，在餐饮企业办理食品经营许可前期咨询时，主动为其推送“项目可行性自测”服务，提前告知企业了解市场监管、环保、消防等各部门对餐饮行业的选址规定和法律法规，避免企业在投入成本后，却因不知晓相关要求而无法正常经营。

黄浦区市场监管局瞄准企业前期申请手续“准备难、准备烦”这一“切肤之痛”，强化行政审批事前服务，在企业开办筹备环节及时介入，回应企业需求，为企业提供准入、准营条件在线服务指导，不但可以有效缩短企业办事周期，提高一次办理成功率，还切实降低了企业的隐性筹建成本，为企业创业圆梦插上“翅膀”。

宝山区“服务直通站”服务企业全生命周期发展

“服务直通站”是在全区重大转型板块、重要经济园区、重点商务载体推出的品牌服务平台。2022年，围绕市委赋予宝山区打造科创中心主阵地的战略任务，深入挖掘整合资源，进一步延伸市场监管服务触角，推出“服务直通站”升级版，发挥质量、标准化、知识产权“三驾马车”引领作用，为企业提供全项目、全生命周期的精准服务，激发企业创新创造活力，提升企业核心竞争力。

第一，推进职能整合，服务由“散装”到“组团”。聚焦宝山区产业布局，设立北上海生物医药产业园、上海超能新材料科创园、上海机器人产业园、吴淞创新城、南大智慧城、上海宝山大学科技园6个重点“服务直通站”。梳理形成《市场监管服务清单》，涵盖知识产权保护及利用、质量提升、标准化建设、产品质量认证四大方面，企业根据需求自由选择，享受“点餐”式服务。

第二，完善工作机制，服务由“等上门”到“送上门”。建立双站长、双例会、对口联系、驻点工作、党建共建等机制，安排属地市场所和相关业务科室负责人共同担任站长，挑选优秀的年轻干部担任服务专员驻点服务，着力打造成为企业创新发展的加油站，年轻干部培养的历炼场和党建工作的主阵地。同时，联动相关部门、街道乡镇园区和上海大学协同发力，着力构建以企业为主体，政府、高校和专业机构共同参与的服务培育机制。

第三，实施一企一策，服务由“普惠型”到“定制式”。各个直通站针对初创型、成长型、成熟型企业，分级分类建立重点企业“成长档案”，详细记录企业基本情况、企业需求、服务内容及成效，实现动态管理，为企业提供更加精准的个性化、组团式服务。

宝山区市场监管局坚持问题导向，不断调整优化直通站的服务方式和内容，实实在在提高企业的获得感和满意度，在全面提升城市软实力及宝山区转型中彰显市场监管人的担当和作为。

（三）以更大力度“放管服”改革提升服务效能

优化法治化营商环境的核心要义在于充分激发市场主体活力、释放经济发展潜力、凝聚强大发展合力。上海市坚持以更加有力、更加有为、更加深入的“放管服”改革为发力点，严格规范公正文明执法，深入实施轻微违法行为免罚清单制度，着力拓宽企业准入准营门槛，发展壮大市场主体，大力减轻企业负担，持续提升政务服务效能，坚持发挥企业自主性、能动性和创造性，有力保障了市场主体的合法权益。

普陀区税务局全面推行非强制性执法，让行政执法既有力度又有温度

税收执法工作面广、量大，一头连着政府，一头连着社会大众，直接关系人民群众对党和政府的信任、对法治政府的认同。为更加积极主动服务市场主体，更高质量支持长三角区域一体化发展，普陀区税务局深入推进精确执法、精细服务、精准监管、精诚共治，坚持合法合理、以人为本、公平公开原则，推行非强制性执法方式，大幅提高税法遵从度和社会满意度，明显降低征纳成本，充分发挥税

收在国家治理中的基础性、支柱性、保障性作用，有力支撑和推动经济高质量发展。

第一，纳税服务融入执法过程。积极开展纳税辅导，对纳税人进行正面引导、侧面提醒和反面警示。在全区推广“普税汇”纳税服务平台，平台上线以来已吸引约3万户企业加入，发布各类涉税公告、优惠政策、操作指南等20余篇，发起直播4次，上传点播视频14个，累计阅读量达36,405人次，实现24小时为企业提供掌上“税小二”贴心服务。分类分级为纳税人、缴费人解难题、办实事，逐步形成“掌上服务+自助服务、专家坐诊+上门出诊，线上线下交互”的服务矩阵。

第二，积极推行说理式执法。改变以往重处罚、轻教育的执法方式，在税收执法中引入更多的教育理念和做法，使执法活动成为一种“疏导”而不是“对立”。在税务行政处罚和纳税评估等工作中推行说理式执法文书，即在原有执法文书规定格式的基础上增加说理和引用证据内容，结合“三项制度”中全过程记录的运用，事实描述详尽，证据分析严谨，并说明行政裁量权行使理由，认真听取被查企业的意见，力求体现法、理、情相协调，摆事实、讲道理，增加税收执法的公信力。说理式执法将自治、法治、德治有机结合，通过规范、专业、人性化的服务，在良性互动中让企业直观地认知税法，加深对税务管理的认同感。在少罚、慎罚的同时，有效提高企业依法纳税、依法办税意识，引导纳税人加强税收风险管理，避免再次出现违法行为。自说理式执法推行以来，重复违法次数减少50%以上，成功化解复议争议12件、诉讼争议4件。“12366”平台和第三方调查的情况反映，纳税人对执法和服务的满意度不断提升，征纳关系更加融洽和谐。

第三，推广运用约谈警示。把事后的被动管理转变为事前的主动预防管理，借助大数据平台，定期将各方涉税数据进行清洗、过滤、加工，有序开展数据比对分析，根据风险分析结果，实现“无风险不打扰、低风险预提醒、中高风险严监控”。对纳税人在一段时间内出现2次以上违法行为，或违法行为可能造成严重后果或不良社会影响的，及时约见违法的相对人进行面谈，要求其采取有效措施进行整改，从而避免违法行为的发生。通过约谈评估等方式提醒纳税人应注意的涉税风险，帮助纳税人规范经营。自2021年以来，经辅导评估，共有218户企业自查补税1.295亿元，这种“寓教于帮”的方式，容易被纳税人接受，做好事前的预防，能够增进征纳双方的相互理解和支持，促进纳税人更加了解掌握税法，提高税法遵从度。

第四，落实“首违不罚”柔性执法机制。上海税务牵头苏浙皖甬税务机关，联合出台全国首张跨省市“首违不罚”清单，明确一个年度内18项轻微违法行为首次违法不予处罚。将“首违不罚”事项嵌入金三系统，通过人工判断加系统提示的方式，加强政策执行力度，并将“首违不罚”适用情况列入内部监控指标，确保企业享受轻微违法不予处罚的容错红利。“首违不罚”作为税务部门优化执法方式、深化“放管服”改革的重要举措，在执行中得到广大税务执法人员和纳税人的欢迎。经初步统计，2021年以来，普陀区税务局对未按期申报、未按规定开具发票等1401次税务轻微违法行为实行“首违不罚”，相当数量的纳税人得到了及时纠正违法行为的机会，防止因处罚产生信用受损、招投标受限、贷款受阻等不利后果。

普陀区税务局的柔性执法，推动从经验式执法向科学精确执法转变，实现从无差别服务向精细化、智能化、个性化服务转变。一方面实现了对市场主体干扰最小化、监管效能最大化，充分发挥了税收在国家治理中的基础性、支柱性、保障性作用，有利于打造市场化、法治化、国际化营商环境，为推动高质量发展提供有力支撑。另一方面通过税收监管手段的宽严相济，有力度也有温度，让市场环境更加规范的同时，也有利于更好地保护市场主体利益，实现公平竞争良性发展，能让企业更好地轻装前行。

深化“放管服”改革措施，杨浦区形成知识产权多元化保护机制

加强知识产权保护，是完善产权保护制度最重要的内容，也是提高我国经济竞争力的最大激励。随着互联网经济的快速发展，知识产权侵权行为越来越复杂、隐蔽，针对这一新特点新挑战，2019 年 4 月，杨浦区市场监管局（知识产权局）（以下简称区知产局）挂牌成立，实现了商标、专利和国家地理标志的统一管理。3 年来，坚持多措并举，对知识产权保护采取“组合拳”，逐步形成了具有辖区特色的知识产权多元化保护机制，取得了积极成效。

第一，打造专业队伍，精准化保护知识产权。对标“精”字，成立了全国首家知识产权专业监督管理所，建设一支专业化的区知识产权管理队伍，运用行政调解、行政处罚等手段，对知识产权实施更加精准化的保护。同时，发挥辖区同济大学国际知识产权学院的优

势,签订合作协议,在知识产权人才培养、行政执法实践等方面开展理论研究探讨,提高知识产权所专业技能。

第二,发挥调解功能,成立知识产权纠纷调解工作室。2019 年,杨浦区知识产权人民调解委员会入选了国家知识产权局"全国首批知识产权调解仲裁能力建设名录",至今共受理纠纷 6999 件,成功调解、化解 3746 件,在知识产权纠纷处理上发挥了重大作用。在此基础上,进一步延伸触角,先后与区司法局联合在 7 个大学科技园区挂牌设立知识产权调解工作室,进一步发挥调解在知识产权纠纷处理中的重要作用。

第三,完善相关制度,优化知识产权保护协作机制。区知产局不断完善配套制度,整合资源,发挥合力。通过区知识产权联席会议制度,加强各成员单位之间信息交流,通报有关知识产权保护工作的开展情况以及重大侵犯知识产权案件的查处情况;与区公检法单位签订《加强知识产权司法、行政协同保护合作协议》,发挥好"杨浦区知识产权法治保障共同体"的作用;积极构建长三角信息沟通协同保护机制,分别与浙江德清、金华、台州制定两地重点品牌保护名录,推动形成长三角知识产权协同保护合力。

第四,深化改革举措,挂牌知识产权维权援助中心。2020 年,在杨浦长阳创谷园区挂牌成立了中国(上海)知识产权维权援助中心工作站,标志着全市首批知识产权维权援助工作站正式成立,为辖区企业乃至全市企业提供快速审查、快速确权、快速维权"一站式"纠纷解决方案。

第五,升级优化服务,知识产权创造实现量质齐升。区知产局多管齐下,升级服务,2019 年年初设立了杨浦商标受理窗口,实现了杨浦区及周边地区企业的商标注册申请、马德里商标国际注册申请等24项业务就近办理。成立以来，累计受理各类商标业务7194件，进一步降低了企业成本，增强了企业商标意识；2020年年初设立了杨浦专利优先审查服务点，在2020年新冠疫情期间，服务点主动联系辖区内我市第一批援鄂医疗队成员单位之一的上海市肺科医院，针对该院筛查出的6个涉及肺炎防治和传染病治疗的相关专利，通过涉疫专利优先审查推荐绿色通道加急办理，解决了院方的迫切需求。

经过不断的探索，区知产局通过打造一支专业的知识产权人才队伍、建立多元化纠纷解决机制、优化知识产权快速协同保护机制等手段，多措并举维护市场创新成果，加快培育知识产权发展新动能，多角度、多维度地化解纠纷，不断优化便民利民服务，打好"组合拳"，构建了知识产权大保护工作格局。

（四）以优质公共法律服务打造一流法治化营商环境

提升公共法律服务供给质量与优化法治化营商环境目标一致，与城市公共法律服务需求同向，是推进法治国家、法治政府、法治社会一体建设的题中之义。上海市全面落实公共法律服务新要求、新理念，持续打响"上海法律服务"品牌，以优质高效的公共法律服务加强市场主体守法经营教育、消费者依法维权教育，营造守法经营、依法维权的法治化营商环境，激活了加速推进优化法治化营商环境建设的新动能。

徐汇区虹梅街道用治理思维培育法治化营商环境

徐汇区虹梅街道辖区内有在地企业4600余家，其中90%是中小微企业。知识密集型企业多、高成长型中小企业多、流量型平台企业多的鲜明特征让这些新兴企业在发展过程中也遇到了大量“急难愁盼”问题。据统计，虹梅街道每年各类法律纠纷8000多件，不但消耗了街道、园区和企业大量精力，还直接影响了大批企业的高速稳定发展。街道从营商环境建设和企业实际需求出发，立足于“提前预防”和“高效解决”纠纷矛盾，开展一系列基层司法创新，形成了颇具特色的“虹梅模式”——构建了以“源头治理、智慧治理、协同治理、多元治理”为特征的治理格局，打造了“社会调解优先，法院诉讼断后”的矛盾纠纷分层过滤体系，为上海在街道乡镇层面发力打造更具竞争力的营商环境探索出了道路的同时，更有效提升了基层治理的法治化水平。

第一，公共法律服务便利可及，从源头消除纠纷隐患。针对辖区内大量中小创新企业的痛点，虹梅街道积极打造便捷高效的公共法律服务体系，持续对中小企业的行政人员和管理层，聚焦合法用工、合规等开展不同层次的专题培训、沙龙和论坛，并开通法务热线，随时解答中小企业的疑问和困惑，从源头上提升企业合规水平，尽最大可能消除不必要的风险和隐患。虹梅街道企业法务沙龙给每一家有需要的中小企业提供便利可及的公共法律服务。一场知识产权主题的企业法务沙龙，在一个半小时的活动内，30多位企业法务代表“火力全开”，一个接一个地向主讲嘉宾法官抛出企业遇到的实际问题。法官精彩专业的解答“干货满满”,令参会企业代表频频点头,不是在认真记笔记,就是在抢提问机会。类似这样为企业量身打造、送到“家门口”的公共法律服务,虹梅街道的法务沙龙专门留出了一对一“专家门诊”时间,遇到“疑难杂症”的企业可以提前预约。自2018年司法创新以来,虹梅街道已经开展了近500场法务沙龙,有效满足了企业的个性化法律服务需求。

第二,“三庭合一”“联合调解”,资源下沉协同治理。一方面,要实现在基层解决企业各类纠纷和矛盾,关键在于街道乡镇要有充裕的司法资源。为此,虹梅街道构建了“三庭合一”的一体化工作模式,邀请徐汇区法院和劳动仲裁院分别在街道层面设立派出法庭和派出仲裁庭,与街道司法所调解庭一起有机衔接调解、仲裁、审判三大环节,打造矛盾纠纷分层过滤与化解体系。企业如果有需要,可以在同一地点实现快速解决各类纠纷,有效降低了企业法律成本,提升了商事效益,真正解决法律服务企业的“最后一公里”问题。另一方面,虹梅街道还联合区司法局、人社局、总工会,共同设立徐汇区漕河泾开发区联合调解中心,推动区级资源进一步向街道下沉和集中,提供法律咨询、公证预约登记、法律援助等服务。其中联合调解中心专门创设的退休法官调解工作室,邀请具有丰富调解经验和过硬专业知识的老法官加入,有力提升了调解专业能力和公信力,调解成功率超过80%,特别是在劳动纠纷、地块动迁等重大群体性矛盾调处中发挥了重要作用。如邹家宅地块内有44张权证、90多户居民,除一般拆迁难题外,还面临复杂的家庭遗产分配问题,联合调解中心及时解决房产继承案件10起,有力推动了街道最后一个“城中村”成功动迁。

第三，汇聚多方法律资源，推动社会多元参与。要打造更高水平的法治化营商环境，仅靠体制内的司法资源还不够，需要以更加开放的格局，多方汇聚社会力量资源，打造形成社区法律服务的闭环结构和良好生态。为此，在2020年12月10日举行的第三届漕河泾开发区法治论坛上，由虹梅街道、上海仪电(集团)有限公司、上海漕河泾新兴技术开发区发展总公司共同发起的漕河泾开发区法治共建委员会正式成立。漕河泾开发区法治共建委员会聚集了区内企业、本市法律专业机构以及互联网法律服务平台等26家单位，旨在营造品质化、前瞻化营商环境，以多元主体共同参与推动法治建设，为赋能企业治理、提升企业风险管控能力发挥积极作用。虹梅司法所通过法治共建委员会匹配相关专家资源，一对一为企业提供较为深入的咨询服务，力争扎扎实实地、一个一个地帮助企业解决“急难愁”问题。

虹梅街道打造的“社会调解优先，法院诉讼断后”的矛盾纠纷分层过滤体系，实现了“法律服务触手可及、企业诉讼显著下降、法治化营商环境明显提升”的治理成效。街道调解案件增长率从2019年的128%下降到2021年的68%，2020年成功调解数量上升到2695起，为企业间接避免损失近20亿元，80%的企业明显感受到法治化营商环境提升，园区新增招商企业1200多家，2021年上半年完成总税收95.9亿元，增长率达92.9%，为上海在街道乡镇层面发力打造更具竞争力的营商环境探索出了道路。

奉贤区庄行镇精准服务，打造地区法治化营商环境新高地

近年来，奉贤区庄行镇认真贯彻落实习近平法治思想，在全区率先开展“依法治企示范点”活动，以创新为引领、以平台为支撑、以服务为核心、以法治为保障，积极整合资源为企业提供精准法律服务，大力推行包容审慎监管，持续优化本地区法治化营商环境，护航本地区经济高质量发展，让法治化营商环境成为地区一张亮丽的名片。

第一，打造一体化服务平台。针对公共法律服务对园区企业覆盖不够的现状，积极探索公共法律服务平台向园区企业延伸的新路子，实施“法企直通车”项目，搭建法企沟通桥梁。打造“1+10”企业公共法律服务平台，即在庄行工业园建成全区唯一一家专门服务园区企业的企业微“法治驿站”，重点将“法治驿站”打造成功能完备、要素齐全、辐射周边的功能性法律服务阵地。在该镇10家优质企业设立“企业公共法律服务工作点”，结合企业自身特点打造法律服务微阵地，更好地服务本企业及周边企业。点位建成后，定期派驻法律服务志愿者进驻点位值班，开展经常性公共法律服务，让公共法律服务触角延伸至企业，更好地为企业、职工提供“超前一公里”和“最后一公里”的法律服务。

第二，实施专业化“法治体检”。组建法律服务团队，整合镇政府法律顾问、村(居)法律顾问及区内优秀律师资源，组建由10名律师组成的公益法律服务志愿团队，采取“一对一”的方式为企业上门

"体检"。找准企业需求,组织律师志愿者深入企业开展调查问卷,摸排了解企业相关法律需求及重要关切,为"法治体检"提供目标导向。细化"体检"项目,针对企业经营管理、风险预防等方面存在的风险点,统一细化制定30项"体检"项目,为企业"法治体检"提供"诊疗方案"。实施动态管理,实施"法治体检"三年行动方案,由律师志愿者与对接企业加强互动,动态跟踪了解企业经营管理情况,每年为企业出具一份综合"体检"报告,全面分析企业经营"健康状况",帮助企业持续消除法律风险,促进企业依法经营、依法管理。

第三,开展精准化法律服务。开展"法律进企业"活动,坚持定点服务与上门服务相结合,一方面依托企业微"法治驿站"及"企业公共法律服务工作点"平台开展定点服务,满足大部分企业群体服务需求;另一方面,建立企业每月定期"巡诊"机制。每月深入不同企业上门开展"下沉式"法律服务,主动为企业送上精准的法律服务,以满足不同群体、不同层次人员的法律需求。积极回应企业普遍关切,举办"模拟现场问政"大型专场活动及知识产权保护沙龙讲座活动,邀请行业主管部门、公证、律师、司法所、总工会等单位权威人士就职工权益保障、知识产权保护等法律问题进行解答,为企业家和职工群体提供专业法律意见建议。积极化解涉企矛盾纠纷,镇调委会为企业开辟人民调解"绿色通道",及时发现解决涉企矛盾纠纷,镇总工会在企业设立"和为贵"劳动争议工会品牌调解室,最大限度解决劳资等纠纷矛盾,维护职工合法权益。

第四,推行人性化行政监管。贯彻落实轻微违法违规行为免罚清单有关要求,积极探索包容审慎监管,激发市场活力,促进经济持续健康发展。建立行政执法意见征集机制,在区内率先建立行政执法监测联络点,设立法律意见反馈"回声筒",行政执法部门主动听取企业执法意见建议，靠前化解行政争议，促进行政执法部门与企业的良好互动。创新监管方式，利用商户云系统做好事中检查处罚，通过大数据研判发现违法行为并分类建档，利用非现场执法模式对商户进行分级处罚，将首次轻微违法行为列入首违免罚清单，对多次违法行为或违法情节严重的当事人从严从重处罚。强化信用惩戒，通过政府公示平台及时公布行政处罚信息，同步将处罚信息抄送至市公信平台，分类分层对违法当事人进行信用惩戒，将处罚结果与信用体系挂钩，形成“一处违法、处处受限”的局面。2021年全镇共有免于处罚各类轻微违法违规行为13起。

庄行镇通过工作机制的大胆创新，探索出了一条符合街道乡镇特色的行政执法新路径，实现了企业公共法律服务“零距离”、企业经营法律风险“零容忍”、行政执法行为“零诉讼”、企业职工法律意识“零突破”，为街道乡镇综合行政执法提供了有益借鉴。

黄浦区探索楼宇法律服务新路径，推动法治营商环境再升级

南京东路街道地处市中心核心区域，辖区内楼宇经济发达、集聚度高，商务楼宇多达63幢，其中年税收亿元楼就有16幢，入驻企业5000余家，云集于此的白领人数多达30万余人。街道通过调研了解到，楼宇中部分企业未聘请专业法律顾问，已有法律资源不能充分满足企业及其职工的法律需要。近年来，为打通服务楼宇企业、白领的“最后一公里”，南京东路街道立足区域营商环境发展现状，持续探索优化营商环境新路径，主动融入和服务发展新格局，在

党建引领下，聚焦政企协同发展，深化区域法治商圈建设，积极推动楼宇法律服务出实招、见实效，全面提升政府服务效能，为营商环境向好发展保驾护航。

第一，集聚综合服务，形成“一站式”工作平台。工作站提供专业性、综合性公共法律服务，集律师咨询、法律援助、人民调解、公证指导、仲裁指导等功能于一体，通过服务平台的前移，让企业和白领不出楼宇就可以享受到“一条龙”的法律服务和指引。重点打造以午间法律课堂为重点的品牌项目，充分利用午休时间给白领们带去专属“福利”，不仅每月组织民法典主题学习沙龙，针对热点话题还举办法治研讨，通过多元化和专业化的打造，搭建一个与日常工作生活紧密联系的法律互动交流平台。创新搭建商圈“一站式”线上调解平台，企业员工或消费者可以在线完成申请、举证、调解全过程。案件流转至专业调解委员会限期处置，办结案件周期一般不超过33个工作日，总周期至少缩短20%。

第二，依托专业支撑，凝聚公共法律服务合力。创新公共法律服务供给模式，坚持从需求导向和功能定位出发，总揽社区各类法治资源配置，科学规划、有效集聚，广泛吸收律师、调解、公证、仲裁等力量参与服务，为楼宇法律服务队伍不断注入新的活力，着力当好商务楼宇的顾问参谋员、法治宣传员、矛盾化解员、法律保障员。以“专家服务”弥补“常规服务”，考虑到白领人群高效、便捷、多元的公共法律服务需求，工作站引入了国际贸易仲裁委、公证处等专业组织，推出更加契合企业、白领需求的法律服务产品。同时，商圈线上调解平台的入驻也能够及时回应楼宇企业关于提升法治营商环境的积极诉求。

第三，强化组织架构，满足法治营商新需求。深化“一站式”法律服务模式，根据不同需求，建立“问诊式”答疑、“套餐式”宣讲和“互动式”学习3种类型服务，将公共法律服务与群团阵地建设相结合，提供“中央厨房式”的配送服务，并逐步从楼宇向片区进行辐射。聚焦重点服务对象。推动优质法律服务资源下沉，对接有需求的企业提供专业的法律服务、法律支持和法律保护，有效提升企业管理人员和用工人员的法治思维和法治能力，共同推动营商环境再升级。

公共法律服务是基层法治建设的一个重要方面，南京东路街道在全区率先设立楼宇法律服务工作站，在提供专业化、精细化、社会化、品牌化服务的同时，构建直接面向商务楼宇企业和白领的综合性、“一站式”社会治理平台，共同提升营商环境法治化水平，不仅为商圈企业增添了新的活力，也为全区公共法律服务体系建设进行了有益补充，是深化法治建设、创新社会治理的必然要求。

松江区叶榭镇“1+X”法律进企业项目实现精准服务

聚焦法治服务保障企业发展，打造更优法治化营商环境。自2018年以来，松江区叶榭镇探索建立以叶榭司法所为牵头部门、各职能部门共同参与的“1+X”法律进企业项目，逐步形成了坚持一个导向、依托园区平台、明确各方职责、组建讲师队伍、开展系列活动的工作模式。依托该项目，持续不断为辖区企业提供精准普法和精准服务。

第一，聚焦健全机制，形成齐抓共管、共同参与的工作格局。借助开展“1+X”法律进企业项目，叶榭镇积极探索有效落实“谁执法谁普法”普法责任制的路径和方式,打造叶榭镇普法工作特色品牌。一是建立机制、凝聚普法合力,建立以叶榭司法所为牵头部门、叶榭镇各职能部门共同参与的法律进企业工作机制。按照牵头组织、后勤保障、配合开展的角色定位,对参与“1+X”法律进企业项目的各单位、各部门进行职责分工,推动法律进企业工作由“独唱式”向“合唱式”转变。二是深挖资源、壮大普法力量,叶榭镇成立了一支涵盖公检法(司法部门)、委办局(政府部门)及专业律师、第三方机构(社会资源)的普法讲师团队伍,破解了过去讲师资源配置不均、领域局限的问题,邀请具有专业法律知识和普法资源优势的社会力量参与法律进企业工作,为“1+X”法律进企业项目注入更多活力。

第二,聚焦提升实效,建立常态开展、形式多样的工作模式。叶榭镇着眼于企业当前生产经营过程中的薄弱环节、风险领域,精准对接辖区企业的需求和问题,开展形式多样、实用性强的普法活动。一是着力实现普法常态化。按照活动内容与企业实际需求相结合、与职能部门业务职责相结合、与重要宣传节点相结合、与重要形势环境相结合的原则,以“双月一次”的频率常态化开展法律进企业活动。例如,生态环境日当天,走进企业园区,针对辖区企业当前在环保环评工作中存在的问题和法律政策盲区,进行专题环保法宣讲。再如,面对扫黑除恶斗争常态化工作的要求,举办扫黑除恶专项斗争形势解读及企业法律风险防范专题讲座,进一步提升企业依法经营生产、维护健康市场环境的理念。二是着力提高普法实效性。一方面坚持广覆盖,依托3家镇属公司的企业园区平台,不断扩大法律进企业的对象与受众,面向园区企业,常态化开展生产安全、税收政策、经济合同、劳动用工、绿色环保等各个业务领域的专题讲座、集中宣传等活动。另一方面坚持小而精,主动走访辖区内的大型、知名企业，开展一对一的个性化普法服务。始终坚持以企业为中心、聚焦企业现实需求，通过线上线下同步开展的方式，不断丰富普法形式，如多次开展专题座谈、法治沙龙等活动，搭建面对面、一对一的政企交流平台，破解双方之间的信息壁垒，为企业创造自由提问，政府部门充分了解企业情况、及时为企业释疑解惑的机会。

第三，聚焦法治助企，提供持续不断、精准高效的法律服务。叶榭镇始终以企业的需求和问题为导向，主动跨前、问需企业，通过搭建政企沟通平台、建立定期走访企业制度、完善企业帮扶机制等举措，不断优化法治化营商环境，切实为辖区企业解决问题和困难，实现企业的健康长远发展。例如，面对新冠疫情给辖区企业带来的冲击和影响，叶榭镇于2020年、2022年，先后开展"绿色叶榭　法治助企""抗击疫情　法治助力"系列活动，安排法律顾问律师、高校法学教授等专业人士进企业园区调研，主动提供线上法律咨询及法律课程，为企业获取专业法律服务创造机会、提供便利，同时在政府微信公众号上开设涉疫普法专栏，编印《同心抗疫·齐力守"沪"》系列宣传手册，为企业送上最新最全的涉疫法律政策信息。又如2021年，叶榭司法所在走访调研叶榭某大型企业期间，获悉该企业一离职员工涉嫌违反"竞业限制"，有可能给企业带来经济损失，联合叶榭派出所、顾问律师团队，多次组织现场调解会，成功为企业追回经济损失30万余元，并以此为契机，帮助该企业在保密制度、员工竞业协议等制度层面进行了全面的完善。

"1+X"法律进企业项目是叶榭镇依法治企的重要平台和抓手，通过整合各方资源、健全工作机制、常态开展活动，实现了对辖区企业的更广覆盖、更精准普法和服务，项目影响力和实效不断扩大。

四、余论:持续打造一流的法治化营商环境新高地

当前,全球化遭遇逆流,世界经济格局发生深刻变化,单边主义、保护主义抬头,全球经济遭遇重大冲击,世界进入动荡变革期。上海市作为我国全面深化改革开放的前沿窗口,理应立足新发展阶段,对标新发展理念,把握新发展机遇,以打造一流的法治化营商环境新高地为契机,充分激发市场主体活力,维护公平竞争秩序,为促进经济高质量发展蹚出一条新路。

一是走好"顶层设计、数字赋能"之路。从2017年优化营商环境的1.0版方案到2021年年底推出的优化营商环境的5.0版方案,上海市优化营商环境的方案设计已经经过了五轮迭代升级,上海市优化法治化营商环境建设取得的成就是举世瞩目的,顶层设计的引领作用展现得淋漓尽致,但是对标营商环境世界银行的最高标准,对比国内后起之秀的优秀做法,我们仍有进一步挖掘潜力的空间。2020年11月,全国工商联发布了《2020年"万家民营企业评营商环境"》报告,在营商环境最好的10个城市中上海排名全国第二,在营商环境最好的10个省份中上海排名全国第四,上海市优化法治化营商环境提升市场竞争力和市场吸引力的作用还有进步空间,必须要充分做足做强顶层设计,全力服务国家战略和中心工作,实行市场主体退出全面简易注销、企业变更登记开通全程网办、推动数字治理赋能监管转型,努力形成一批可复制、可推广的先进经验,持续打造一流的法治化营商环境新高地。

二是走好"法律支撑、制度保障"之路。优化法治化营商环境是一个系统的动态工程,涉及面广、利益主体多元、政策变化复杂,必须努力做好优化法治化营商环境政策文件的评估清理和动态管理工作,使之能够充分适应经济

社会发展的需要，能够有力应对新经济、新业态、新产业发展产生的新问题、新矛盾，更好地发挥法治的引领保障作用。一方面，要持续优化法治化营商环境立法。及时梳理总结、研究规划，把优化法治化营商环境实践中的好经验、好做法上升到法律和制度层面，更好地维护市场公平竞争秩序，保障市场主体合法权益。另一方面，要健全涉企制度体系。进一步深入推行行政执法"三项制度"，做好行政处罚裁量基准"立改废"工作，从政策制定、政策执行、司法监察、法律服务等流程出发，依法规范发展平台经济，持续推进第二批行政执法事项下沉街道乡镇，持续提升街道乡镇行政执法效能。

三是走好"包容审慎、柔性执法"之路。包容审慎监管是执法理念和执法方式的一次革新，是优化法治化营商环境的一个关键环节，要在现有轻微违法行为免罚制度的基础上，进一步处理好刚性执法和柔性执法的关系，把"少罚慎诉"的理念执行到位，更好地规范行政执法的自由裁量权。要运用好优化营商环境法治保障共同体平台，更多听取市场主体意见建议，更好地满足市场主体合理诉求，以包容审慎的最佳方案，最大限度避免对市场主体生产经营活动的干扰，以善意执行传递法治温度，以柔性执法彰显法治进步。

打造一流的法治化营商环境新高地，上海义不容辞、责任重大。我们要对标最高标准，拿出最实举措，展现特殊担当，准确把握好有效市场和有为政府的关系，以知重负重的实际行动深入推进"放管服"改革，全力打好优化法治化营商环境这场大仗、硬仗，努力把上海打造成法治中国的高地、法治环境的沃土、资源集聚的磁场、干事创业的宝地。

第九章 自觉接受各方对行政权力的监督

对权力的制约和监督是人类社会永恒的课题,从苏格拉底的《理想国》到洛克的《政府论》,再到孟德斯鸠的《论法的精神》,无不强调对权力制约和监督的重要性。权力的运用就像一把“双刃剑”,运用得当对于国家、社会以及公民都有着积极作用,但是权力一旦滥用,带来的危害也是巨大的。因此我国对于行政权力的规制慎之又慎。

一、新时期自觉接受各方对行政权力监督的要求

新时期基层法治政府的建设离不开各方对行政权的监督,这里行政权监督的概念是广义上的,是指以行政机关为客体的监督,即除了行政机关内部监督之外,还包括执政党、国家权力机关、国家司法机关、社会团体、人民群众和新闻舆论等方面通过各种渠道和途径,对国家行政机关及国家公务员的各种行政行为所进行的监察、督促和控制。下面从三个方面来阐述新时期中央关于完善行政权力监督,促进基层法治政府建设的要求。

（一）完善监督体系

在党的十九届四中全会中，习近平总书记将“坚持和完善党和国家监督体系”纳入国家治理现代化建设总体布局。作为国家治理体系的关键要素，党和国家监督体系要充分发挥对权力全方位、全过程的监督作用，优化权力资源配置、规范权力运行过程、协调权力内部关系、发挥权力正面效应，推进、融入和保障国家治理体系和治理能力现代化。

《习近平关于坚持和完善党和国家监督体系论述摘编》（以下简称《论述摘编》）系统阐述了党和国家监督体系的任务目标、监督定位、监督方式、监督重点以及监督职责等方面。鲜明指出新时代强化政治监督的根本任务就是“两个维护”，完善党和国家监督体系的总要求是“党统一领导、全面覆盖、权威高效”；深刻指出“党内监督是第一位的监督，党内监督有力有效，其他监督才能发挥作用”，明确巡视是党内监督的战略性制度安排；在监督重点方面，提出着力破解对“一把手”监督和同级监督难题；在监督职责方面，强调纪委、监委要发挥好在党和国家监督体系中的作用。习近平总书记关于坚持和完善党和国家监督体系的重要论述具备完整的内在逻辑，立意高远，为继续坚持和完善党和国家监督体系提供了有力的战略指引，对于新形势下推动全面从严治党具有重要指导意义。

党的十八大以来，党中央从全面从严治党和国家长治久安的战略高度，全面推进监督制度改革。首先，加快形成监督主体一体化。从国家监督的主体来看，人大监督是国家监督的核心，辅之以监察、行政、司法、审计、统计五类主要监督形式，我国监督体系最鲜明的结构特征就是党集中统一领导下监督主体系统所具有的整合性、系统性。其次，保证监督客体全覆盖。党的十九大后，随着《监察法》《政务处分法》《中共中央关于加强对“一把手”和领导班子监督的意见》等法律文件和条例文件的出台，所有行使公权力的公职人员（六类监察对象）均被统一纳入国家监察范围，并构建起纪律监督、监察监督、派驻监督、巡视监督的新监督格局，党的执政根基也得以不断夯实。最后，推进监督过程的协同性治理，党内监督与国家监督之间的协同互动是推动党和国家监督体系发展的重要结构特征。监督主体一体化、监督客体全覆盖、监督过程协同性三个方面构建了具有中国特色的党和国家监督制度和监督体系。

（二）全面落实各方对政府行为的监督

我国的行政监督机制是具备中国特色的，是根据我国国情制定的。习近平总书记在《论述摘编》中强调我国的行政监督体系是多元监督机制，行使行政监督权的主体是多元的，监督方式也是多样的，这有利于在国家的集中统一领导下，发挥各个监督机构的作用，全方位地规范行政权力的运行。具体的监督主体的监督方式如下：

1. 国家权力机关的监督。我国国家权力机关是人民代表大会。习近平总书记在中央人大工作会议上指出，要用好宪法赋予人大的监督权，实行正确监督、有效监督、依法监督[1]。在中央人大工作会议上习近平总书记首次明确提出“依法监督”，是对近年来人大监督工作实践经验的总结和肯定。

2. 行政机关的内部监督。包括一般监督与专门监督。一般监督在我国意为纵向的监督机制，这种监督具有直接性、广泛性等特点，是一种较为有效的监督措施。专门监督是指审计机关行使的审计监督权，主要是审计机关对政府财政的监督。

3. 司法机关的监督。司法机关的监督指的是法院的监督机制以及检察

[1] 习近平：《在中央人大工作会议上的讲话》，载《求是》2022 年第 5 期。

院的监督机制。由《人民法院组织法》第 2 条可知，人民法院有权审理行政案件。此外，根据《行政诉讼法》第 1 条的规定，人民法院亦是法定的行政监督机构。但是法院的司法审查并不是对所有的行政行为都有监督权，而是在一定限度内的。检察院是我国的法定监督机关，其对于行政权的监督主要体现在其追诉职能上，对于行政机关的违法行为有权提起诉讼。另外根据《行政诉讼法》第 25 条第 4 款，检察院可以提起公益诉讼。

4. 监察委员会的监督。2018 年宪法修正案中正式设立监察委员会，作为国家的监察机关，分为国家监察委员会和地方各级监察委员会，监察委员会依照法律规定独立行使监察权，不受行政机关、社会团体和个人的干涉。2018 年 3 月 20 日，第十三届全国人民代表大会第一次会议通过了《监察法》，其中第 3 条规定，各级监察委员会是行使国家监察职能的专责机关，依照该法对所有行使公权力的公职人员进行监察，调查职务违法和职务犯罪，开展廉政建设和反腐败工作，维护宪法和法律的尊严。2019 年 7 月公布实施的《监察机关监督执法工作规定》进一步明确了监察机关的监督权。

5. 社会监督。社会依据宪法和法律赋予的权利，对政府的一切行为进行监督，主要有公民监督和舆论监督，这是人民主权原则的直接体现。我国《宪法》规定了权力机关对国家机关的监督地位，还提出权力机关受人民监督，也就是明确了人民对于国家机关的监督作用。根据《宪法》第 41 条的规定，公民有申诉、批评、建议、控告、检举的权利，这是以根本法的形式对公民的监督权予以确定。《行政诉讼法》以及《行政复议法》也明确规定，当公民的合法权利受到行政机关的侵犯时，公民可以拿起法律武器保护自己的合法权利。

（三）不断创新对行政权力的监督方法

法治政府建设是一项全局性的重要工作，而方法创新是开创监督工作新局面的必由之路。创新监督,既是大势所趋,也是现实必需。

1. 坚持问题导向。解决问题才是真创新。近年来,各级纪检监察机关立足基本职责,健全监督体系,提升监督能力,创新监督方式,监督保障执行、促进完善发展作用充分发挥。但也要看到,对"一把手"监督和同级监督的难题依然存在,一些基层地方还面临着"人情干扰""熟人社会"的监督困局。破解困局的方法一方面要从体制机制上想办法,另一方面也可以依托创新找出路。要坚持一切从实际出发,从具体问题、具体案件入手,加强分析研判,充分挖掘财政、金融、审计、人力资源、民政、卫生等信息平台的监督潜力,积极探索大数据、云计算、人工智能等信息化手段在监督工作中的创新运用,让监督更加务实管用、简便易行。

2. 以创新促进精准监督。要鼓励地方、基层、群众大胆创新、大胆探索,及时对基层创新的监督方式方法进行总结提炼,以创新助推监督高质量发展。比如,中央纪委、国家监委关于做实做细监督第一职责的调研时发现,多地通过履行全面从严治党责任纪实系统、监督对象基础信息系统、民生扶贫监督、"三公"经费监督等信息化平台,通过数据碰撞等方式精准发现问题。再比如,新冠疫情期间广泛推行的"健康码",可以随着用户所处区域变化、健康状况等因素发生相应变化,在摸清底数、有效评估等方面大大降低了防控成本。

3. 把质效作为衡量标准。党的十九届中央纪委四次全会明确提出,纪检监察机关要牢牢抓住监督这个基本职责、第一职责,精准监督、创新监督,在坚持和完善中国特色社会主义制度、推进国家治理体系和治理能力现代化中充分发挥监督保障执行、促进完善发展作用。各监督主体应不断创新方式方法,把握当下的新冠疫情形势和经济社会发展状况,从而提升监督质效。

二、上海关于自觉接受各方对行政权力监督的探索与成效

党中央“坚持和完善党和国家监督体系，强化对权力运行的制约和监督”等对行政权的监督作出了一系列重大制度安排。为了贯彻落实党中央的部署，加强上海市各级政府机关的监督，在市委、市政府的坚强领导下，上海市各区、各部门以习近平新时代中国特色社会主义思想为指导，全面贯彻落实党的十九大和十九届历次全会及中央全面依法治国工作会议精神，紧紧围绕国家重大战略实施和全市经济社会发展，深入推进法治政府建设各项工作，持续做好政务公开工作，加大依法决策工作力度，扎实做好行政应诉工作等，不断加强对行政权力的制约监督，为上海加快建设具有世界影响力的社会主义现代化国际大都市提供了坚实有力的法治保障。

（一）不断创新监督方式，打造“互联网＋监管”平台

随着“放管服”改革不断向纵深推进，“互联网＋监管”逐渐成为加强和创新事中事后监管的有效手段。为贯彻落实党中央、国务院创新监管理念和监管方式，做好“互联网＋监管”工作要求，2019年8月，上海市政府办公厅印发了《上海市“互联网＋监管”工作实施方案》（以下简称《实施方案》），推进跨部门联合监管和“互联网＋监管”，实现从职能部门“单打独斗”转变为综合监管和“智慧监管”。《实施方案》明确：依托上海市事中事后综合监管平台建设本市“互联网＋监管”系统，与国家“互联网＋监管”系统、本市各相关政府部门监管业务系统互联互通，全面归集各类监管数据，建设完善行政执法监管、风险预警、分析评价等子系统，为开展“双随机、一公开”监管、联合监管、信用监管等提供支撑，推动实现规范监管、精

准监管、联合监管。

《实施方案》提出了以下重点任务：一是全面梳理形成监管事项目录清单。在国家部委监管事项目录清单基础上，结合地方性法规和地方政府规章等确定的监管事项，全面梳理形成上海市监管事项目录清单。二是加快完善“互联网+监管”主题数据库建设。按照国家有关数据标准，依托本市“三清单”数据共享机制，抽取汇聚相关数据，形成主题数据库，并与国家系统交换数据。三是建设若干监管应用子系统。包括“双随机、一公开”监管、协同监管、移动监管、市场主体信用监管、无证无照治理、投诉举报处理，为“互联网+监管”业务开展提供支撑。比如上海市宝山区市场监管局在2022年度“双随机、一公开”监管工作实施方案中，积极落实全覆盖、常态化的“双随机、一公开”监管要求，制订年度抽查工作计划并公布随机抽查事项清单，对清单中的抽查事项，明确原则上每年至少要组织开展一次随机抽查，加强抽查任务整合，对同一市场主体的多项检查尽可能合并开展，实现“进一次门、查多项事”，进一步提升监管效能，结合抽查对象的信用等级和风险状况，区别设置抽查比例，实施差异化分类监管措施，提高抽查的精准性和问题的发现率。四是加强风险研判和预测预警。对监管数据进行大数据分析，及早发现并防范苗头性风险，辅助监管决策管理。比如位于上海市闵行区的颛桥镇，为了加强政府内部监督制约，便依托新媒体建立了“颛韵清风”监督平台，常态化加强内部监督，建立新提任干部廉政考试和廉政谈话制度。还在新冠疫情防控工作中，率先成立专项监督组，对全镇各基层单位开展全覆盖监督检查，累计解决问题153个。五是做好与国家系统的对接，强化全市“互联网+监管”系统统一部署应用。实现本市系统与国家系统的互联互通，完善市、区两级系统一体化运行，鼓励各区在完成规定动作的基础上创新特色业务。六是建设完善面向社会公众的服务界面，为社会公众提供投诉举报、监管事项清单查询、监管信息公示等服务。通过“互联网 + 监管”的方式，从治理到“智”理，越来越多“智能”手段投入基层治理应用中，用数字化为基层治理赋能。

（二）自觉接受社会监督，畅通全民监督渠道

社会监督是指社会团体组织主要包括政治社团、舆论机构等和公民个人依据宪法和法律赋予的广泛政治权利，以批评、建议、检举、申诉、控告等方式对各种政治权力主体进行的一种自下而上的监督，又称群众监督、公众监督，直接体现了国家的一切权力属于人民和人民当家作主的原则。社会监督是基础性的监督，是监督体系中不可或缺的一部分。党的十八大以来，中央不断加固制度的“笼子”，强化对权力实施监督和制约。习近平总书记指出：“推进全面从严治党，既要解决思想问题，也要解决制度问题。”〔1〕为贯彻党中央、国务院和市委关于深刻转变政府职能，深化“放管服”改革的决策部署，持续优化营商环境，2020 年 10 月上海市人民政府根据《国务院关于加强和规范事中事后监管的指导意见》（国发〔2019〕18 号）出台了《关于加强和规范事中事后监管的实施意见》，该文件第 15 条要求，要推进社会监督，完善社会约束、惩戒机制。建立“吹哨人”、内部举报人等制度，对举报严重违法违规行为和重大风险隐患的有功人员予以重奖和严格保护。探索政府监管信息和市场信用信息双向流动机制，深化政府与平台企业、征信机构合作监管模式。发挥市场专业化服务组织的监督作用，在监管执法中更多采信会计、税务、法律、资产评估等专业机构的鉴定意见。利用新媒体等手段，畅通公众监督投诉渠道，及时收集社会反映的问题，曝光典型案件，震慑违法犯罪行为，提高公众

〔1〕 习近平 2018 年在十九届中央纪委二次全会上发表的重要讲话。

认知和防范能力。

上海市政府近几年来也在不断拓宽和完善全民监督渠道，上海“12345”市民服务热线于2012年开通试运行，始终把人民对美好生活的向往作为奋斗目标，更加密切联系群众、服务群众，持续推进城市精细化管理，是上海政务服务“一网通办”和城市运行“一网统管”的总客服。各级政府部门通过热线倾听民声、了解民意、汇聚民智、排解民忧，及时回应社会关切，持续改进政府工作，着力推动科学决策，不断提升了城市管理的科学化、精细化、智能化水平。“12345”市民服务热线运行近9年来，接听市民来电3000多万个，已经成为市民反映意见建议、批评监督政府的重要途径之一，让人民群众有了更多获得感、幸福感、安全感。

（三）完善行政复议机制，执法监督常态化

行政复议是政府内部自我纠错、自我监督的重要机制，其目的是防止和纠正违法的或者不当的具体行政行为，保护公民、法人和其他组织的合法权益，保障和监督行政机关依法行使职权。自2017年《行政复议法》新修订以来，上海市各区、各部门在市委、市政府的坚强领导下，认真贯彻党中央、国务院关于完善行政复议体制、创新行政复议工作机制的要求，通过政府主导、社会专家学者参与的形式建立行政复议委员会，确保行政复议机关公开、公平、公正地审理行政复议案件，提高行政复议工作的能力与行政争议化解的质量，从而增强行政复议制度的公信力，努力将行政争议化解在初发阶段和行政程序中。

自2021年8月1日开始，上海市、区两级政府启动行政复议集中管辖工作，全面落实区级以上人民政府统一行使本级行政复议职责，复议管辖呈现由“条块结合”向“块”的转变。复议管辖集中后，市政府复议机构月均收案量达到168件，较改革前月均涨幅达180%。落实“开门复议”工作要求，加

大实质性化解行政争议力度。行政复议集中管辖后的 17 家复议机构均对外设立了接待窗口,当面接待办事群众的咨询与申请的递交。复议体制改革以来,上海市各级行政复议机构共接待当事人 5628 人次,案前调解 1606 件,其中市政府复议机构共当面接待当事人 449 人次,接受电话咨询 2200 余次。通过加强与当事人的面对面沟通,强化释法说理,助力诉源治理,进一步提高行政复议调解成功率,增强群众的获得感。充分发挥化解行政争议主渠道作用,全市各级行政复议机构全年共办理行政复议案件 17,305 件。市政府作为复议机关审理的案件中,市级委办局综合纠错率为 16.4%,区政府为 12.1%。区政府作为复议机关审理的案件中,区级委办局和街道乡镇的综合纠错率为 19.6%。

上海各基层政府也扎实做好行政应诉工作。2021 年各级行政机关全年共办理一审行政应诉案件 4343 件,法院审结 3748 件,各级行政机关整体败诉率为 4.3%。综合运用督察整改、纳入法治考核、全市通报、开展行政机关负责人出庭旁听讲评活动等方式,全面推动行政机关负责人出庭应诉,切实解决"告官不见官"问题。部分行政机关负责人不仅做到出庭,在庭审过程中还参与陈述、质证等法庭环节,做到既出庭又出声更出彩。另外,上海市各级行政机关全年共开展行政机关负责人出庭应诉、旁听审理、讲评交流"三合一"活动 56 场次,其中市级委办局举办 10 场,区政府举办 16 场,区级委办局和街道乡镇举办 30 场。

同时,上海各基层政府跟随文件指引认真办理行政复议、行政应诉案件。如上海市静安区江宁街道在 2021 年 9 月 16 日某养老院诉区房管局及江宁路街道行政城建及其他行政强制纠纷一案(沪 0112 行初 257 号)的开庭审理中,街道办事处作为第二被告应诉,由办事处副主任作为行政机关负责人出庭,切实履行行政机关负责人出庭应诉制度,自觉接受各方对行政权各种形式的监督,从而不断推进基层政府的法治建设。

三、自觉接受各方监督在上海基层落地的丰富实践

上海市各基层政府认真贯彻党中央、国务院和市委、市政府关于加强行政权力监督的决策部署和任务要求，牢固树立自觉接受监督的意识，积极创新接受监督的方式方法，取得了良好的实效。

（一）依托新媒体建立监督与公开平台

作为国际化大都市，上海在新媒体运用方面具有较大优势。新媒体的巨大信息融合能力，在传统媒体优势的基础上，添加了跨地区、跨领域、可交互、可检索等多种特点，并由于其信息传递的时效性、海量性、共享性等特征，同时给予公众前所未有的参与体验，这让新媒体深刻嵌入公众生活的方方面面，成为不可或缺的监督与公开平台。上海市基本实现新媒体监督与公开平台的全覆盖，“12345”市民服务热线开通微信平台监督渠道。同时，多个街道乡镇也通过开通本地监督与公开平台，将新媒体作为自觉接受各方对行政权监督与全面深化政务公开的重要渠道。

闵行区颛桥镇依托新媒体建立“颛韵清风”监督平台，丰富常态化监督方式，主动接受社会监督。嘉定区真新街道通过“真新故事真心人”公众号将行政执法信息全部公开并将民生重点领域实事信息传递给百姓，方便及时公开政务信息，并自觉接受社会公众对行政权的监督。

（二）提升人大监督的系统性、针对性和有效性

党的十九大报告提出了“以人民为中心”的理念，并提出了建设法治政府和人民满意的服务型政府的基本方略，其共同指向是责任政府建设。人民代表大会制度是中国的根本政治制度，是体现宪法确定的“一切权力属于人民”

基本原则的重要组织形式。上海在自觉接受人大监督方面不断创新监督方式,通过选好执法检查题目、搞好执法检查组织工作、全面报告执法检查情况、认真进行审议、结合审议进行专题询问、推动改进实际工作以及要求报告整改落实情况六个方面进行全链条的监督。

金山区山阳镇作为上海市法治建设示范街道乡镇,自2017年起每年年底开展人大代表法治专项督查评议活动,对法治建设第一责任人相关工作开展自纠自查。漕泾镇为增强镇人大监督工作实效,进一步履行人大职责,定期举行人大对政府部门工作测评会,由部分区人大代表,全体镇人大代表就涉及"一网通办"、医保、就业、垃圾分类、防护林管理等方面,向镇社区受理服务中心、绿化市容管理所相关负责人进行了现场提问。同时,人大代表对受理服务中心、绿化市容管理所进行满意度测评,各部门满意率均超过97%。

闵行区颛桥镇人大办牵头对区级重大项目、镇级实事项目、镇级产业项目、镇级配套项目等完成情况进行严格监督,并广泛听取群众意见建议形成书面监督报告。浦东新区高行镇每年向镇党代会和人代会报告行政决策等事项,定期邀请人大代表实地视察行政决策事项并进行评议和书面测评。静安区江宁路街道以完善制度文件为指导,形成了一整套完备的制度规则和闭环工作体系。同时,把立法民意征询和公民法治意识培育、社会法治氛围营造紧密结合,功能从立法中延伸到立法前和立法后。

(三)发挥人民监督主体作用

人民监督是人民通过各种方式监督政府以及其他公共机关权力行为的民主政治形式。以"人民监督权力"为本质特征的监督民主理论是由马克思、恩格斯最先提出并阐述的。中国特色社会主义的人民监督思想和监督民主理论,是马克思主义人民监督思想和监督民主理论中国化的表现。党的十八大以来,习近平总书记反复强调,全面发展社会主义选举民主、协商民主和监督民主,“让人民来监督政府”“让人民监督权力”,形成了新时代中国特色社会主义的监督民主思想。上海市在发挥人民监督作用方面做了丰富的实践与创新,真正做到权为民所用、情为民所系、利为民所谋。

宝山区张庙街道通过打造社区居民“公共客厅”畅通居民议事参与渠道,成功解决张庙街道“老、旧”问题。通过建立“四方三会”议事规则(“四方”:街道、居委会、业委会、物业;“三会”:议题征询会、民主协商会、监督合议会),下沉服务窗口33个、民生服务项目202个,为社区居民提供“事务受理、民主管理、法律服务”等组团式服务,使“公共客厅”成为社区居民自治共治法治的公共空间,并成功入选第一批上海市标准化试点项目,形成具有宝山特色的社区公共服务体系。

普陀区自2019年起推出“市民监督员”工作机制,即邀请市民志愿者以“随车执法”的形式,直击城管执法现场、认识城市管理体系,从而帮助市民群众融入城市事务管理。并且从“部分人”影响到“每个人”,面向学生等多类群体扩充市民监督员队伍,以点带面让更多群体成为社会法治化建设的体验者、受益人。

静安区江宁路街道始终坚持在法治轨道上发展“全过程人民民主”,形成以立法联系点为统筹的“1 + 11 + 16 + X”民意征集网络,将开门立法的“前哨站”和社情民意的“接收器”延伸到社区各个行业和领域。其中,“11”即区人大常委会专门发文设立的11个基层立法信息采集点,覆盖整个静安区的商圈楼宇、社区单位、居民小区和职能部门,以充分发挥人民监督作用。

奉贤区庄行镇建立由群众、村务监督委员会、镇级督查组组成的三级监督体系。各村务监督委员会对村级事务的办理过程予以监督，随时发现和纠正“小微权力”运行过程中存在的问题。镇监察室、社事社保和社区管理科、人大办、党群办、财经科等组成督查小组，每季度开展一次专项督查，发现问题即查即纠。

杨浦区建立居委会干部面向群众，探索变“自上而下”的考评为“自下而上”的评议机制。四平路街道根据市委1号课题精神，就居委干部的评议、退出机制等方面进行探索实践，由全体党员测评居委干部，探索群众满意度说了算的“自下而上”的测评方式，并试行居委干部正式候选人竞选承诺制，探索居委干部的退出机制，取得了一定成效。

（四）建立行政复议长效机制

党中央、国务院印发的《法治政府建设实施纲要（2021—2025年）》，明确要求发挥行政复议化解行政争议主渠道作用，全面深化行政复议体制改革，在2022年年底前基本形成公正权威、统一高效的行政复议体制。对标中央《行政复议体制改革方案》，结合上海实际，为加快上海市法治政府建设，大力推进治理体系和治理能力现代化，充分发挥行政复议制度优势，促进社会公平正义与和谐稳定，上海市逐步探索并建立行政复议长效机制，确保行政复议发挥化解行政争议的主渠道作用。这不仅成为行政复议法修改的核心目标，亦是行政复议制度实现行政争议的“诉源治理”，是回应法治政府建设需要以及推进国家治理体系和治理能力现代化的必然选择，也是自觉接受各方对行政权的监督采取的积极行动。

奉贤区每年编制行政复议与应诉白皮书，向区四套班子领导、各单位通报行政诉讼与行政复议案件情况，促进行政机关严格规范公正文明执法。建立情况专报、案件分析反馈、跟踪督促等常态化工作机制，加大行政执法指导监督力度。定期召开行政复议与行政诉讼案件沟通协调会，加强司法机关与行政机关的良性互动。截至 2021 年 11 月,行政诉讼案件审结 157 件,实际开庭 126 件,行政负责人出庭 118 件,出庭应诉率为 93.65%,较 2020 年同期上涨 21.86%,居全市前列;经协调撤诉 68 件,调撤率为 43.31%,一大批行政纠纷得到妥善处置。嘉定区建立行政处罚案卷"自查—互查—评查"长效机制。以华亭镇为例,该镇立足基层法治政府建设,组建由华亭综合执法队队长、华亭司法所所长、镇党政办副主任以及法律顾问组成的案卷评查小组,具体做法为每办结一案办案人自查,每季度办案部门内互查,每年全案评查小组评查,通过以行政处罚案卷评查为契机,进一步规范行政执法行为,提高华亭镇行政处罚案卷的质量,全面提升行政执法人员的执法水平,形成"自查—互查—评查"的行政处罚案卷规范长效机制。

四、余论:不断完善行政权力监督的体制机制

近年来,上海市基层法治建设取得较大发展,硕果累累。尤其在自觉接受各方对行政权的监督方面做了大量的创新与探索,形成了许多可复制、可推广的经验模式。着眼未来,上海市要按照中央决策部署,继续深入贯彻落实《法治政府建设实施纲要(2021—2025 年)》任务要求,针对自觉接受各方对行政权的监督方面的短板问题,大胆创新实践,把监督做得更实、做得更好。

一是行政机关领导干部要进一步强化接受监督意识。自觉接受监督是领导干部正确行使权力的重要保证。思想是行动的先导,领导干部任何时候都要牢记权力是党和人民赋予的,必须把自己置于党和人民的监督之下,增强自我监督和自我约束的意识,才能在行动上自觉地接受各方面的监督。各级政府机关作为党代表人民执掌政权的领导机构,必须把一切为了人民、一切依靠人民作为工作的出发点和落脚点,以人民群众拥护不拥护、高兴不高

兴、赞成不赞成、答应不答应、满意不满意作为检验工作的根本标准，自觉对人民负责、为人民服务，请人民监督、让人民满意。

二是不断发挥人民群众及人大代表的监督主体作用，积极借助新媒体平台和大数据技术，推进监督工作的数字化转型，创新建立行政执法公开与监督平台，方便社会各方对行政权的监督，为基层法治建设发展提供先进工具。要提升人大监督的系统性、针对性和有效性，为人民群众联系人大代表及反馈意见创造便利条件。

三是积极推进接受监督的制度化、规范化。建立健全干部联系和服务群众制度、重要决策社会公示和听证制度、重大事项专家咨询制度等，方便群众监督；要通过开展意见征集、群众评议政府等活动，进一步优化“12345”市民热线功能，把加强人民群众监督与健全行政监督体系和问责制度结合起来，使人民群众的意见建议件件有落实、事事有回音，切实保障人民群众的监督权落到实处；要充分发挥行政复议制度优势，深入探索行政复议长效机制，积极发挥纪检监察和司法监督功能，形成对行政权力的监督合力，把行政权力牢牢关在制度的“笼子”里，依法设定权力、规范权力、制约权力、监督权力。

第十章 全面深化社会主义法治宣传教育

法治宣传教育是全面推进依法治国的长期基础性工作，是一项系统性社会工程。习近平总书记高度重视普法工作，亲自谋划、亲自部署、亲自推动，发表一系列重要讲话，作出一系列重要指示，并多次主持中央政治局集体学习，就法治主题进行学习研究，为全党全社会尊法学法守法用法作出了表率。党中央对普法工作进行了科学顶层设计，建立健全了国家工作人员学法用法制度、“谁执法谁普法”普法责任制、社会主义法治文化建设等主干性、基础性制度，着力建设面向现代化、面向世界、面向未来的，民族的、科学的、大众的社会主义法治文化，为全面依法治国提供坚强思想保证和强大精神动力，为全面建设社会主义现代化国家、实现中华民族伟大复兴的中国梦夯实法治基础。

一、全面深化社会主义法治宣传教育的整体要求

牢牢把握中国特色社会主义法治道路是全民普法工作的根本方向，是社会主义法治建设成就和经验的集中体现，是建设社会主义法治国家的唯

一正确道路。立足全民守法是法治建设的基础工程，法治宣传教育要从理论和实践的结合上充分阐明中国特色社会主义法治道路的丰富内涵和实践要求。要着力讲清楚这一道路是从我国革命、建设、改革的实践中探索出来的，符合我国国情和实际，具有显著的优越性；讲清楚我们的人民民主观、公平正义观，宣传好人民群众在全面依法治国中的获得感、幸福感、安全感；讲清楚我们坚持的依法治国、依法执政与西方"宪政"有本质不同，决不能搞西方的"宪政民主""三权分立""司法独立"。要通过扎实有效的宣传阐释，引导干部群众在全面依法治国向哪里走、走什么路这一根本性、方向性问题上，树立自信、保持定力，坚定不移走中国特色社会主义法治道路。

（一）树立宪法权威

宪法作为我国的根本法，具有最高法律效力，是治国安邦的总章程，是党和人民意志的集中体现。要在全社会深入开展尊崇宪法、学习宪法、遵守宪法、维护宪法、运用宪法的宪法学习宣传教育活动，普及宪法知识，弘扬宪法精神。在全社会牢固树立宪法法律至上、法律面前人人平等、权由法定、权依法使等基本法治观念，维护宪法权威，推动形成尊崇宪法、学习宪法、遵守宪法、维护宪法、运用宪法的社会氛围。抓住领导干部这个"关键少数"，把宪法法律学习列为党委（党组）理论学习中心组学习的重要内容，纳入党和国家工作人员培训教育体系。加强青少年宪法法律教育，增强青少年的规则意识、法治观念。在"五四宪法"历史资料陈列馆基础上建设国家宪法宣传教育馆，建设各类宪法学习宣传教育基地，通过升国旗、奏唱国歌等仪式仪礼和开展重大节庆活动，增进全社会对宪法的尊崇和信仰，全面落实宪法宣誓制度。推动"12·4"国家宪法日和宪法宣传周集中宣传活动制度化，实现宪法宣传教育常态化。把宪法教育和爱国主义教育有机结合起来，以宪法教育激发爱国热情,增进各族群众对伟大祖国、中华民族、中华文化、中国共产党、中国特色社会主义的认同。

(二)增强全民法治观念

全民守法是法治社会的基础工程。要深入学习宣传习近平法治思想,深入宣传以宪法为核心的中国特色社会主义法律体系,广泛宣传与经济社会发展和人民群众利益密切相关的法律法规,使人民群众自觉尊崇、信仰和遵守法律。广泛开展民法典普法工作,让民法典走到群众身边、走进群众心里,大力弘扬平等自愿、诚实信用等法治精神,教育引导公民正确行使权利、积极履行义务。积极组织疫病防治、野生动物保护、公共卫生安全等方面法律法规和相关知识的宣传教育活动。充分发挥领导干部带头尊法学法守法用法对全社会的示范带动作用,进一步落实国家工作人员学法用法制度,强化法治培训,完善考核评估机制,不断增强国家工作人员特别是各级领导干部依法办事的意识和能力。加强青少年法治教育,全面落实《青少年法治教育大纲》,把法治教育纳入国民教育体系。强化依法治理,从人民群众反映强烈的问题改起、从细节抓起、从小事做起,积极引导公民在日常生活中遵守交通规则、做好垃圾分类、杜绝餐饮浪费、革除滥食野生动物陋习等,培养规则意识,培育良好法治环境。提升应急管理水平,在法治轨道上应对突发事件,引导全社会依法行动、依法办事。加强对社会热点案(事)件的法治解读评论,传播法治正能量。运用新媒体新技术普法,推进"智慧普法"平台建设。

(三)坚持法治宣传教育与法治实践相结合

要加大全民普法力度,在针对性和实效性上下功夫,落实"谁执法谁普法"普法责任制,完善法官、检察官、行政复议人员、行政执法人员、律师等以案释法制度,注重加强对诉讼参与人、行政相对人、利害关系人等的法律法规和政策宣讲,发挥典型案例引领法治风尚、塑造社会主义核心价值观的积极作用,不断提升全体公民法治意识和法治素养,引导全社会尊重司法裁判、维护司法权威。加强在执法全过程中主动普法,将行政执法相关的法律依据、救济途径等进行公示,并创新运用多种形式,加强对新出台法律法规规章的解读。充分发挥法律服务队伍在普法宣传教育中的重要作用,为人民群众提供专业、精准、高效的法治宣传。健全媒体公益普法制度,引导报社、电台、电视台、网站、融媒体中心等媒体自觉履行普法责任,不断培育壮大普法志愿者队伍,形成人民群众广泛参与普法活动的实践格局。

(四)培育社会主义法治文化

社会主义法治文化是中国特色社会主义文化的重要组成部分,是社会主义法治国家建设的重要支撑。要弘扬社会主义法治精神,传播法治理念,恪守法治原则,注重对法治理念、法治思维的培育,充分发挥法治文化的引领、熏陶作用,形成守法光荣、违法可耻的社会氛围。丰富法治文化产品,培育法治文化精品,有效促进法治文化与传统文化、红色文化、地方文化、行业文化、企业文化融合发展,促进法治文化进机关、进农村、进社区、进企业、进学校、进军营、进网络等,扩大法治文化的覆盖面和影响力。利用重大纪念日、传统节日等契机开展群众性法治文化活动,组织各地青年普法志愿者、法治文艺团体开展法治文化基层行活动,推动法治文化深入人心。大力加强法治文化阵地建设,以民主法治示范村(社区)等为基础,努力打造各具特色的法治文化体验线路,形成一批深受人民群众喜爱的区域性法治文化集群。加强基层单位法治文化形象塑造,建设法治"微景观",着力提升基层法治文化阵地建设质量,推动从有形覆盖向有效覆盖转变。

二、上海全面深化社会主义法治宣传教育的探索与成效

近年来,上海市各区、各部门和广大普法工作者扎实工作、开拓创新,社会主义法治宣传教育取得积极成效,法治宣传教育工作进一步向基层延伸、在群众中开展。积极开展多形式的宪法学习宣传教育活动,广大干部群众的宪法意识不断增强,宪法精神深入人心。抓住党和国家工作人员、青少年等重点人群开展法治宣传教育,使他们增强法治观念,成为尊法学法守法用法的模范。积极落实“谁执法谁普法”普法责任制,市民法治观念显著增强,全社会厉行法治的积极性和主动性明显提高。社会主义法治文化建设成果丰硕,优秀法治宣传教育产品层出不穷,群众性法治文化活动广泛开展,全社会形成了良好的法治文化环境。

(一)集中开展宪法宣传活动,全面实施宪法学习工程

宪法是国家的根本法,依法治国首先要坚持依宪治国,依法执政首先要坚持依宪执政。习近平总书记一直特别重视宪法宣传教育工作,对宪法宣传教育、法治教育等方面提出了具体要求,指出“我国宪法以根本法的形式反映了党带领人民进行革命、建设、改革取得的成果,确立了在历史和人民选择中形成的中国共产党的领导地位。对这一点,要理直气壮讲、大张旗鼓讲。要向干部群众讲清楚我国社会主义法治的本质特征,做到正本清源、以正视听”。[1] 为在全社会加强宪法宣传教育,提高全体人民特别是各级领导干部和国家机关工作人员的宪法意识和法制观念,弘扬社会主义法治精神,努力

---

〔1〕 习近平:《关于〈中共中央关于全面推进依法治国若干重大问题的决定〉的说明》(二〇一四年十月二十日),载《十八大以来重要文献选编》(中),中央文献出版社 2016 年版,第 147 页。

培育社会主义法治文化,让宪法家喻户晓,在全社会形成学法尊法守法用法的良好氛围,上海市自上而下实施了内容和形式丰富多样的宪法学习工程。市委第一时间组织以宪法为主题的中心组学习,召开常委会专题审议相关工作安排并印发《关于深入学习宣传和贯彻实施宪法的通知》。组织开展“尊崇宪法、学习宪法、遵守宪法、维护宪法、运用宪法”宣传教育活动,有力推进宪法“九进”。组建市级、区级宪法宣讲团17个,全面组织实施“人手一册,每户一本,居村一讲一阵地”宪法学习工程,实现宪法宣传阵地全市16个区全覆盖。认真组织开展“12·4”国家宪法日系列活动。2020年12月4日国家宪法日当天,举办“上海市宪法教育馆”开馆暨上海市第16届成人仪式。2020年11月30日至12月6日,开展主题为“深入学习宣传习近平法治思想　大力弘扬宪法精神”的宪法宣传周活动。2021年12月3日,市法宣办、市农业农村委主办,奉贤区法宣办、奉贤区农业农村委承办的“法治乡村行‘宪’在就出发”——上海市培育农村学法用法示范户启动仪式举行。2021年11月29日至12月5日宪法宣传周期间,采用“主场活动+专题活动+主题日”方式组织宪法宣传教育活动,开展“宪法进农村、宪法进社区、宪法进校园、宪法进机关、宪法进企业、宪法进军营、宪法进网络”等主题活动。

(二)突出普法重点内容、关键领域、重要群体,助力化解超大城市治理难题

面对超大城市治理难题,上海市着力以法治之力推动化解各类治理难题。广泛宣传民法典,让民法典走到群众身边、走进群众心里,在全社会强化规则意识、倡导契约精神、维护公序良俗。市委中心组专题学习民法典,以市委依法治市委名义印发《关于深入学习宣传贯彻实施〈中华人民共和国民法典〉的实施方案》,推动民法典宣传教育制度化、常态化、长效化;组

建上海市民法典宣讲团,线上线下同步开展宣讲,依托主流媒体和新媒体,精心制作公益广告、短视频、学习专栏等,营造浓厚氛围;精心筹备民法典纪念邮票及纪念封全国首发仪式;响应中宣部、司法部等九部门联合印发《“美好生活·民法典相伴”主题宣传方案》(司发通〔2021〕31号),“以5月28日民法典颁布日为契机,在每年5月组织开展民法典宣传月活动”的号召,组织开展“民法典宣传月”活动,深入开展“美好生活 民法典相伴”主题宣传,力图打造民法典学习宣传品牌,形成制度化、常态化宣传局面;组织各区司法局普法干部开展“普法骨干专题培训”,专题学习民法典,加强本市司法行政队伍法治宣传干部素质。积极组织疫病防治、野生动物保护、公共卫生安全、垃圾分类等方面法治宣传教育活动,推动全民依法战“疫”。“前奥密克戎”阶段,上海市及时组织开展“防控疫情、法治同行”专项法治宣传活动,充分发挥“大法宣”平台优势,有效加强依法防疫和复工复产复市服务保障;精准供给抗疫法治宣传产品,制作发布疫情防控法律政策电子书、系列海报、短视频、法律提醒短信以及宣传手册、法律服务指引;多次通过市政府新闻发布会,积极回应广大市民法律关切。组织开展以案释法、知识竞答等线上法治宣传活动,推出社区防疫双语法律问答专栏,为境外人士“零障碍”普法,全面营造依法抗疫良好氛围。“奥密克戎”阶段,依托微信公众号等平台开设普法专栏,分专题聚焦传染病防治法、房屋租赁、网络信息交流、物资保供、金融、物流、疫情期间相关刑事问题、企业复工复产政策,解答市民关心的法律问题,运用法治力量防控疫情,维护共同利益。推动垃圾分类常态化,根据习近平总书记在上海虹口区市民驿站嘉兴路街道第一分站考察时强调的,垃圾分类工作就是新时尚,上海市开展多样的《上海市生活垃圾管理条例》(以下简称《条例》)宣传活动。市委组织部将《条例》培训纳入全市党员干部现代远程教育平台网课,播放次数超过10万次;市、区、街道乡镇多层次、多渠道开展《条例》集中培训1.6

万余场次，培训150万余人次；垃圾分类及《条例》宣传覆盖6000个居(村)委；编写出版《〈上海市生活垃圾管理条例〉释义》，赠阅发放1.2万册等。上海市绿化和市容管理局在全市继续开展"上海市生活垃圾全程分类主题宣传"活动，为生活垃圾全程分类推进工作创造良好的社会氛围，助力化解超大城市治理难题。

（三）推进普法责任制实践构建全社会共同参与的"大普法"工作格局

实行国家机关"谁执法谁普法"普法责任制，在执法司法过程中进行精准普法、实时普法，讲清楚法理、讲明白道理，让人民群众更好地理解法律规定，更加自觉地履行法律裁定，减少执法中的冲突和对立，增强普法的针对性和有效性。健全完善法官、检察官、行政复议人员、行政执法人员、法律服务工作者等以案释法工作机制，注重加强对诉讼参与人、行政相对人、利害关系人的政策宣讲和法律法规讲解，将执法司法和法律服务的过程转化为精准普法的过程。加强典型案例宣传，充分发挥典型案例的引导、规范、预防与教育作用。加大政府购买服务和政策支持力度，鼓励社会组织、普法志愿者参与法治宣传教育工作实践。引导报社、电台、电视台、网站、融媒体中心等各类媒体自觉履行普法责任。积极贯彻落实中共中央办公厅、国务院办公厅《关于实行国家机关"谁执法谁普法"普法责任制的意见》，由上海市委办公厅、市政府办公厅印发《关于实行国家机关"谁执法谁普法"普法责任制的实施意见》，结合上海实际、体现上海特色，推动上海市国家机关切实履行普法责任。在此背景下，上海市62家市级机关和350余家区级机关发布普法责任清单，市法宣办出台《关于建立法官、检察官、行政执法人员、律师等以案释法制度的实施意见》，推动以案释法的常态化、规范化和制度化。在全国首创《行政执法过程中精准普法的工作指引》，指导上海市行政执法人员在执法过程中开展实时普法、精准普法。

（四）提升城市软实力，打造社会主义法治文化上海品牌

十一届上海市委十一次全会审议通过了《中共上海市委关于厚植城市精神彰显城市品格全面提升上海城市软实力的意见》，在“六个让”里，“让法治名片更加闪亮”妥妥“上榜”，彰显出法治在城市软实力发展中的“硬道理”。上海坚持以社会主义核心价值观引领法治文化建设，注重对市民法治理念、法治思维的培育，充分发挥法治文化的引领、熏陶作用，将法治文化建设与弘扬上海城市精神和城市品格深度融合，厚植上海城市文明法治底蕴。坚持把法治文化建设纳入上海公共文化服务体系，在传播红色文化、海派文化、江南文化中积极融入法治元素，引导激励高质量法治文化产品创作、生产、传播，扩大法治文化的覆盖面和影响力。积极开展具有法治内涵的辩论赛、知识竞赛、故事巡讲等群众性法治文化活动。推动更多城市公共空间融入法治文化元素，充分利用机关单位、住宅小区、楼宇、广场、公园、展览馆、博物馆、图书馆、公共交通场站等公共空间，打造更多法治文化阵地，促进法治文化与机关文化、校园文化、行业文化、企业文化和社区文化深度融合，不断引领法治文化创新。“七五”普法期间，全市已建成各具特色的法治文化阵地2000余个。自2019年起，已评选出57家市级社会主义法治文化品牌阵地、33个品牌活动。其中，杨浦国歌展示馆、嘉定法宝体验中心等入选第三批全国法治宣传教育基地。上海市宪法教育馆于2020年12月4日建成开馆，成为具有上海辨识度的普法宣传样本。

上海在全面深化社会主义法治宣传教育方面取得的累累硕果离不开党委的坚强领导、离不开人民群众的深度参与、离不开求真务实的工作作风和追求卓越的才能。坚持党委领导、人大监督、政府实施、各部门齐抓共

管、全社会共同参与的领导体制和工作机制，实行国家机关“谁执法谁普法”普法责任制，是法治宣传教育工作的根本保证；坚持以人民为中心，满足新形势下人民群众对普法工作的新需求和新期待，是法治宣传教育工作的基本出发点；坚持围绕中心、服务大局，把法治宣传教育融入法治建设各环节，渗透到经济社会发展各方面，促进上海城市治理体系和治理能力现代化，是法治宣传教育工作的重要担当；坚持守正创新、与时俱进，不断创新普法理念，拓展普法宣传平台，探索独具特色的普法方式，是法治宣传教育工作的有力支撑。

三、上海深入开展法治宣传教育的基层实践

依法治国的基础在基层。要全面夯实依法治国的根基，需要全社会广大人民群众的共同参与才能成功。上海市创新开展法治建设示范创建活动，并将基层法治宣传教育水平纳入创建考评的重要指标，引导乡镇街道加大对基层一线群众的普法工作力度，积极弘扬社会主义法治精神，让法治的力量在人民群众的心中生根发芽，更好地把社会主义法治优势转化为国家治理效能，使法治的思想成为全社会共识和基本准则。

（一）宪法集中宣传活动制度化推进，实现宪法宣传教育常态化

1953 年 12 月，毛泽东同志带领宪法起草小组的成员，从北京到杭州，集中精力去做一件立国安邦的大事：起草新中国宪法。从制定和修改宪法，到确立依法治国的基本方略，从逐步确立中国特色社会主义法律体系，到全面依法治国纳入“四个全面”战略布局，宪法作为国家根本大法，是国家法律体系的基础和核心。在国家宪法日等重要时间节点开展宪法宣传活动，制度化、常态化、推进宪法宣传教育，不仅是展示中国法治建

设成就的重要窗口，也是开展全民普法、推动全民守法的重要载体和有效抓手。

创新宪法宣传形式，让宪法精神跃动起来

近年来，松江区广富林街道以习近平法治思想为指导，以“维护宪法权威，深化宪法宣传教育”为工作导向，开展宪法宣传活动，聚焦国家机关工作人员、在校大学生等重点群众宪法意识的强化，同时关注社会面宪法及重点法规知识水平的提升，实现依法治理工作依法推进，依宪推进。

第一，整合资源统筹规划，搭建宪法宣传教育的“高端”平台。街道“八五”普法规划明确提出“突出宣传宪法”，每年由街道依法治理办对宪法宣传教育进行总体规划，由普法守法工作协调小组推进落实。细化制定“广富林街道宪法宣传周活动计划表”，有步骤有计划地开展宪法宣传活动。2019 年以来，依托区司法局、团区委等区级平台，争取优质资源，共同举办“法治文汇，‘宪’在启航”等主题宣传活动，为宪法宣传活动提质增效，扩大街道宪法宣传教育的覆盖面和影响力。

第二，“1 +7”模式集中宣传，拉满宪法宣传教育“动力”档位。坚持点面结合，运用“1 +7”宪法宣传教育模式，线上线下，跨界融合，开展宪法集中宣传活动。“1”是由一个“12 · 4”宪法日主题活动作为宣传主角，揭开宪法宣传周系列活动序幕。2020 年举办“法治文汇，‘宪’在启航”活动，2021 年举办“十分钟法治文化圈，‘宪’在开始”活动。“7”是在宪法宣传周期间，不间断开展各类宪法宣

传活动。线下成立宪法志愿宣讲团为辖区16个居委会(功能区)提供宪法、民法典等宣讲与咨询服务;线上举行以“宪法”为主题的网络知识竞赛活动,吸引公众学法。

第三,融合地域文化特色,打造宪法宣传教育的“青春”阵地。响应《上海法治社会建设规划(2021—2025年)》要求,打造贯穿松江大学城7所高校,以大学生为主体,辐射覆盖各类人群,集教育和体验为一体的宪法宣传教育阵地——法治文汇路,形成融入宪法主题的法治路标雕塑、法律职业主题墙等六大特色法治主题街景。通过“扫码即时学”等形式,引导高校师生及居民参与街景打卡,学习宪法及相关法律知识,并依托法治游园会、宪法小游戏等活动,寓宪法教育于娱乐。目前,法治文汇路已获评第三批“上海市社会主义法治文化品牌阵地”。

第四,原原本本学宪法,营造宪法宣传教育的“感人”氛围。街道为每户居民发放宪法单行本共计33,417本,覆盖辖区内所有小区居民;宪法宣传周期间,街道微信公众号每日推送宪法宣传视频,并在印象城等商业综合体、各小区大屏、街道机关大楼大屏幕等滚动播放宪法宣传标语和视频,营造良好的宪法学习宣传氛围。

广富林街道坚持以社会公众法治需求为导向,深化“宪法‘大’主题‘广’传播”的宣传教育工作理念,实现宪法集中宣传活动制度化推进,宪法宣传教育常态化。一是依托街道法治建设议事协调机构为宪法宣传规划“量体裁衣”;二是坚持统筹规划、协调优质资源,高水准烹饪“宪法宣传盛宴”;三是借助花样频出的“1+7”宪法集中宣传模式推动普法从“大水漫灌”转为“精准滴灌”;四是打造融合地域文化特色的宪法宣传教育阵地——法治文汇路,为广富林街道的宪法宣传增添“有形载体”。

（二）坚持普治并举提升基层依法治理水平

全市各级法治宣传部门不断创新法治宣传教育模式及路径，围绕全面提高依法防疫、依法治理能力等目标，开展疫情防控普法宣传，加大民法典等与人民群众利益密切相关的法律法规的宣传力度，实现运用法治思维、法治方式筑牢打赢疫情防控人民战争的坚实基础，协助破解群众“急难愁盼”的民生问题，积极打造共建、共治、共享的社区治理新模式，有效引导广大群众切实增强法治意识，以全民尊法、学法、守法的自觉行动，提升基层依法治理水平。

松江区广富林街道“花式”宣讲民法典

民法典系统整合了新中国70多年来长期实践形成的民事法律规范，是一部体现我国社会主义性质、符合人民利益和愿望、顺应时代发展要求的民法典。根据上海市及松江区关于开展民法典主题宣传活动的通知，广富林街道创新形式和途径，聚焦重点领域、重点人群，积极开展民法典宣传工作，推动民法典“典”亮生活。

第一，创新杯赛实现民法典进“机关”，组织领导干部专题学习民法典。自2020年起，广富林街道联合松江区司法局、松江区律工委连续2年举办广富林杯“云间”法治宣讲员风采展示活动，以松江区律师为主体的参赛选手围绕民法典主题，从实务工作出发，通过形象的描述、生动的案例展现了民法典作为社会生活的

“百科全书”如何影响、保护公民的一生。相关活动报道的网络点击率达20万。同时,依托杯赛平台举办“民法典进机关”党(工)委中心组扩大学习会,由街道推进法治建设第一责任人上民法典专题法治课,邀请著名专家学者开展民法典专题讲座,组织领导干部专题学习民法典。

第二,实践拓展推动民法典进“校园”,加强青少年民法典学习宣传教育。2020年8月13日,广富林街道在华政附校打造“法治校园联盟”品牌,会集5所法治联盟学校的法治小精英,开展民法典知识大比武、玩转“民法典大转盘”。2021年9月23日,继续依托“法治校园联盟”举行民法典进校园活动,以“‘典’亮生活,‘未’爱护航”为主题开展情景故事演绎模式的法治教育课。

第三,组建宣讲团落实民法典进“社区”,开展居民群众民法典专项宣传。深入开展民法典进社区活动,一方面在“12·4”宪法周之际,由广富林杯“云间”法治宣讲员组成民法典宣讲团下沉到街道各社区开展民法典宣讲、提供法律咨询;另一方面依托松江区融媒体中心《直播松江——法在身边》,组织顾问律师讲解民法典如何护航百姓日常生活。

第四,集结律师推动民法典进“商会”“网络”等,实现民法典宣讲全覆盖。2020年8月21日,在文汇路轻客众创空间召开“人民法典为人民——民法典进商会”法律宣讲活动;2021年8月,开设广富林“民法典”空中课堂,律师结合实际案例,深入浅出讲解民法典的创新内容,强调以法典为遵循,弘扬契约精神,实现民法典宣讲全覆盖。

广富林街道民法典宣传活动是深入贯彻落实习近平总书记关

于广泛开展民法典普法工作的重要指示，营造民法典学习宣传浓厚氛围，弘扬法治精神的生动实践。一是充分发挥专业律师在民法典宣传教育中的优势作用，以群众读得懂、看得明、听得进的方式，开展专业解读，推动民法典宣传走上专业化、精细化轨道。二是创新杯赛形式，提升民法典宣讲的"可看性"，让领导干部在"沉浸式"体验中感受到民法典与生活息息相关，同时依托"两微一端"等新媒体平台，使民法典之声越传越宽广。三是整合高校优质资源，组建专业团队，启动法治公益素质拓展等新颖的活动项目，在学生群体中掀起学法用法的高潮。

四个"起来"汇聚奉贤抗"疫"普法强大力量

为深入贯彻落实中央和上海市关于坚决打赢防控新冠疫情阻击战的决策部署，提高全社会依法防控意识，奉贤区扎实开展"众志成城、依法保障、普法同行"专项法治宣传活动，为新冠疫情防控提供有力法治保障。

第一，一处不留白，法治氛围"浓起来"。一是统一配送依法战"疫"海报2121份、《滚蛋吧，病毒君！》依法战"疫"手册521本，制作硬核横幅368条悬挂于醒目位置，利用179块电子显示屏宣传防控知识，确保抗"疫"元素随处可见，法治氛围弥漫全城。二是借助乡村小喇叭、高空无人机大喇叭，为群众播放防疫知识，构筑防控疫情的宣传风景线。三是组织发动425名普法志愿者入户宣传，发放宣传单等12,272份，让防疫宣传"上天入地"火力全开，打通抗疫宣传"最后一公里"。

第二,一丝不松懈,媒体平台“转起来”。一是落实媒体公益普法职责,吹响宣传“集结号”。《奉贤报》及时精准推送权威信息和抗“疫”一线报道。奉贤电视台全天候滚动播放市司法局制作的系列防疫普法短视频,宣传上级决策部署和我区抗“疫”工作动态,形成立体宣传报道。“阳光959”电台在工作日直播节目“午后原味时光”“959民生热线”开辟专栏,做好疫情期间辟谣、心理疏导等科普宣传。二是用好新媒体普法平台,抓牢宣传“主阵地”。通过“小贤说法”微信公众号、“奉贤普法”微博等新媒体平台,倡导广大群众注意甄别网络信息真假。疫情期间,“小贤说法”微信公众号设立“依法战疫”“疫案普法”“疫线报道”等专题栏目,不间断发布《新型冠状病毒感染肺炎疫情当前防控工作有关法律知识问答》等疫情防控权威报道、工作动态等信息90余条,增强了群众的防控意识和法治意识。

第三,一刻不停歇,众志成城“艺起来”。《抗“疫”三字经》用朗朗上口的文字进行抗“疫”宣传,“非遗剪纸”将防疫贴士融入传统文化,绘画达人用漫画说“法”。原创诗歌《光荣属于大爱无疆的你》、歌曲《致敬最美逆行者》等作品致敬最美“逆行者”,贤城学子通过“手势舞”为抗“疫”助力,各界凝聚起抗“疫”正能量。

第四,一个不落下,方言宣传“活起来”。“翠华说法”创始人李翠华编写㑚㑚话版《翠华说防控》,让各年龄段市民群众都能记住防控要点。普法志愿者制作《思畅园小喇叭》视频,用方言提醒复工复产防疫要点。“阿傅讲故事”创始人傅永辉将沪剧《燕燕做媒》改编为《今朝燕燕勿做媒》,用市民群众耳熟能详的沪剧守“沪”。普法志愿者创作传统曲艺三句半《众志成城抗疫情》,演绎举国上下共克时艰、共同奋斗的决心。

奉贤区开展多种形式的抗“疫”专项法治宣传活动，引导人民群众增强依法抗疫意识。一是发动抗疫志愿者加入普法队伍，将普法宣传活动融入防疫志愿活动，实现抗“疫”专项法治宣传深入社区每一个角落；二是引导广播电视、互联网等各类传统媒体和新型媒体自觉履行公益普法责任，开设新冠疫情防控法治宣传专栏；三是调动专业人才，融合地方特色和“演绎”等，以群众喜闻乐见的方式开展沉浸式普法，实现普法实施者与受众对象为一体。

（三）落实普法责任制，积极推进以案释法工作机制

市委办公厅、市政府办公厅印发的《关于实行国家机关“谁执法谁普法”普法责任制的实施意见》是基层落地落实普法责任制的依据，明确了本市各国家机关的普法责任，突出了工作重点。该文件提出要进一步健全工作机制，尽快发布普法责任清单，拿出路线图和时间表，落实普法责任制。一方面要推动普法与执法工作有机结合。把普法工作融入执法司法各环节和全过程，使每一个执法司法过程都成为普法过程，使执法司法人员都成为普法宣传员。另一方面要确保以案释法工作落地见效。推动审判机关、检察机关、行政执法机关建立以案释法制度，并推动本市新闻媒体和互联网传播平台开展公益普法，深化“谁执法谁普法”普法工作实践。

“一线绎法”我执法我普法网络直播讲堂

为进一步落实国家机关“谁执法谁普法”普法责任制，提升普法实效，从2019年起，徐汇区委依法治区办、区法宣办、区法学会依托互联网新媒体技术，开设“一线绎法”我执法我普法网络直播讲堂，从普法形式、内容架构、受众参与等方面综合探索完善，不断提升普法效果，至今已举办十期，被命名为第二批“上海市社会主义法治文化品牌活动”。

第一，严选“传播者”。讲堂邀请本区各类国家机关法治建设第一责任人，即各单位党政主要负责人担任“主讲人”，围绕本部门普法责任清单，讲述履职过程中的工作案例、工作体会，讲解所涉及的法律规定，以案释法，普及法律常识，提高群众对国家机关履职、对法律法规实施的理解。迄今，已有10多位党政机关“一把手”亲临讲堂，直面网民担纲“普法者”。讲堂主持人一般邀请有主持大型论坛经验、10年以上执业经验的知名律师，或有法律相关背景的专业人士。同时，请直接参与法律起草的立法者、不同领域的法学专家等担任“特邀嘉宾”，从立法目的、立法背景、法理等角度解读宣讲相关法律法规。

第二，扎实“做内容”。讲堂开讲的内容，主要围绕群众关心的热点难点问题，围绕普法重点内容，围绕当年新法新规。如首期讲堂针对群众反映的“噪声污染”“达标扰民”等问题，区生态环境局局长王淳依据《环境噪声污染防治法》等法律法规的相关规定，对测量标准、处罚标准和依据等做了解读和普及，并坦诚沟通执法中的难点和困惑，既获得群众理解，也起到了很好的普法效果。又如，《民法典》颁布后，针对“离婚冷静期”“夫妻共同债务认定”“家庭暴力举证”等热点问题，时任区妇联主席陈华、区司法局局长左静鸣，与主持当期讲堂的资深家事律师谭芳共同开展了法律解读。每期讲堂内容丰富，干货满满。直播结束后，通过微信公众号、报纸专版、编制成册等平面形式浓缩推广讲堂精华，依托视频回看、知识点小视频等方式进行直播内容的二次传播。

第三，探索“多元化”。每期讲堂既有B站等网络直播，也有现场群众与主讲人、专家互动；既有当期法律知识线上答题，也有线下“吐槽”和“发问”；既有对窗口单位依法办事效率“真人亲测”，也有对法律法规落实情况的“实地暗访”；既有主持人有趣的“微普法”，也有主讲人真实的案例分享。

依托直播讲堂，用话筒和网络架起执法普法者与社会公众之间沟通的桥梁，让执法者作为普法者开讲，讲述执法普法的现状，交流执法普法的体验，直面执法普法的困惑，沟通执法普法的心得，探究执法普法的新思路，提高广大人民群众对国家机关履职、对法律法规实施的理解，促进执法机关更加严格、规范、文明、公正地执法，共同推动法治徐汇、法治政府、法治社会的一体化建设。

全媒体直播以案释法，守护“舌尖安全”

2021年3月15日，闵行区人民法院行政庭首次以全媒体直播方式公开开庭审理了原告上海怡和（化名）食品有限公司不服被告上海市松江区市场监管局（以下简称松江市监局）作出的行政处罚决定以及被告上海市松江区人民政府作出的行政复议决定一案。闵行区人民法院副院长李国泉担任本案审判长，松江区市监局局长陆峰、松江区司法局局长潘琼分别作为两被告的行政机关负责人出庭应诉。

第一，直播庭审，释法析理。原告通过先用清洗剂擦掉原生产日期，再用喷码机重新喷码的方式，陆续对积压的临近保质期及已过期的“奶酪熏肠”等产品的生产日期予以篡改，货值金额177,081.56元，并已销售其中部分。案发后，该批产品被全部召回。2020年6月28日，松江市监局责令原告改正违法行为，并对其处以：吊销食品生产许可证、罚款301万余元、没收违法生产的涉案产品及违法生产使用工具、设备。原告不服处罚决定及维持该处罚决定的复议决定，诉至闵行区人民法院，法院以全媒体直播方式公开开庭审理。原、被告围绕是否处罚过重展开了激烈交锋。法院经审查后认为，涉案产品系肉制品，属于高风险食品，篡改行为恶劣，货值金额高，且销售渠道较广，对群众身体健康的潜在危害性较大。而原告应知如实标明产品生产日期的重要性与必要性，但多次大量篡改生产日期，具有实施违法行为谋利的主观故意。合议庭经评议后，认为松江市监局结合案件具体情况综合考量后，根据原告的主要情节在法定处罚幅度内作出被诉行政处罚决定，法律适用正确，处罚裁量适当，遂当庭判决驳回原告的诉讼请求。

第二，庭前释法，判后答疑。中央电视台《现场》栏目对庭审过程进行直播，并邀请中国政法大学法治政府研究院院长赵鹏教授以“篡改食品生产日期被吊证　如此处罚过重吗”为题，与观众全程实时互动。最高人民法院公众号题为“篡改生产日期挑战‘舌尖安全’，不满处罚状告政府，判了！”的推文阅读量达近3万。《人民法院报》以题为“篡改生产日期挑战‘舌尖安全’,‘现在开庭’全媒体直播关注食品安全案例”进行报道。本案庭审吸引央视移动网、央视频、央广网、人民网、人民法院报、中国法院网、中国日报网、微博等40余家网络媒体、平台全程参与网络全媒体直播,近1000万网友在线观看。

第三,“三合一”普法,提质增效。市委党校、市机关处级领导职务公务员任职培训班学员、松江区政府及该区委办局工作人员,以及市司法局相关业务处室、部分媒体代表等100余人现场参加庭审旁听。庭审结束后,市司法局、市委党校在闵行区人民法院联合组织了行政机关负责人出庭、旁听、讲评“三合一”活动,市委党校培训班学员参加了讲评交流。

本案所涉行政处罚案系落实食品药品安全“四个最严”要求专项行动典型案例之一,在“3·15”“舌尖安全”宣传活动当日引发了热烈的社会反响,起到了良好的法治宣传效果。通过全媒体直播庭审,使社会热点案(事)件依法解决的过程成为普法公开课;开展法治解读评论,引导广播电视、互联网等各类媒体自觉履行公益普法责任;“三合一”活动将参与主体从行政执法人员拓展到党校轮训学员,实现从干部应诉实务技能提升到干部综合能力素养的突破。

(四)加强社会主义法治文化阵地建设,培育社会主义法治文化品牌

上海市坚持以社会主义核心价值观为引领,坚持法安天下、德润人心,坚持知行合一、重在实践,坚持海纳百川、守正创新,大力推动社会主义法治文化与红色文化、海派文化、江南文化相互融合、相互赋能,融合上海城市精神和城市品格,塑造上海法治文化品牌。同时培育法治文化“有形

载体”，打造了一批具有高知名度、高影响力的社会主义法治文化品牌阵地，各街道乡镇依托各类法治文化阵地，深入推进群众性精神文明创建活动，深化市民修身行动，在全社会厚植责任意识、契约精神，倡导重信守约、理性自律，培育崇尚法治的理念。为全面提升上海城市软实力，深化“五个中心”建设、打响“四大品牌”、强化“四大功能”，建设新时代人民城市和具有世界影响力的社会主义现代化国际大都市营造良好的法治环境。

“静安公安·法制夜市”品牌栏目

静安区在网络诈骗的治理打击方面，秉持“打防并举、以防为主”，不断加大相关防骗反诈知识普及和推广度。区公安分局“法制夜市”项目组围绕反诈宣传，深度挖掘辖区优质资源，形成多个跨领域合作范本，并依托融媒体推送渠道，打通反诈宣传的“最后一公里”，扩大宣传覆盖面和成效性。

第一，打造跨领域合作范本。静安公安“法制夜市”反诈宣传项目团队积极联动，先后推出“静安公安·笑果文化”“静安公安·开心麻花”“静安公安·开开集团”等企业，主打联动公益宣传形式，推出“反诈脱口秀专场”“反诈菜场”5场联动公益反诈宣传活动，线下受众人群达3000余人，直播互动量达120万，以“高曝光率”进一步树立公安反诈品牌形象。

第二，集中优势资源打造公益课堂。项目团队通过布局反诈宣传新媒体矩阵，结合“全警实战大练兵”工作，多次邀请治安、刑侦专家与项目团队反诈宣传专业警力代表一起进企业、进学校、进机关单位广泛开展讲座、论坛和调研，在集中针对辖区易发案类电信网络诈骗的资金流、通信流、信息流、人员流持续开展集中研判的同时，培养一批年轻化、高素养的反诈宣传专业警力，为实现更高效、精准的反诈宣传以及未来项目拓展和可持续化推进奠定基础。

第三，集中优势资源形成宣传集群效应。自2020年起，静安公安"法制夜市"项目团队不断深挖辖区资源，研判集中法制宣传可行性方案，整合筛选并最终组织辖区建设银行、市北高兴园区、上海多媒体产业化基地等企事业单位及辖区10余所中小学，会同分局16个官方社交媒体平台形成"法制夜市"新媒体矩阵，为反诈宣传活动、反诈宣传作品及其他法制宣传内容进行线上宣传造势，集中推进法制宣传工作融合发声，进一步激发矩阵优势，形成集群效应。

第四，联动龙头企业推动数字化反诈项目。静安公安分局下沉投放的人机互动式人工智能设备，通过人工智能、语音对话、远程支持方式24小时为居民提供在线法律咨询、反诈线索举报、最新电信网络诈骗案例曝光等服务。依托国家反诈中心App项目远程支持，2020年度首先在天目西地区凯德星贸等商圈对商场服务机器人进行反诈模块测试，取得了较好的效果。

"法制夜市"法制宣传项目将目光放到"线上集中推广"，运用各类接地气、冒热气的表达方式及各类制作精良的反诈互联网作品，尽可能做到人员结构全覆盖、时间地理全突破、传播效果多层次。通过专场宣传，把反诈宣传交给年轻人；依托穿插舞台，让法制宣传有了艺术效果；围绕衣食住行，集中填补中老年群体空白；利用数字化转型，首创"元宇宙反诈酸奶"获好评。"法制夜市"集中力量打造反诈宣传品牌效应，其高融合度的项目模式、可复制性的资源联动方式，多样化的宣传形式和载体，实实在在夯实了防骗反诈的“基本盘”。

“全过程人民民主”首提地、法治文化品牌阵地
——虹桥街道古北市民中心

长宁区虹桥街道古北市民中心作为古北国际社区的家门口综合服务平台，力求为中外人士打造一个便利、温馨、精彩、融合的市民之家，服务内容主要包括基层立法联系点，公共法律服务，涉外法律服务办理及文化、养老等社区综合服务，是颇具知名度的“上海市社会主义法治文化品牌阵地”。

第一，街道立法联系点，“全过程人民民主”首提地。2015 年 7 月起，古北市民中心成为全国人大法工委 4 个基层立法联系点之一，也是唯一直接设在街道的联系点。基层立法联系点的设立受到了人民群众的广泛认同，2016 年 6 月，古北市民中心被命名为上海市人大常委会基层立法点，是上海首批 10 个基层立法联系点中唯一设立在居民区，也是具有上海全球卓越城市特点和国际社区治理特色的立法联系点，通过这里群众意见可以直达立法机关，让立法更接地气。2019 年，习近平总书记在古北市民中心考察基层立法联系点工作，首次提出“全过程人民民主”概念。3 年来，古北市民中心一直是反映社情民意，切实践行人民民主的重要站点，同时也是立法意见征询推动普法宣传的重要平台，力求将“立法信息员”的角色转化为“执法督察员”“守法倡导员”“法治宣传员”。

第二，法律服务综合站，涉外营商新窗口。古北市民中心拓展

设立的公共法律服务工作点，除了为社区居民提供公共法律服务外，还有专门的涉外法律服务工作机制，为社区内的境外居民、外资企业提供便利，让境外居民亲身感受中国的法治营商环境。2021年4月，上海首个涉外民商事纠纷调解中心——长宁区涉外民商事纠纷调解中心在古北市民中心揭牌成立，旨在通过进一步坚持和发展"枫桥经验"，推动涉外矛盾纠纷源头治理，为中外当事人提供多元、便捷、高效的解决途径和"一站式"服务，提升居民依法化解纠纷的意识。

第三，市民议事有平台，依法治理靠居民。依托古北市民议事厅，通过在古北42个小区建立小区议事员、议事组、核心议事员三级议事团，来自不同国家和地区的议事员们通过"提、议、行、督"自下而上收集议题、进行协商、推动落实，依法解决了古北地区文明养宠、街坊道路行车安全等一批涉及居民公共利益的事项。设立基层立法联系点后，中心将三级议事和立法征询相结合，中外居民建言献策，热烈讨论诸多法律草案和法规，营造出更浓厚的民主法治氛围。

作为"全过程人民民主"首提地、第二批"上海市社会主义法治文化品牌阵地"、基层立法联系点、全国人大外事接待点，古北市民中心已然成为虹桥街道亮丽的法治名片之一。通过将"民主法治"理念根植于社区治理的方方面面，古北市民中心不仅增强了居民的获得感、满意度，更突出了居民"主人翁"地位，同时也成为上海市展示新时代基层依法治理水平的"示范窗口"。

四、余论：不断增强法治宣传教育的针对性和实效性

社会主义法治宣传教育是一项春风化雨、润物无声的长期工程，离不开

坚持不懈的努力、持之以恒的积累。近年来，上海市在全面深化基层社会主义法治宣传教育方面花大力气，下大功夫，将培育和践行社会主义核心价值观融入社会主义法治文化建设全过程，增强法治宣传教育针对性和实效性，取得了令人欣喜的成绩。“谁执法谁普法”普法责任制深入落实，市民法治观念显著增强，全社会厉行法治的积极性和主动性明显提高，社会主义法治文化繁荣发展，法治观念深入人心，社会治理法治化水平有效提高。

新征程上，对标法治中国建设的新要求，上海要深入学习宣传贯彻习近平法治思想，全面深入推进社会主义法治宣传教育工作，从普法工作机制运用，国家工作人员法治思维、法治能力养成，普法责任制完善等方面进一步推动本市法治宣传教育工作发展，助力城市软实力全面提升。

一是理顺法治宣传教育工作机制，充分发挥基层法治宣传平台作用。根据中央、上海市统一部署，地方各级党（工）委法治建设议事协调机构已基本建立，搭建起法治宣传教育工作平台。要依托高层级法宣平台，加强对本地区法治宣传教育的牵头抓总、运筹谋划、督促落实等工作，将执法、服务、管理等部门均纳入法治宣传教育工作机制。以制定本地区“八五”普法规划、本单位普法责任制清单为契机，通过初稿拟定，意见征集、制定发布等程序，明晰各部门的普法责任，结合重点或常规工作，将普法宣传融入业务工作中。对于重要时间节点，重点领域普法，应充分发挥法治宣传教育工作机制作用，高效协调配合，形成法治宣传教育合力，在提升普法针对性的同时尽可能扩大受众面。

二是落实国家工作人员学法用法制度，助力领导干部法治思维、法治能力养成。国家工作人员作为法治宣传教育的重点对象，各级领导干部的法治思维和法治能力在很大程度上可以代表地方政府依法行政的能力和水平。要参考市、区级标准，建立基层党政领导干部学法应知应会清单，分级分类明确领导干部应当学习掌握的法律法规规章等。以党（工）委理论学习中心组学习、国家工作人员旁听庭审活动、行政机关负责人出庭应诉等方式，提升领导干部法治思维，助力依法行政等法治能力养成。同时，加强对国家工作人员学法用法的考试考核，把法治素养和依法履职情况纳入干部年度考核评价重要内容，积极落实党政主要负责人年终述法制度。

三是聚焦基层以案释法，不断完善普法责任制。加大以案普法工作力度，发挥典型案例的引导、规范、预防、教育功能。一是明确责任，健全以案释法工作机制；将以案释法列入基层依法治理（法治建设）工作要点和任务清单。建立健全法官、检察官、行政执法人员、律师等以案释法制度。二是加强对热点案例分析研究，建立典型案例库。引导基层加强对行政执法、法律服务职能中发生的典型案例的收集、整理和研究，重点将社会关注度高、与群众利益关系密切、具有警示教育意义的典型案例纳入案例库并制定定期发布制度。三是扩张宣传途径，扩大受众面。充分动员普法讲师团、法律明白人等队伍，以法治讲座、法治课堂、旁听庭审等形式，为各类普法对象宣讲典型案例。同时，加强与新闻媒体和互联网传播平台的合作，支持配合新闻媒体制作刊播以案释法类节目和栏目，更好地发挥媒体在以案释法中的传播作用。

四是着眼普法更"接地气"，大力开展同上海高质量发展密切相关的法律法规规章宣传。围绕实施国家重大战略，以被群众接受、欢迎的方式深入宣传《上海市优化营商环境条例》、浦东高水平改革开放相关的地方立法和配套制度、自由贸易试验区及临港新片区建设相关的法律法规规章、长三角区域一体化发展相关的法律法规规章、科创板相关的法律法规规章等。集结专业力量组建法律服务志愿团等，为入"沪"企业当好法治"店小二"的同时为普通群众带来更专业的普法，使与上海高质量发展密切相关的法律法规规章的宣传更具"烟火气"，"高大上"的法条内容更"接地气"，晦涩难懂的法律专业术语变得通俗易懂。

学法以正，普法以诚，明法以精，尚法以恒。在全面推进依法治国的今天,让法治成为一种全民信仰是每一个法律人的责任与担当。要始终坚持中国特色社会主义法治道路作为法治宣传教育的根本方向,坚定以人民为中心的法治宣传教育根本立场。坚持普法为了人民,促进人民权益的依法实现,助力经济高质量发展、社会高效能治理、人民高品质生活;坚持普法依靠人民,走好新时代全民普法的群众路线,广泛发动社会力量,努力形成人人参与普法实践、人人共享普法成果的生动局面;坚持普法成效由人民来评判,把群众满不满意作为普法工作考核评价指标体系中最重要的标准,努力做到普法内容为群众所需、方式为群众所喜、成效为群众所赞。

第十一章

积极推进基层治理法治化

党的十八届四中全会指出，全面推进依法治国，基础在基层，工作重点在基层。党的十九大提出要推动社会治理重心向基层下移，党的十九届四中全会进一步明确要求，构建基层社会治理新格局，把更多资源下沉到基层。基层社会治理作为国家治理的基石，基层治理法治化必然关乎全面依法治国的推进，将直接影响整个国家治理现代化与法治化的发展。近年来，上海贯彻落实新时代推进基层治理法治化的基本要求，不断强化党的领导、坚持人民主体、深化“三治融合”，积极提升基层治理法治化的有效性、系统性、协同性，在基层治理法治化中涌现出一些有益的治理模式和经验。

一、新时期推进基层治理法治化的基本要求

作为整个国家治理体系和国家法治结构中基础性、重要性的环节之一，基层治理法治化是指将基层治理中政党、政府、群众自治组织、群众性组织、群众等多元主体及其所有治理行为活动纳入法治范畴，追求法

律约束、制度保障和秩序遵循。推进基层社会治理法治化，其目的就是把基层社会治理纳入法治轨道，强化法律在维护群众利益、化解社会矛盾中的作用，树立法治权威，推动形成办事依法、遇事找法、解决问题用法、化解矛盾靠法的良好社会氛围，构建和谐稳定的基层社会治理新格局。

（一）坚持党在基层治理法治化中的全面领导

坚持党的领导，发挥党的领导核心作用是推动基层治理法治化的先决前提和重要统领。《中共中央关于全面推进依法治国若干重大问题的决定》明确指出，党的领导是中国特色社会主义最本质的特征，是社会主义法治最根本的保证。把党的领导贯彻到依法治国全过程和各方面，是我国社会主义法治建设的一条基本经验。《中共中央　国务院关于加强基层治理体系和治理能力现代化建设的意见》进一步要求，坚持党对基层治理的全面领导，把党的领导贯穿基层治理全过程、各方面。

《法治中国建设规划（2020—2025 年）》指出，牢牢把握党的领导是社会主义法治最根本的保证，坚持党领导立法、保证执法、支持司法、带头守法，充分发挥党总揽全局、协调各方的领导核心作用。坚持党的领导核心作用，就是要发挥党在基层治理法治化中把方向、谋大局、促改革的能力和定力，具体体现为：加强乡镇（街道）、村（社区）党组织对基层各类组织和法治工作的统一领导，乡镇（街道）党（工）委在把握正确政治方向，协调不同利益诉求，广泛汇聚民众力量，构建共建、共治、共享的基层治理体系中要发挥领导核心作用。在法治化建设中要健全坚持和加强党的领导的有关制度，完善党建引领的社会参与制度，通过搭建区域化党建平台，推行机关企事业单位与乡镇（街道）、村（社区）党组织联建共建，激发基层治理法治化场域内各主体的积极性、参与性和创造性。

党作为基层治理法治化工作的领导者，其领导能力与执政水平直接关系到基层治理法治化进程的成效。因此，要在进一步明确基层党组织角色定位的基础上，创新适应基层社会治理要求的基层党组织领导体制，加强基层服务型党组织建设，把增强服务意识、强化服务功能、提升服务水平作为基层党组织引领带动基层社会治理的切入点，着力提升基层党组织的整合、协调能力，更好地凝聚多元社会主体共同参与和推进社会治理，以实现党对基层治理法治化工作更有效的领导。

（二）坚持以人民为中心、坚持人民主体地位

基层治理法治化的出发点和落脚点在于法治为民，发展前提和根本动力来自人民的经验智慧和主动自觉遵守、拥护法律。基层事务虽小却关系到居民的切身利益，要让基层事务的处理过程和结果真正取得人民群众的认同和参与，就需聚焦基层与群众切身利益相关的问题，坚持以人民为中心，坚持人民主体地位，这既符合基层民主法治建设的发展需要，也是实现基层治理法治化的重要途径。

在推进基层治理法治化中要尊重人民群众的首创精神，充分发挥人民群众的积极性和创造性，以法治保障人民当家作主管理社区事务的权力，构建共建、共治、共享的基层治理体系。在打造共建、共治、共享的社会治理共同体中发挥群众主体作用，鼓励和支持各方面力量、多元主体参与基层治理，健全民主制度，丰富民主形式，拓宽民主渠道，强化人民群众参与的制度化保障，让人民群众依法有序参与社区治理各项事务，依靠人民群众推进基层治理法治化进程。

深化自治、法治、德治"三治融合"，是基层治理中人民主体作用得以实现的有效路径，也是基层社会治理法治化的发展方向。实现"三治融合"，需通过搭建民主协商议事平台，调动起人民群众参与社区治理的积极性和主动

性，推动社区自治共治，居民的自我管理、自我教育、自我服务、自我监督，确保人民当家作主的权力在基层治理中得以实现。通过法治文化的培育、熏陶和指引，形成人民群众主动运用法治思维、法治规范，依法办事的自觉。通过规范村(居)委会制度，发挥软法的柔性功能，以法治保障人民当家作主的权力。

（三）提升法治促进基层治理体系和能力现代化的效能

国家治理体系和治理能力现代化取决于中国特色社会主义制度的成熟定型程度，而法律作为最重要的制度形式，也是制度的最高形态，将直接关系到国家治理体系和治理能力的现代化进程。[1] 中国特色社会主义法治体系的完备与成熟，对于提升国家治理体系和能力现代化的效能具有重要作用，是国家治理体系和治理能力现代化的必由之路。习近平总书记在2020年中央全面依法治国工作会议上强调，法治是国家治理体系和治理能力的重要依托。[2] 因此，不断提升法治促进国家治理体系和治理能力现代化的效能，是我国法治建设的重要着力点。

基层治理体系和治理能力建设作为国家治理体系和治理能力现代化不可或缺的重要组成部分，其效能的提升必然离不开法治的支撑。因此，推进基层治理法治化的一个基本要求，就是要以法治的发展促进基层治理体系和治理能力现代化效能的提升。一是针对基层治理中法律制度的空白点和冲突点，积极推进基层治理领域的地方立法，完善好已经建立起来并经过实践检验行之有效的基层治理制度规定，进一步用制度规范村(居)

---

〔1〕 马怀德：《法治是国家治理体系和治理能力现代化的必由之路》，载《人民日报》2019年12月3日。

〔2〕《习近平在中央全面依法治国工作会议上发表重要讲话》，载中华人民共和国中央人民政府网 http://www.gov.cn/xinwen/2020-11/17/content_5562085.htm。

委会的运行，引导居民因地制宜制定、完善乡规民约、居民公约等软法，以良法善治保障基层治理体系和能力的现代化。二是加强基层司法队伍建设，强化执法司法部门统筹推进基层法治建设的能力，努力提升基层执法司法的质量、效率、公信力，以社会主义法治优势促进基层治理效能的提升。三是坚持自治、法治、德治“三治融合”，强化法律对道德的支撑与保障，让法治成为全体人民的共同信仰。基层社会治理需要社区各主体的共同参与，只有信仰法治、厉行法治，基层社会治理才能真正实现在法治轨道上运行。

二、上海市推进基层治理法治化的探索与经验

上海市积极适应新形势下全面依法治国、全面依法治市的新任务新要求，持续深入推进基层治理创新实践，有效提升基层依法治理水平，为上海市推进高质量发展、创造高品质生活、实现高效能治理创造了厚实基础和良好氛围，使法治成为上海城市核心竞争力的重要标志、城市治理现代化的闪亮名片，连续 11 年入选外籍人才眼中最具吸引力的中国城市。

（一）深化法治与自治、共治、德治的有机融合

基层社会法治建设的目的就在于使基层群众可以在法治建设过程中形成维护自身合法权益的法治理念，通过一系列措施使基层群众重视法律的力量，形成有效的法治约束力，维持社会秩序稳定，最终打造出一个和谐稳定的新型基层社会。但是在基层法治化推进中，最大的难点就是如何将法律法规的强制执行力转化为基层群众适应法律的内在动力。进入新时代后，我国的基层社会治理情况日益复杂多样，居民维护权利的意识日益增强，如果仍然固守原有的自治、法治、德治各自为政的单一类型的治理

模式，基层治理法治化的目标将很难实现。为了适应新时代基层社会治理的需要，党的十九大提出，健全自治、法治、德治相结合的乡村治理体系。[1]

上海市自2017年就开始在"三治融合"的基础上，探索自治、法治、德治加共治有机融合的"四治一体"工作法。"四治一体"即以社区事务自治、社区管理共治、社区文明德治、社区秩序法治构成的"四治"作为理念和目标，以此建成党组织领导下的社区治理新格局，建好以党组织书记为带头人的村（居）新班子，建立聚集各方力量的社区服务新模式，建构联动、联勤、联办、联管的网格化管理新平台，最终建成依法依规、自我管理、民主协商、睦邻互助的群众自治新社区。2020年上海市《关于全面加强和改进基层法治建设的意见》中进一步提出，要坚持法治与自治、共治、德治有机融合，针对基层治理顽症及时完善制度规范，提供有效法治保证。

为进一步实现法治与自治、共治、德治的深度融合，上海市各基层街道乡镇聚焦基层治理的重点和难点，以自治、共治为基础，充分调动基层各成员参与治理的主动性与创造性；以法治为保障，积极运用法律的强制性、规范性，对人们的行为进行引导，依法预防和化解社会矛盾；以德治为支撑，通过弘扬优秀传统文化和道德、制定规范乡规民约和居民公约，增强居民依法办事的自觉。通过落实居委会自治权、创新自治权行使方式、推进居务公开、加大社区法律宣传力度、配备社区法律顾问、完善纠纷调解机制、制定规范乡规民约等各种方式，使法治与自治、共治、德治在社区治理中实现互补协调，最大限度发挥"四治融合"的整体效能。例如，嘉定区真新街

---

〔1〕 习近平：《决胜全面建成小康社会　夺取新时代中国特色社会主义伟大胜利——在中国共产党第十九次全国代表大会上的报告》，人民出版社2017年版，第32页。

道以“街区共治＋网格联治＋社区自治”构建全域治理体系，各社区以“街区共治＋网格联治＋社区自治”全域治理体系为依托，根据不同区域特点，分类试点创新制度，探索跨行政区街道乡镇联动执法管理，通过共治、联治、自治、法治、德治的有机融合，解决城市更新中的各种问题和矛盾。

（二）利用村规民约等软法推进基层依法治理

因受滞后性、普适性等因素的影响，制定法不可能将所有的社会生活状况事无巨细地纳入其调整范畴予以规定。因此，制定法在面对地理、文化、生活习俗等背景各不相同的基层时，其治理效能有自身无法克服的缺陷，而兼具刚性法律和柔性文化优势的软法治理能更有效地促进基层的精神文化由亲缘文化向法治文化的转变。近年来，上海市将乡规民约、居民公约等软法作为促进社区治理、乡村振兴的重要手段，积极探索“软法性规范＋硬法性规范”的基层合作共治路径。2020 年上海市《关于全面加强和改进基层法治建设的意见》对发挥软法作用作出明确的部署，要求“广泛推动人民群众参与社会治理”，对“居村自治章程、乡规民约（居民公约）、业主大会及业委会章程等自治规范进行修订”。这些规定为上海软法治理提供了顶层设计的框架和制度依据，也为软法在社区治理中的应用与推广提供了法理基础。

在合理利用村规民约等软法推进基层治理的过程中，上海也形成了许多自身的特色和优势。例如，在制定主体上，坚持将社区多元主体的共识贯穿软法制定的整个过程之中。在制定程序上，则呈现出较高程度的民主协商性，从而使软法更好地获得社区居民的认同、信任、支持。在制定形式上，因地制宜、灵活高效地进行规则创制。在实施方式上，则引入了社会强制、激励、诱导等柔性模式，通过“利益引导—柔性惩戒”机制确保其实施。乡规民约、居民公约等形式的软法治理正在成为上海健全和创新党组织领导下自治、法治、德治相结合的现代化基层治理体系的重要形式，发挥着越来越重要的作用。

（三）健全基层民主协商议事制度

近年来，上海通过搭建社区民主协商平台与渠道、健全社区协商机制、规范社区协商程序等方式，进一步健全了基层民主协商议事制度，以法治保障了居民依法行使民主参与社区治理的权力。

一是创建各种平台，畅通人民依法参与社区治理、表达意见的渠道。通过各种协商平台，形成多方参与、多层联动、多元共治的基层治理新格局，有效收集群众反映的热点难点问题、及时化解基层治理的各类矛盾，促进社区各利益群体在有商有量中实现社区管理的和谐、规范和民主。例如，宝山区张庙街道为解决“老、旧”问题，通过打造自治、共治、法治的社区居民“公共客厅”，建立起“四方三会”议事规则（“四方”：街道、居委会、业委会、物业；“三会”：议题征询会、民主协商会、监督合议会），下沉服务窗口33个、民生服务项目202个，为社区居民提供“事务受理、民主管理、法律服务”等组团式服务，从而形成了具有宝山区特色的社区公共服务体系。黄浦区则通过进一步深化“零距离家园”建设，将“零距离家园”理事会作为协商共治平台，就小区绿化、沿街流动小摊贩等社区公共事务开展协商，切实保障居民对社区事务的参与权、表达权、监督权。

二是建立健全基层民主自治议题和自治项目形成机制。议题的选择和决定是基层协商民主的起点，秉持因地制宜的原则，上海市通过构建相应的制度规范，广泛征集自治议题和自治项目。例如，2020年起长宁区围绕社区治理的热点、难点，实施“社区提案计划”，并配套形成《长宁区社区提案议事规程》，规定了社区提案的“提出主体—聚焦主题—解决渠道”等基本内容,明确了社区提案“提出—审议—落实—评估—保障”5 个环节的具体要求,规程的制定有力推动了社区居民和多元主体积极参与社区民主治理。

三是规范基层民主协商议事程序规则。针对基层协商民主程序往往存在碎片化和抽象化的问题,上海市各基层探索通过将协商程序规范化、系统化、细则化,来提升基层协商民主的效力。例如,金山区石化街道就尝试以“幸福社区”居民协商议事坊为载体,在社区治理中引进结构化讨论的基层民主协商法,通过 4 个环节帮助民主协商的参与者寻找问题、分析问题、制订计划、落实行动点。

(四)全面加强新时代司法所建设

司法所作为司法行政系统之根、厉行法治之基,是基层法治建设的重要力量和践行法治服务为民的前沿阵地,在基层治理法治化中发挥着关键作用。司法部印发的《全国公共法律服务体系建设规划(2021—2025 年)》明确提出,要强化司法所在社会治理中的基础性作用。

近年来,上海市认真贯彻落实中央有关加强新时代司法所建设的精神和决策部署,积极推进全市司法所建设,切实提升基层法治水平。2020 年 3 月上海市出台《关于全面加强和改进基层法治建设的意见》,要求通过加强司法所队伍建设,建立健全以司法所工作人员为主体、吸收律师和法学专家参加的街道乡镇法律顾问队伍;建立司法所所长列席街道办事处主任、乡镇长办公会议制度;将各街道乡镇法治建设日常办事机构放在司法所等重要举措,不断强化司法所工作职能,提高司法所统筹推进基层法治建设的能力。2020 年 12 月,上海市司法局联合相关部门印发《关于全面加强新时代司法所建设切实提升基层法治水平的意见》,提出要把司法所打造成新时代基层综合法治工作部门,切实强化司法所工作职能,提高司法所统筹推进基层法治建设、承担基层政府法制工作、提供基层公共法律服务等履职能力，司法所要通过服务和保障街道乡镇中心工作提升基层法治水平，为使法治成为上海城市核心竞争力的重要标志筑牢基础。

上海市各区在基层法治建设实践中，紧扣“把司法所打造成新时代基层综合法治工作部门”的目标要求，不断强化司法所在基层治理法治化中的基础作用，筑牢上海市基层法治建设根基。例如，松江区小昆山镇作为上海市率先探索实践“司法所所长列席街道办事处主任、乡镇长办公会议制度”的街道乡镇，司法所所长在列席镇行政办公会时，立足工作实际，从法治角度对街道乡镇基层经常涉及的动迁安置、生态环保等较为复杂的工作提出法律建设和意见，并在会后由司法所会同相关业务部门协同推进落实涉法事务，将法律风险防控关口前移，将行政决策的法律风险降到最低。另外，基层法治建设委员会制度也是上海推进基层治理法治化、强化司法所职能的一项重要举措。奉贤区青村镇在法治建设委员会建设过程中，就将委员会办公室设在司法所，由分管政法的镇党委副书记担任主任，司法所所长担任常务副主任，镇办公室、党群办、社稳办等部门负责人担任副主任，成员由城管、安监、环保、规划等 20 个相关科室和部门负责人组成，从组织架构上最大限度地凝聚各部门工作合力，为司法所统筹推进基层法治建设奠定良好基础。同时，充分发挥司法所基层法治建设协调者、推动者、统筹者的作用，建立健全法治建设工作机制强化制度保障，全面提升基层依法治理能力。

三、上海推进基层治理法治化的具体实践

（一）深化“三治融合”，打造共建、共治、共享的社会治理新格局

作为新时代治理道路、制度、文化、理论、实践的创新发展，自治、法治、德

治"三治融合"是加强和创新社会治理、提升基层治理效能的有效方式和重要途径,对全面推进基层治理法治化具有重要的意义。近年来,上海在基层治理中坚持以自治为基础、法治为保障、德治为先导,通过深化"三治融合"内容,创新"三治融合"形式,破解旧区改造、乡村振兴等社区治理的难点、重点,最大限度激发基层活力,营造出共建、共治、共享的社会治理新格局。

奉贤区海湾镇深化"五治融合"提升基层社会治理水平

近年来,奉贤区海湾镇积极探索基层社会治理新路径,构建以政治强引领、以法治强保障、以德治强教化、以自治强活力、以智治强支撑的"五治融合"基层综合治理体系,打造共建、共治、共享的社会治理新格局。

发挥"政治"的引领作用,提升基层治理凝聚力。一是健全工作保障机制,通过建立"五治融合"工作联席会议制度,构建党委领导、政府负责、群团助推、社会协同、公众参与的社会共治"同心圆",确保各项工作落到实处。二是加强基层党组织建设,以"铁锈红"党建示范带等基层党建责任项目为抓手,进一步强化基层党组织领导核心地位和政治功能。三是发挥党员先锋模范作用,依托"共产党员示范岗",建立党员联系制度,通过社区单位结对共建,深化党群联动,全力打造基层治理党建新模式。

发挥"法治"保障作用,增强基层治理定力。一是在为居民提供相关法律服务的同时,推广居民文明守法协议融入"和美楼组"建设,不断推进法治文化的建设。二是举办各种法治文化活动,打造

“刘阿姨楼道板凳课堂”等法治文化宣讲品牌，让法治观念深入人心。三是培育法治社会力量，充分发挥“法治副校长”“社工联校”等平台作用，定期邀请民警、法官、律师等以主题班会形式进学校开展法治活动，在下一代中培育好“法律明白人”。

发挥“德治”教化作用，激活基层治理内生力。坚持以贤传德，以规立德，以文养德，通过开展“最美人物”“我推荐我评议身边好人”“美丽海湾人”等活动，弘扬“勤俭持家、遵纪守法”的美德，发挥道德模范人物的示范教化作用。同时，以“火车头城市书屋”为中心，联结市民中心、生活驿站、星天地等基地，通过诗歌朗诵、戏曲、小品等形式融入德治宣传，浸润、渗透人文农垦文化。

发挥“自治”强基作用，激发基层治理原动力。一是创新居民议事会、居民自治小组或居务管理小组等自治组织形式，进一步增强其民主协商、民主决策参与的能力。二是通过“一约”（完善乡规民约）、“三会”（居民议事会、居贤参事会、居理监督会）、“四团”（道德评判团、百事服务团、法律服务团、社会智囊团）机制，形成“大事一起干、好坏大家评、事事有人管”的治理格局。三是推进“邻里互助”等“六个一”项目建设，引领居民积极参与社区治理。四是定期召开听证会、协调会和评议会，组织居民开展议事协商情况评议，并将居务决策等纳入评价系统，以提升监督社区事务工作实效。

发挥“智治”支撑作用，强化基层治理助推力。一是打造“智慧养老”平台，通过“互联网＋”服务打造为老服务的综合枢纽和资源储备库，逐步形成海湾老年人“15 分钟服务圈”。二是深入推进“雪亮工程”，加快社会治安防控体系建设。通过安装“车辆识别”“人脸识别”系统，切实提高各类风险隐患预测预警预防能力。三是构建全流程一体化在线服务平台和便民服务网络，切实提高服务群众的效率和水平。

奉贤区海湾镇通过深化“五治融合”，让基层社会治理变得更加有温度，居民们在参与社会治理的过程中，也收获了更多的幸福感、满意度和获得感。

徐汇区徐家汇街道基层社会治理的乐山模式

徐家汇街道乐山片区作为20世纪80年代的棚户区改造项目，长期以来小区“违建多、管理乱、环境差”，曾是徐汇区最为薄弱的治理“洼地”。面对社会治理难题和薄弱环节，徐家汇街道依托民主法治示范社区创建活动，通过“党建引领、片区治理、群众自治”，实现了乐山片区从“脏乱差”到“后花园”的华丽转身，成功打造了“有品质、有温度、有归属”的基层社会治理乐山模式，有效提升了市域社会治理能力。

一是坚持党建引领社区自治共治。徐家汇街道以党建为纽带，整合街道、商会、区人大代表、政协委员等近150家企事业资源，通过与乐山片区开展党建联建、结对共建共治项目，合力打造片区共治品牌。通过党员先锋引领治、居民领袖带动治、达人能人认领治、左邻右舍携手治“四治法”，以法治宣传、软法治理，引导和推动居民开展家园自治。通过引入社会组织专业力量，打造居民志愿组织培育的项目载体，激发居民对小区的主人翁意识。通过充分挖掘社区匠人，建立“‘众乐园’自治理事会”，培育社区便民服务团队。

二是搭建居民民主决策、民主管理、民主监督平台。针对中心城区公共服务空间少、资源散、功能弱的状况，探索建设“一站式”社区服务平台“邻里汇”，打造老百姓家门口的“公共会客厅”。“邻里汇”既是居民的公共活动空间，也是居民的议事自治平台，其运营管理等都由居民自行讨论协商。

三是在广泛调研的基础上，精准剖析社区居民需求，让政府执法获得居民认可支持。针对底楼住户普遍违章扩建的现象，在拆违执法中由居委会召集住户讨论，对开窗通风等合理需求，通过统一尺寸、形制改造等予以满足；居民洗晒衣物等合理诉求，工作组在政策允许范围内为每户困难家庭量身定制了帮扶清单，在共商共谅中，让居民从内心认可并主动配合片区改造执法工作。

乐山片区综合治理最大的变化在于，居民从以前对小区事务失望或漠不关心，到现在积极参与和支持，从原来矛盾冲突多发到社区守望相助，有效地破解了城市更新改造中的矛盾冲突，激发了社区治理的活力。乐山模式也为居民区治理从无序走向规范填补了制度空白，是新时代城市社区治理的“枫桥经验”。

崇明区横沙乡以“五福”基金激活乡村治理动能

崇明区横沙乡在打造自治、德治、法治、智治相融合的乡村治理新格局的探索中，经过广泛调研、系统梳理、专家论证、深化总结，推出“五福”生态基金（帮扶金、助学金、自治金、共享金、风尚金）管理制度，进一步激发了乡村治理动能。

第一，设立“五福”生态基金，推动基层治理思维转变。横沙乡出台《“五福”生态基金积分制管理办法》，在做大生态基金盘子的同时，通过积分制将“五福”生态基金的发放与村民群众在创建文明城区、垃圾分类、移风易俗等方面表现挂钩，并运用党建“微网格”加强考核管理，组建党员志愿服务队，定期开展垃圾分类、移风易俗巡逻检查等，将相应记录作为激励依据，变单向“阳光普照”式享受权利为双向“互动激励”模式，实现治理激励良性循环。此外，为切实发挥村民群众在农村社会治理中的自治主体作用，在“五福”生态基金指导意见的框架下，横沙乡党委还鼓励各村完善村规民约，参照党员家庭积分制等制度，细化形成差异化积分管理办法，强化党员带头作用发挥，变乡管为民治。

第二，创新积分制管理办法，激发乡村治理动能。横沙乡将积分制管理办法的设立与乡年度中心工作关联，与共享金、风尚金的发放挂钩，并鼓励各村在乡级积分制管理办法框架下，根据自身实际情况，创新村级自治积分管理办法。通过试行年度表彰，在年度无任何乡级、村级违规事项，无任何积分扣减的农户中，鼓励各村评选年度优秀户、优秀小组及优秀个人，并利用结余的乡拨付风尚金、村统筹资金进行表彰奖励，以积分制度创新激发群众自治的热情。

第三，深化“一网统管”，加强协同治理职能。为推动“五福”生态基金方案落地，横沙乡由乡城市运行管理中心牵头，组建了由30名青年志愿者构成的“同梦者”团队，专注于发现全乡社会治理、环境治理方面的问题，另外还组建了由各村居、单位、部门负责人合计116人的“同行者”团队，专注于及时协调解决“同梦者”们发现的问题。此外，紧紧依托城市运行管理平台这颗“大脑”，以17名专职网格督察员的实时巡查为开端，形成由查、报、派、处为主的即时案件处置系统，做到整体监管数据的可视化、联管联控的实时化、有效处理的限时化。

> 崇明区横沙乡"五福"生态基金管理制度的实施,让村民群众参与社会治理热情得到有效提升,切实增强了群众的共建、共治、共享意识,在基层治理中进一步凝聚了人心,有力推进了横沙乡各项工作的开展。

社会治理与政府治理最大的区别在于社会治理强调多主体共同参与,充分发挥人民群众、社会组织等各种社会力量的积极作用,打造共建、共治、共享的社会治理格局。传统单一的治理模式已经难以适应上海基层治理的新形势,构建自治、法治、德治"三治融合"体系,通过加强党的领导、转变基层政府职能、全面落实基层自治共治、不断拓宽法治路径、发挥德治的支撑作用,进一步完善基层自治、法治、德治融合体系无疑是上海基层治理的正确方向。

(二)因地制宜规范完善村规民约

近年来,上海在基层治理中,针对城乡社区公共性和利益性问题,通过村居层面的软法创制、辅助硬法实施、基层自治组织和工具创新等探索,在坚持党建引领、民主协商下制定并实施被村(居)民共同认可并遵守的规则和公约,规范村(居)民行为、协调村居关系,有效推动了自治、法治、德治的良性互动,实现了基层的良法善治。例如,地处上海市中心的黄浦区半淞园路街道,自 2017 年以来不断探索,通过居民制定《住户守则》,解决停车难、房屋出租、垃圾处理等中心城区治理难题。

黄浦区半淞园路街道运用《住户守则》破解社区治理难题

2017年针对黄浦区耀江花园小区的业委会和物业管理难题，在黄浦区半淞园路街道社区诞生了上海第一个有法律效力的《住户守则》。2020年，鉴于该守则在社区治理中的良好作用，黄浦区出台了《关于进一步推广"住户守则"的指导意见》，随后半淞园路街道又先后推出了《半淞园住户守则2021版》《半淞园住户守则专项版》等软法公约，并推动守则在全街道各小区落地。

第一，坚持专业先导，为《住户守则》的形成和实施提供全面指导。半淞园路街道引入专业律师参与《住户守则》的编写，从而保证了每一条守则背后都有相对应的法律法规支撑，同时建立由行政、法律、物业、社区管理等各领域专家组成的业委会顾问团，为《住户守则》的依法有效运行、住宅小区综合治理重大事宜提供政策法规等专业咨询指导。

第二，《住户守则》的推广始终坚持"三个导向"，把握"三个原则"。"三个导向"是指坚持问题导向、坚持民意导向、坚持法治导向；"三个原则"是指"分类推进、精准施策""因地制宜、注重实效""民主协商、依法自治"。从而使《住户守则》区别于一般意义上的"业主公约"。

第三，坚持"践约而行、依约而治"。对违反《住户守则》的行为实行创新性的分级制裁措施，让《住户守则》真正成为一种"长牙"、"带电"、有实效的公约，有效提升了守则的刚性约束和实效性。

作为黄浦区社区软法治理的重要实践，半淞园路街道《住户守则》着眼于基层现实问题，将法治思维和法治方式融入社区治理，将传统社会基于特殊关系的德治上升为适用于现代社会基于普遍关系的规范，不但激发了社区自治的活力，而且有效解决了小区群租、宠物扰民等社区治理难题，进一步增强了居民的法治意识。

松江区以村规民约为抓手探索
“三治融合”的乡村治理新模式

松江区针对本区域乡村治理的突出问题，按照“党建引领、民主参与、法治有序、自治有效”的工作原则，通过修订完善村规民约，发挥其在建设美丽乡村、推进移风易俗、加强乡村精神文明建设等方面的积极作用，将依法治理理念深入村务工作的每一个环节，不断探索法治、德治、自治相结合的乡村治理新模式。

一是始终坚持党的领导，由基层党组织把好村规民约起草关、审查关。按照“党政主导、部门联动、各镇主抓、群众广泛参与”的工作机制，各居民区党组织在镇党委的统一安排下，全面参与村规民约的制定、宣传、执行全过程，跟踪推进情况，提供指导服务。基层党组织对村规民约的内容严格把关，在尊重群众意愿的同时确保村规民约合法合规、符合党的方针政策，并把村规民约与法律法规、社会主义核心价值观和人们的日常生活紧密联系起来。

二是立足各社区的实际情况和特色，以解决问题为导向制定出可操作的村规民约。松江区在制定村规民约的过程中，充分考虑本地区的自然历史状况、风俗习惯、群众文化素质等多方面的因素，抓住公共环境卫生、公共基础设施、移风易俗、社会公德、家庭美德、集体资产处置等群众关心的重要事务和热点问题，通过集中讨论制定出切合实际、便于操作的村规民约。

三是完善制定程序，严格按照“三上三下、六个步骤”制定村规民约。“六个步骤”即前期准备、宣传动员、组织起草、征求意见、表决通过和备案公布。“三上三下”：“一上”为居民区“两委”根据管理公共事务的需要及本社区民俗风情、传统美德，负责起草村规民约的初稿；“一下”为居民区“两委”通过张榜公示、广播宣讲、小组讨论、印发到户等方式征求居民对初稿的意见。“二上”为居民区“两委”对初稿征求的意见进行汇总分析、修改完善，形成第二稿；“二下”为居民区“两委”将第二稿再次征求群众意见。“三上”为居民区“两委”分析研究再次征求的意见，形成审议稿，报镇政府进行合法性审查；“三下”为召开居民会议，对村规民约审议稿进行讨论、表决。通过“三上三下”使村规民约的制定过程真正成为尊重民意、集中民智的过程。

四是坚持有约必依，依靠舆论宣传及相应的工作机制强化实施执行。松江区通过会议、宣传栏、广播站等方式表彰好人好事及曝光不良行为，在社区中形成“遵守村规民约光荣、违反村规民约可耻”的舆论导向。通过组织群众签订遵守村规民约承诺书等方式，强化居民遵守和执行村规民约的自我约束意识；通过建立健全村规民约的监督执行和奖惩机制，采取一定形式对模范遵守村规民约的居民给予表彰，对违反村规民约的居民予以批评教育并督促纠正，引导居民主动遵守村规民约。

松江区村规民约的修订完善进一步推动了松江区社会管理方

式向居村治理方式的转变,通过村规民约的实施,进一步增强了居民的遵纪守法意识和社区的凝聚力,基层干部依法办事能力也得到全面提升。

经居民自治、多元参与和民主协商程序而制定的村规民约等软法,成为社区居民共同遵循的社会规范,其本身就蕴含丰富的法治精神。上海基层实践也证明,村规民约所特有的价值导向、治理互动、协同合作、自律互律等机制,能够充分发挥基层群众的积极作用,有利于各类主体、各种积极要素、各种治理手段共同参与基层社会治理,为基层治理现代化提供有效法治保障。

(三)以制度保障人民当家作主的权力

近年来,上海在基层治理法治化进程中,对如何更好地保障人民当家作主权力进行了诸多有益的尝试、探索与突破,诞生了一个个鲜活的实践案例,如黄浦区五里桥街道基层自治的“三会”制度、嘉定区徐行镇的“党群议事会”农村基层民主政治建设新模式、宝山区的“社区通”等。这些基层探索开创了大城市社会治理与基层民主法治发展的生动局面,不仅为推进基层治理法治化作出了重要贡献,而且彰显了中国制度的优势与生命力。

黄浦区五里桥街道以“三会”制度保障居民依法参与社区民主治理

《上海市居民委员会工作条例》明确规定,居民委员会应当通过听证会、协调会、评议会(“三会”)等形式,对涉及居民切身利益的居民区公共事务，听取居民的意见和建议，组织、引导居民有序参与自治事务。近年来，黄浦区五里桥街道进一步创新发展了新“三会”制度（议题征询会—听证会、民主恳谈会—协调会、监督合议会—评议会），并将其应用于老房加装电梯、商铺治理等上海中心城区近年遇到的新治理难题。

第一，通过议题征询会—听证会广泛听取意见、征集民意。在这一环节，要求居民区党总支通过组团式服务普遍走访、弄堂议事会等渠道征集民意，并对收集的社情民意、自治议题进行讨论，对征询通过的议题形成议案。对于政府有关部门、居委会在社区实施的实事项目或涉及社区成员公共利益的重大事项，在作出决策之前，由居委会组织社区成员代表召开听证会，广泛讨论后，依据代表的意见提出具体建设。

第二，通过民主恳谈会—协调会促进各方达成共识。在这一阶段，通过民主恳谈会和协调会对涉及社区成员间的公益性、社会性事务以及一般矛盾、利益冲突，与当事的一方或多方进行协商，通过协商各方达成一致意见、形成规范的解决方案或调解意向文本。例如，在达新大楼的老旧电梯改造中，针对“楼内企业产权人该不该掏钱，如何分摊经费？不同权属的业主之间又该如何分配，各出多少？”等直接关系大楼各成员利益的问题，五里桥街道运用“三会”制度，前后召开居民、企业产权人、物业、居委会各方参与的协调会、听证会，反复多次协调商议后，最终促成各方达成共识，商定了不同产权人出资比例，推动大楼顺利换梯。

第三，通过监督合议会—评议会确保自治项目的实效。监督合议会，是针对涉及社区成员公共利益的有关事项而举行，并在事项实施过程中，通过建立第三方专业监督与居委会、自治组织代表、社区成员代表、居民群众代表民主监督相结合的综合评价体系，对事项解决过程进行全程监督，并对存在问题及时通报反馈、督促处理。而在评议会上，居委会或自治家园理事会要组织社区成员代表对需评议的事项、机构和对象及其工作进行考核评议。同时，被评议的单位、部门和个人要针对评议中提出的问题作出整改承诺，并将此纳入岗位目标绩效考评机制。通过监督、评议，确保了自治项目的透明化、规范化，大大提升了基层民主协商的效能。

“三会”制度在五里桥街道经过多年的实践探索，已经形成了一套规范的、具有可操作性的、可复制的基层民主协商议事规则和操作流程，从事前到事中再到事后，每个环节环环相扣，民主形式多样，操作比较简便，为基层民主协商提供了有效的法治保障。

宝山区“社区通”构建互联网时代基层民主治理新模式

为弥补基层民主治理在参与人数、协商能力和质量方面的不足，宝山区以改革思维突破传统思维和时间空间的局限，运用移动互联网、大数据分析等现代技术，探索建立了以党建为引领、以移动互联网为载体、以居(村)党组织为核心、以城乡居民为主体、以有效凝聚精准服务为特点的智能化治理系统——“社区通”。

第一，依托互联网与大数据，将技术手段与社区民主管理相融合。“社区通”以微信为平台，宝山区各居(村)作为一个个独立的小单元设立独立二维码，居(村)民扫码登记、实名认证、审核后成为用户，居(村)书记是“群主”。居(村)民通过“社区通”这个大型网络社区，开展线上线下的交流互助，共同推动、参与社区的管理。在交流互助中破解了原来因不熟悉、不理解而导致的社区参与不足、自下而上议题形成难、诉求资源对接不精准等问题。“社区通”的出现，也改变了居民自治的参与结构，大量原来很少参与社区事务的“80后”“90后”年轻上班族通过“社区通”在线参与社区治理，社区参与实现了从“少”到“多”、从“老”到“青”、从“被动”到“主动”的转变。

第二，通过“社区通”建立起社区议事协商操作链。在“社区通”运行中建立起了“提出议题—把关筛选—开展协商—形成项目—推动实施—效果评估—建立公约”的议事协商操作链，让自下而上提出议题、形成项目、建立公约成为新常态。如今在社区治理中，宝山区基层党组织普遍运用“社区通”征集方案、征求意见、公布进展、接受监督，同时，因为很多社区治理的议题、方案都是通过“社区通”居（村）民自己投票选出来的，因此出台的社区问题解决方案获得了居（村）民的广泛认可。

第三，运用互联网技术实现了基层治理成果的“可视化”。在“社区通”背后，宝山区还建立起“社区通治慧中心”，对居（村）民发帖、点赞、评论等社区参与数据进行深度分析，描绘基层“社区画像”，发布不同人群、街道乡镇、阶段的需求TOP10列表，实时发现群众“痛点”、民生“堵点”，实现精准治理。如今，在宝山区政府的“社区通”指挥中心平台上，群众对社区事务有何诉求建议、群众的诉求建议是否被回应解决，居（村）委干部与居（村）民都清清楚楚，随时可以查看。

第四，运用“社区通”实现了全区居（村）党组织、居（村）委换届工作的线上线下同步推进。2021年，宝山区开始在“社区通”上直播居（村）党组织、居（村）委换届选举，选举全程公开、接受监督，从而更好地保障了党员群众的"知情权、表达权、参与权、监督权"，提升了换届选举在居（村）民中的知晓率、认知率，确保换届选举在政策框架和法律法规范围内有序进行。

截至2021年，宝山区575个居（村）全部上线，几十万名居（村）民实名加入"社区通"，"社区通"已覆盖宝山区近40万户家庭，不仅解决了长期困扰基层的基层治理群众参与度不高的难题，而且实现了民主参与、民主管理落实到社区公共事务管理的每个环节、每类人群。

民主与法治是中国特色社会主义建设的目标与基本内容，二者相辅相成，不可分割。同样地，在基层治理中，基层治理法治化与基层民主建设密不可分，法治为基层民主建设提供保障，基层民主建设为法治奠定基础。同时，互联网时代，人们的生活正在发生深刻改变，也需要我们在基层治理法治化中转变工作思路和方式，不断探索构建符合社区发展的民主化、法治化、精细化的治理新模式。

（四）以创新思维加强司法所软硬件建设

司法所作为司法行政服务基层、推进基层治理法治化的一个工作部门，其服务水平、作用的发挥必然取决于自身履职能力的高低。因此，《全国公共法律服务体系建设规划（2021—2025年）》、上海市《关于全面加强和改进基层法治建设的意见》、上海市《关于全面加强新时代司法所建设切实提升基层法治水平的意见》等文件中，都提出了要通过加强司法所队伍建设、充实司法所工作力量，对硬件设施进行提升改造等措施，为司法所依法履职、更好地服务于基层法治建设奠定坚实工作保障。上海各街道乡镇立足自身实际，围绕加强新时代司法所建设，推进基层治理法治化进行了大量探索与实践，形成了许多具有时代特征、凸显基层法治特色的鲜活实践和成功范例。长宁区北新泾司法所借力长宁作为“首批全国市域社会治理现代化试点”单位和北新泾作为全市首批“AI＋社区”人工智能示范应用场景之一的先发优势，加大司法所信息化建设投入力度，持续深化数字化转型，积极打造“数字化司法所”，激活基层社会治理的“神经末梢”，努力为辖区居民提供智能、便捷、普惠的公共法律服务。

长宁区北新泾街道打造新时代“数字化司法所”

长宁区北新泾司法所立足辖区居民的实际需求，紧扣“数字化驱动、数字化赋能、数字化应用场景”方向，对标新时代司法所12项职责，将区级“一街一品”数字化特色项目融入新时代司法所建设，探索建设以五大数字化公共法律服务项目为支撑、以“智慧公共法律服务”为目标的“数字化司法所”，打造以司法所为核心的基层法治服务枢纽，提升法治服务辐射能力。

建立数字化调解室实现调解过程智能化。一是依托市司法局“智慧调解平台”，调解员在开展调解时能够共享全市范围内的调解员、专家和案例库，实现调解过程智能化辅助。二是数字化调解室支持全线上或线上线下同步调解的各种调解方式，当事人可以通过微信小程序调解员创建的线上调解室，实现同案同调。三是数字化调解室中的“类案推送”功能还能通过精准比对，对一些专业性强、纠纷类型特殊、调解难度高的案件提供有针对性的全程指导。

立足区域实际引入“多功能公共法律服务舱”。针对北新泾老龄化情况严重，老人信息较为闭塞、行动不便，相关法律需求得不到及时有效满足的特殊区域情况，司法所引进“多功能公共法律服务舱”，布设于北新泾司法所24小时自助服务区域内，全天候为周围居民提供远程在线办理公证多项公共法律服务。

配置法宣融平台终端实现法宣一键通。传统法治宣传一般采用张贴宣传海报、举办法治培训讲座、法治主题活动等形式，存在宣传滞后、耗费人力、覆盖面小等不足。法宣一键通项目研发创设了司法所与15个居委共17块户外宣传屏的播发系统，设定播发时段、播发内容和播放频次，辖区内所有居（村）都能通过法宣融平台终端接入司法所的智治中心平台，各居委可以收看和共享司法所整合与精选后的各级各类优秀法宣融媒体资源，通过“终端远程主控、一键推送”，实现对居民区法治宣传的全覆盖。

下沉投放“小法机器人”为居民提供便捷的法律服务。对于司法所来说，数字化转型的主要目标是数字化技术与日常业务场景的深度融合，“让数据多跑路，群众少跑腿”。2019年，北新泾街道在全区首次引进人机互动式人工智能设备“小法机器人”，“小法机器人”能够通过人工智能、语音对话、远程支持方式24小时为居民提供在线法律咨询、法律文书查询、律师预约等服务，大大提升了居民获取法律服务的便捷性。

开设公共安全体验馆增加法治宣传的吸引力。体验馆的多场景业务展示、VR沉浸式体验，能够满足司法、禁毒、消防、信访等平安各工作条线的宣传和体验需求。同时，作为区级的法治教育基地，公共安全体验馆还定期为学生、特殊群体、市民百姓免费提供参观体验服务，以科技体验感吸引了大量人群主动接受法治宣传教育。

“数字化司法所”建设，实现了基层公共法律服务方式的数据驱动和服务能力的远程赋能。通过远程在线方式,可以及时连接引入更广泛的社会专业机构和资源,放大基层司法所公共法律服务的服务能力,实现了对流动人群、辖区居民的全覆盖,有力地促进了北新泾街道基层治理法治化工作。

与北新泾街道不同,青浦区朱家角司法所立足自身实际,围绕加强新时代司法所建设的要求,在提升司法服务软实力上下功夫,借鉴企业运作的“跟单”模式,首创“跟单式”人民调解服务工作法。

青浦区朱家角司法所首创“跟单式”人民调解服务工作法

“跟单”是指在企业运作过程中,以客户订单为依据,跟踪产品,跟踪服务运作流向。随着中国特色社会主义进入新时代,为更好地调解日趋多元、复杂的社会矛盾纠纷,朱家角司法所近年来致力于调解机制、服务理念、调解经验总结等制度的创新,将企业运作的“跟单”模式运用于人民调解服务工作,2021 年推出“跟单式”人民调解服务工作法,着力打造新时代“枫桥经验”朱家角品牌。

第一,坚持“一听、二解、三心、四到位”,调解全程主动跟进负责。“一听、二解、三心、四到位”是朱家角司法所“跟单式”人民调解服务工作秉持的工作要点。“一听”(倾听)是指要认真做好接待工作,静心倾听当事人对纠纷发生过程的陈述,掌握纠纷基本情况,并了解当事人对所反映纠纷需要帮助解决的诉求。“二解”(了解和解释)是指在整个纠纷调解过程中,要善于探察,对主要事实的证人、证物和证据要尽力收集、积累,以便增加对相关人员的说服力,并对其争议内容根据事实和法律、法规规定以及道德规范作适当解释。“三心”(热心、细心、耐心)是指要求调解人员在整个调解过程中要做到热心、细心、耐心。“四到位”(查清事实、沟通协调、纠纷化解、回访落实)是指在调解工作中要查清事实、厘清事实,主动“跟单”邀约双方当事人前来沟通协调直至纠纷化解;并应对已形成书面调解协议的已结矛盾纠纷适时回访,了解人民调解协议书规定内容的履行、落实情况,做好当事人后续情感修复工作。

第二,完善联调机制,各方合力化解矛盾纠纷。朱家角司法所在“跟单式”人民调解中,充分运用各类调解资源,发挥各部门优势,运用公调、交调、访调、检调、诉调等对接机制,实行小事随手“调”、大事联合“解”、难事统筹“攻”,复杂、重大纠纷由街道乡镇调委会和司法所调度派出所等政法力量和相关职能部门集体会商、协同办理,构建“专员 + 专家”调解模式,邀请资深调解员及律师参与进来,通过针对性研究案情制订有效的调解方案。

第三,秉持司法为民原则,不断加强调解队伍建设。朱家角司法所在“跟单式”人民调解服务工作中充分发挥党员的示范带头作用,采用岗位培训、搭建交流平台、言传身教、以老带新等方式,把“跟单式”工作模式推广到每个调解员,落实到司法所的工作责任和考核目标上,纳入年底人民调解服务工作考核机制,从而有效推进了人民调解阵地逐步下沉前移。

“跟单式”人民调解作为朱家角司法所打造的特色调解品牌,展现了司法“调解一案、教育一片”普惠为民的实效,有力地推动了调解工作规范化、专业化、法治化发展,促进了朱家角镇的社会和谐稳定。

司法所作为基层法治建设的前沿阵地和重要阵地，其建设水平、履职能力直接影响基层政府法制工作及基层公共法律服务的质量，对于推进基层治理法治化发挥着重要作用。上海的实践也证明，司法所的服务能力和服务质量上去了，才能更好地满足群众日益增长的法律需求，承担起服务和保障街道乡镇中心工作，提升基层治理法治化水平的职责。

四、余论：不断探索基层治理法治化的有效路径

法治化的重点在基层，上海在基层治理法治化中进行了许多有益的探索，取得了不少成绩。在推进基层治理法治化进程中，注重发挥党建的引领作用，通过创新制度机制，强化了街道乡镇党（工）委的核心作用，确保了党对基层治理法治化的全面领导和基层治理法治化的正确方向。在深化“三治融合”上，进一步规范了居（村）委会制度，通过制定规范乡规民约增强了居民遵守法律的自觉性，通过搭建多种居民议事平台引导基层开展民主协商，社区自治共治的能效不断提升。不断强化司法所在社会治理中的基础性作用，在所有街道乡镇建立起“司法所所长列席街道办事处主任、乡镇长办公会议制度”，2020 年出台的上海市《关于全面加强新时代司法所建设切实提升基层法治水平的意见》中，更是对司法所建设作出了具体的规定。例如，要求司法所根据所在辖区面积、人口规模、经济社会发展状况及工作实际需要，配备工作人员；完善工作力量补充机制，鼓励引入社会力量参与司法所工作；加大司法所信息化建设投入力度，建成全市统一平台，融入“一网统管”，实现信息化赋能；尊重司法所首创精神等；从而提高司法所统筹推进基层法治建设的能力。

法治化的重点在基层，难点也在基层。上海基层治理法治化虽然取得了

很多可喜的成绩,但也存在不少难点问题。一是如何调动社区居民参与基层治理的积极性始终是基层治理中的一个难题,上海基层政府虽然搭建了很多社区民主协商议事平台,但参与的居民以老年人为多,年轻人参与度较低,不少议事平台流于形式点缀,没有发挥出应有的效力。二是乡规民约的约束力难以得到有效保障,导致一些居民守法意识与能力不足。三是在大力推进基层治理法治化进程中,由于强政府—弱社会的整体格局本质并没有改变,基层治理法治化的任务主要依靠政府主导推动,公众主体参与程度和作用发挥明显不够。这些问题都需要在今后的基层治理法治化中不断探索完善。

基层社会作为国家的根基,基层治理法治化将直接影响整个国家治理现代化与法治化的发展,而推进基层社会治理法治化是一项系统工程,需要调动社会各方主体参与到法治化进程中来,不断探索构建党组织统一领导、政府依法履责、各类组织积极协同、群众广泛参与,自治、法治、德治相结合的基层治理体系。

第十二章 持续完善公共法律服务体系

公共法律服务是指由司法行政机关统筹提供,旨在保障公民基本权利,维护人民群众合法权益,实现社会公平正义和保障人民安居乐业所必需的法律服务,是公共服务的重要组成部分。建设完善公共法律服务体系,是政府公共服务职能在法律服务领域的一项法制化措施,是中国特色社会主义法治体系的有机组成部分。对进一步满足民众不断增长的法律服务需求,保证社会和谐稳定,促进社会长治久安,加速建成社会主义法治国家、持续完善公共法律服务体系意义重大。

一、我国建设公共法律服务体系的总体要求

党和国家高度重视依法治国,在法治轨道上推进国家治理体系和治理能力现代化,持续加快建设完备的公共法律服务体系。党的十八届四中全会在《中共中央关于全面推进依法治国若干重大问题的决定》中提出"建设完备的法律服务体系,推进覆盖城乡居民的公共法律服务体系建设,加强

民生领域法律服务”的工作目标。[1] 2019年6月,中共中央办公厅、国务院办公厅印发《关于加快推进公共法律服务体系建设的意见》,明确提出建设现代公共法律服务体系的指导思想、基本原则、主要目标、重要举措和保障措施。2021年12月,司法部印发《全国公共法律服务体系建设规划(2021—2025年)》,进一步明确了建设公共法律服务体系的总体要求。

(一)构建全面覆盖的公共法律服务网络

公共法律服务的重要特征之一就是“公共性”,具体体现为公共法律服务的均等化和普惠性,即符合既定条件的城乡居民都可以平等享受政府提供的公共法律服务,因此党和国家始终坚持建成覆盖全业务、全时空的公共法律服务网络。

1. 在空间布局上要求均衡配置城乡基本公共法律服务资源,加强欠发达地区公共法律服务建设。一是通过加大政策扶持力度,统筹利用中央财政转移支付资金等资金渠道,以公共法律服务平台建设、法律服务人才培养和村(居)法律顾问建设等为重点,集中实施一批法律服务扶贫项目;二是建立健全法律服务资源依法跨区域流动机制,鼓励律师事务所等法律服务机构到欠发达地区设立分支机构,或通过对口援建、挂职锻炼、交流培训等形式支持欠发达地区法律服务机构发展;三是推进城乡社区法律援助工作站建设和村(居)联络点建设,着力打造“一小时(半小时)法律援助服务圈”,加强法律援助机构便民服务窗口建设,普遍在临街、一层等方便人员往来的地点设立专门接待场所。

---

[1] 《中共中央关于全面推进依法治国若干重大问题的决定》,载《中国法学》2014年第6期。

2. 在业务领域要求充分发挥法律援助、法律咨询、法治宣传、人民调解等功能，进一步拓展法律服务领域。一是积极推动地方政府将就业、就医、就学、社会保障等与民生问题紧密相关的事项，纳入法律援助补充事项范围，使更多的困难群众获得法律援助；二是加强城乡公共场所及基层村（居）普法阵地建设，依托图书馆、农家书屋、社区文化中心等阵地，建立完善基层法治宣传教育公共设施体系，全面提升全民法治意识和法治素养；三是按照"一乡镇（街道）、村（居）一调委会"的原则，巩固和规范乡镇（街道）、村（居）人民调解委员会，积极推进行业性、专业性人民调解组织建设，普遍设立人民调解小组。

（二）健全政社合作的公共法律服务方式

公共法律服务的公共性和普惠性决定了其体系构建和组织管理必须依托政府为主导、社会力量广泛参与。公共法律服务均等化的实现不能仅依靠以政府为中心的单一供给模式，需要引入竞争机制，通过政府购买服务的方式，鼓励、引导社会力量参与公共法律服务，发展壮大法律服务志愿者队伍，完善法律志愿服务管理制度和服务方式，实现公共法律服务提供主体和提供方式的多元化。

1. 强化政府在公共法律服务体系建设中的基础性作用。各级公共法律服务管理部门根据《关于加快推进公共法律服务体系建设的意见》，宏观层面要制定完善相关配套政策，将公共法律服务体系建设纳入本地区国民经济和社会发展总体规划，定期对公共法律服务体系建设进展、成效及保障情况进行督促检查和考核评估；微观层面要加强内部沟通协调，统筹好司法行政各个职能、各项业务和各支队伍，形成工作合力，要加强与其他部门的沟通协调和衔接配合，形成部门间的有效联动协作。

2. 培育和壮大社会、市场等各类公共法律服务提供主体。鼓励和支持社会力量通过投资或捐助设施设备、资助项目、赞助活动、提供产品和服务等方式参与公共法律服务体系建设,鼓励和支持各类社会组织在法治宣传、权益维护、矛盾纠纷化解等公共法律服务领域更好地发挥作用,健全法律顾问和公职律师、公司律师制度,推动县级以上各级党政机关普遍建立“以内部法律顾问为主体、外聘法律顾问为补充”的法律顾问队伍。加强法律顾问和公职律师的管理和使用,健全党政机关法律顾问选聘备案机制。

（三）打造素质过硬的公共法律服务队伍

人才是干事创业的根本,打造一支高素质的公共法律服务工作者队伍是做好公共法律服务的基础。《关于加快推进公共法律服务体系建设的意见》指出,要“大力推进公共法律服务队伍革命化、正规化、专业化、职业化建设”。要提高公共法律服务为基层群众特别是农村群众服务的能力和水平,必须要进一步挖掘和发挥人力资源优势,建设一支优秀的专业化法律人才队伍,要兼顾数量和质量的平衡,同时要为人才的发展和管理建立并发展好服务保障机制,为公共法律体系提供坚实的人力资源支撑。

1. 加强公共法律服务队伍党的建设。各级司法行政机关和各级各类法律服务机构的党组织要深刻领悟“两个确立”的决定性意义,增强“四个意识”、坚定“四个自信”、做到“两个维护”,始终在政治立场、政治方向、政治原则、政治道路上同以习近平同志为核心的党中央保持高度一致。要注重引导法律服务人员中的党员带头参与公共法律服务,教育引导法律服务工作者坚持正确的政治方向,拥护中国共产党的领导,拥护我国社会主义法治,依法依规诚信执业,认真履行社会责任。

2. 加大对公共法律服务队伍的专业教育培训力度,推进法律服务队伍规范化建设。一是完善职业道德规范制度体系,健全执业行为规范,促进法律服务行风建设和诚信体系建设,并完善惩戒工作机制,加大失信行为惩戒力度,健全全国律师诚信信息公示平台,依法实行不良信用记录向社会披露机制;二是完善各类培训机构建设,推进国家律师学院建设,研究制定教育培训规划,提高法律职业资格考试选拔的科学性和公信力,制定法律职业资格管理办法配套文件,推动法律职业资格制度更加成熟定型。

(四)发展技术创新的公共法律服务平台

公共法律服务平台建设是推进公共法律服务体系建设的一项基础性工作,党的十九大以来,中共中央、国务院先后出台了推动政务服务"一网、一门、一次"、加快推进全国一体化在线政务服务平台建设等一系列重大战略和举措,运用互联网技术和信息化手段开展服务工作,构建线上线下一体化服务平台是政务服务创新发展方向。公共法律服务作为政府公共服务体系的重要组成部分,在实体平台、热线平台、网络平台全部建成的基础上,推进三大平台融合发展是公共法律服务平台建设的新要求。

1. 全面建成公共法律服务平台。一是加快实体平台建设,充分利用现有资源,统筹基层各类法律服务资源,加强集约化建设,打造以司法所为依托的公共法律服务工作站和综合服务平台;二是推动热线平台省级统筹,以省为单位,统一规划、统一标准、统一服务,建立一体化呼叫中心系统,加快推动热线平台升级改造;三是推动网络平台互联互通,健全公共法律服务网络数据对接、业务联动机制,优化沟通渠道,按照全国公共法律服务平台建设技术规范的统一技术标准,构建一体化网络平台,推进司法系统各项业务原有信息管理系统与网络平台互联互通。

2. 推进三大平台一体化服务。一是规范平台服务事项，制定基本公共法律服务清单，编制统一办事指南，推动实现同一事项无差别受理、办理流程和评价标准统一；二是优化改进服务流程，将三大平台业务信息全部数据化，以数据集中和资源共享为桥梁，让数据在不同平台之间流转，实现公共法律服务事项跨平台、跨层级、跨业务协同办理；三是推动基层三大平台相互融合，创新服务模式，利用信息化手段汇聚实体平台、热线平台、网络平台的法律服务需求、法律知识资源和智力成果，整合法律服务领域相关政策法规、办事指南、常见法律问题等信息，构建"人工智能＋法律服务"的新型法律服务供给方式。

3. 推进三大平台一体保障。一是建立健全一体监管机制，探索适应平台融合发展的观念及体制，健全完善电子监察系统，构建多元化的监管机制；二是建立健全制度标准规范，细化三大平台统一服务规范、办理流程和管理制度，制定资源统筹管理、数据采集交换、软硬件设施配备等方面的规章制度；三是加强技术保障，持续推进省级公共法律服务数据中心建设，促进大数据与公共法律服务深度融合，加快与公检法机关及政府相关部门网络和数据平台的对接；四是完善安全保障，加强各层级公共法律服务网络信息安全建设，做好"互联网＋公共法律服务"安全保障体系，建立各方协同配合的信息安全防护、监测、通报、响应和处置机制，提升信息安全支撑和风险防范能力。

二、上海推进公共法律服务体系建设的探索与经验

公共法律服务是政府公共服务体系的重要组成部分，也是司法行政机关的基本职责任务。加强公共法律服务平台建设，将公共法律服务网络延伸至基层，是深入贯彻中央全面依法治国实践的重要举措。上海市积极探

索公共法律服务制度体系建设,形成"以政府为主导,社会力量广泛参与"的服务方式,统筹整合公共法律服务资源,着力打造实体、热线、网络三大平台,制定公共法律服务清单,公共法律服务体系建设取得阶段性成果。

(一)积极构建公共法律服务制度框架

为进一步强化公共法律服务规范管理,上海市构建以服务、管理、保障为核心的基本制度框架,以制度促规范,以制度强管理。

1.完善基本服务制度。在基本服务方面,以《上海市公共法律服务网上服务规范》为基础,以《信息发布工作规则》《法律咨询工作规则》《投诉建议类事项处理流程》为配套,加强公共法律服务制度体系建设。一是坚持树立和运用"标准化+"理念,将标准化理念贯彻到平台建设的视觉系统、场所建设、服务标准等各方面。各区司法局按照"四个统一"的要求,即"实体窗口服务功能的统一,市、区、街道乡镇三级信息网络管理系统的统一,线上服务与整合的队伍资源与12348平台功能运用的统一,视觉识别和标识标牌的统一",不断规范建设标准。二是制定发布上海市基本公共法律服务事项清单,向社会公布基本公共法律服务项目、服务对象、服务内容、获取渠道等信息。在全面梳理目前司法行政工作各方面涉及的相关服务内容的基础上,将公共法律服务项目划分为五大类39项,其中五大类是法治宣传类、法律服务提供和指引类、矛盾化解类、特殊人群关怀帮扶类、法律服务人员维权和便民服务类,每个项目都具备5种基本要素,主要包括服务名称、服务对象、服务内容、服务获得的方式和服务的提供主体。

2.完善基本管理制度。在基本管理制度方面,印发《上海市公共法律服务办法》《"12348上海法网"运行管理办法》《"12348上海法网"咨询坐席分级管理办法》等文件，明确管理部门职能、管理范围和方式、工作衔接等工作要求。市、区人民政府将公共法律服务体系建设纳入国民经济和社会发展规划、法治政府建设规划，制定推进公共法律服务体系建设的政策措施，提高公共法律服务能力和水平；市司法行政部门负责协调推进本市公共法律服务体系建设，指导、监督、管理公共法律服务工作；乡镇人民政府、街道办事处负责为辖区内基本公共法律服务提供保障；群团组织结合各自职责，做好联系、服务对象的公共法律服务工作；法律服务行业协会发挥行业自律作用，组织、指导和监督本行业法律服务机构、法律服务人员开展公共法律服务活动。通过广泛调研，在条线结合的基础上，确立了"一站式"、综合性、专业化的平台建设方向，公安、市场监管、民政、规划资源、房屋管理等部门依托上海市大数据资源平台，依法共享人口、法人、婚姻、收养、不动产登记、房屋交易等相关信息，为公共法律服务提供支持。

3. 完善基本保障制度。在基本保障制度方面，制定《上海市公共法律服务平台法律服务志愿单位和志愿者遴选办法》《"12348 上海法网"驻场法律服务志愿单位和志愿者日常业务监督管理办法》等制度，落实人员、财政、服务支撑三方面的保障措施。一是通过政府购买服务等方式，支持法律服务机构和法律服务人员参与提供基本公共法律服务。健全村(居)法律顾问制度，实现村(居)法律顾问全覆盖，为村民、居民就近提供公共法律服务；健全政府法律顾问、公职律师制度，完善政府法律顾问、公职律师参与重大决策、规范性文件、重大行政执法决定合法性审查的工作机制，提高行政机关依法履职能力。二是将基本公共法律服务工作经费纳入本级财政预算，落实公共法律服务平台建设、运行、管理等经费，并建立基本公共法律服务经费保障标准动态调整机制。三是建立和完善公共法律服务行政管理与行业自律相结合的监管机制，加强对公共法律服务的监管，强化法律服务机构和法律服务人员管理，加大对违法违规行为的查处力度，健全完善信用监管机制，将公共法律服务工作纳入法治建设考评指标体系，定期对公共法律服务体系建设进展、成效及保障情况进行督促检查和考核评估。

（二）不断优化政府购买公共法律服务方式

仅依靠以政府为中心的单一供给模式已经不能满足人民群众对公共法律服务的需求，也无法体现公共法律服务均等化、公平化的特性。要满足公众多元化的需求，需要发挥市场组织和社会组织参与和补充服务的功能，正确处理和把握政府与市场、公共服务与市场化调整的关系。为此上海市创新公共法律服务方式，凝聚多元化的公共法律服务供给主体。

一是进一步完善政府法律顾问和公职律师制度。推动市、区、街道乡镇三级政府机关普遍建立法律顾问制度，实现全市政府机关法律顾问全覆盖。推动市、区两级党政机关普遍建立公职律师制度。逐步完善法律顾问专家人才库。开展市政府外聘法律顾问选聘工作，市政府办公厅与市司法局共同举办聘任仪式，出台进一步加强党政机关法律顾问工作的实施意见，推进解决外聘法律顾问“聘而不用”“顾而不问”等问题，促进依法行政。二是发布公共法律服务白皮书，持续打响“上海法律服务”品牌，建立“百所联百会”机制，推动165家律师事务所与工商联及所属251家商会普遍建立联系合作机制，搭建律师服务民营企业新平台。三是明确政府购买基本公共法律服务的具体范围和内容，按照规定实行指导性目录管理并依法予以公开。

截至2020年年底，上海市共有律师事务所1709家，执业律师28,914人，公职律师1696人；公证机构23家，公证员439名，培育12个公证服务品牌示范机构；法律援助机构 17 家，在库法律援助律师 2422 名；人民调解委员会 6527 家，人民调解员 17,805 名，行业性、专业性人民调解委员会 178 家。

法律服务行业的蓬勃发展为“政府搭台 + 市场主导”的公共法律服务模式提供了充足的人力资源保障。截至 2020 年 12 月底，上海市聘用法律顾问的政府机关达 533 个，其中市级机关 35 个、区级机关 498 个，各级政府机关共聘用法律顾问 950 名，其在制定重大行政决策、推进依法行政中发挥了积极作用。以长宁区政府和华东政法大学合作共建的上海“东虹桥法律服务园”为例，作为上海市首个综合法律服务园区，东虹桥法律服务园坚持政府牵头搭建平台、多方机构积极参与、政府购买服务、社会化运作，着力打造“三大平台”：一是公共服务平台，主要提供法律咨询和司法鉴定等专业的法律服务；二是培训平台，与华东政法大学合作，对法律服务人员进行专业培训；三是投资孵化平台，出台优惠政策，吸引律师事务所等法律服务机构入驻园区。政府、市场、社会三方优势互补、成功协作，对整合法律服务资源及法律服务业培育发展均有较大益处。

（三）扎实推进公共法律服务多元融合平台建设

上海已经建成“三横四纵”的公共法律服务网络，“三横”即热线服务、网络服务和窗口服务，以网络服务为主体、热线服务为辅助、窗口服务为支撑；“四纵”即市、区、街道乡镇和村（居），以市公共法律服务中心为龙头，区公共法律服务中心为枢纽，街道乡镇公共法律服务工作站以及村（居）公共法律服务工作室为延伸的四级平台。通过资源高度融合，集合线下（实体窗口）、线中（电话热线）、线上（智能网络）为一体的公共法律服务网络体系，最大限度地满足市民对公共法律服务的需求。

1. 实体平台建设已经实现全覆盖。一是实体平台数量逐年增加。2016

年1月,建成上海市公共法律服务中心。2017年年底,16个区建成区公共法律服务中心。2018年6月,上海市所有街道乡镇建成公共法律服务工作站215个,所有村(居)建成公共法律服务工作室6059个,在全国首批实现市、区、街道乡镇、村(居)四级公共法律服务实体平台全覆盖。2020年,市、区两级公共法律服务中心共接待市民78,525人次。二是实体平台知晓度不断提升。为进一步实现"法律服务零距离",上海市6000余个村(居)通过张贴海报、摆放台卡、便民服务卡等方式,列明四级公共法律服务实体服务窗口的地址、电话和服务时间等信息,通过村(居)向不方便使用智能手机的老年人等特殊群体上门派发,确保公共法律服务触手可及。三是实体平台空间布局下沉基层。在生活区打造"生活服务圈",如徐汇区通过区公共法律服务中心打造"30分钟服务圈",通过街道乡镇公共法律服务站实现"15分钟服务圈"功能,通过村(居)公共法律服务工作室打造"5分钟服务圈",并通过"邻里汇"平台开展公共法律服务,充分体现了公共法律服务的便民性;在"商业区"打造"法律服务便利店",结合商务楼宇中工作人员的工作节奏和需求,提供综合性、"一站式"服务,为公共法律服务的覆盖面加上最后一块"拼图"。

2.线上公共法律服务便利化水平不断提升。2017年上海市上线"12348上海法网"网站、App和小程序,实现公共法律服务"掌上办""随身办",通过"我要查""我要问""我要约""我要办"四大板块,聚焦群众需求,提供法律服务查询、法律问题咨询、法律服务预约、服务事项办理等具体服务。"我要查"板块向社会公布上海市法治地图、法律援助申请条件与流程以及法律职业考试相关信息;"我要问"板块提供律师、公证、司法鉴定、人民调解、法律援助事务及社区矫正社会工作六类事项的在线咨询和留言咨询服务;"我要约"向社会集中公布了全市16个区215个街道乡镇的245个公共法律服务工作站以及约6000个村(居)公共法律服务工作室的地址、电话和工作时间。截至2022年4月,"12348上海法网"提供在线咨询43万余次,留言咨询71,248次。此外,"12348公共法律服务热线"服务能级也在不断增强。上海市司法局会同各区共同建立工作机制,确保专人专号对接响应,引导市民通过电话热线预约法律顾问"门诊",面向广大群众提供法律咨询、审批咨询、法律职业资格考试咨询、公证咨询等服务,其中法律咨询提供7×24×365全时段服务,截至2022年4月,共提供电话热线咨询服务408.9万余次。

3.持续推进公共法律服务线上线下平台互联互通。上海市司法局从顶层设计入手,对实体、热线、网络三个平台通过技术手段进行互联互通,初步实现"三台融合"。一是共建一个管理系统,通过公共法律服务管理系统开展服务事项办理、数据统计和上报等工作;二是共建一个数据库,汇聚、整合实体平台、热线平台和网络平台数据,形成公共法律服务综合数据库,为公共法律服务提供统一管理和数据分析;三是共用一支专业队伍,由16个区司法局及市律师协会、市公正协会、市司法鉴定协会和市人民调解协会组建的21支志愿者队伍提供服务支持,实现法律服务领域全覆盖;四是推进一体化监管,由市司法局统筹协调三大平台建设管理,制定统一服务建设标准、服务规范、办理流程和管理制度,对公共法律服务事前建设、事中服务、事后投诉等各个环节进行一体化监督。

(四)精心打造普适与定制相结合的公共法律服务

推进基本公共服务均等化,是全面建成小康社会的应有之义,对于促进社会公平正义、增进人民福祉具有十分重要的意义。公共法律服务作为公共服务不可或缺的组成部分,在满足人民群众最基本的公共法律服务需求之外,还应当结合当地经济社会发展水平进行适当调整,在普惠性的基础上增加针对性。2020年上海市颁布的《加快推进公共法律服务体系建设的实施意见》提出“到2035年，全面建成与建设具有世界影响力的社会主义现代化国际大都市目标相适应、与城市治理体系和治理能力现代化相匹配的公共法律服务体系”，这要求公共法律服务在均衡发展的基础上，服务于城市治理能力提升，服务于国家战略和重大任务。

要提升城市治理能力现代化水平，宏观层面要保障城乡协调发展，微观层面要保障少数群体权益。在保障城乡协调发展方面，鼓励通过设立分支机构、培育规模化法律服务机构等措施，逐步缩小城乡公共法律服务水平差距，引导律师和基层法律服务工作者积极参与村(居)(社区)法律顾问工作，协助村(居)委会提高城乡社区治理法治化水平，为村(居)民提供“家门口”的法律服务；在保障少数群体权益方面，将低收入困难群体、残疾人、农民工、老年人、困境儿童、单亲困难母亲等特定群体和军人军属、退役军人及其他优抚对象作为基本公共法律服务的重点对象，降低法律援助门槛，持续扩大法律援助对象范围，建立法律援助经济困难标准动态调整机制，完善法律援助受援人分担费用机制，加强法律援助工作与公证、司法鉴定工作的衔接，建立完善法律援助案件的公证、司法鉴定费用减免制度。推动司法行政等部门和单位通过信息互通、工作对接，为有需要的群众提供精准法律服务，推进公共法律服务场所和信息的无障碍环境建设。

结合上海市在党和国家工作全局中的重要地位，在公共法律服务体系建设领域服务国家战略和重大任务，主要体现在为促进经济高质量发展、提升经济辐射力和影响力、加快建设开放性经济新体制提供法律服务。为促进经济高质量发展，上海市依托现有资源，探索打造企业公共法律服务平台，为科技金融产业集聚区等重点地区建设提供法律服务，鼓励法律服务机构、知识产权服务机构为企业和创业者提供市场准入、融资、知识产权保护等方面的法律咨询服务；支持公共法律服务向经济发展的新兴领域拓展延伸，主动适应产业跨界融合发展、业态模式创新等经济社会发展新需求；为小微企业提供更精准有效的法律服务，对经营困难的小微企业减免或缓缴相关费用，对小微企业主、个体工商户经营者提供指导、培训等法律帮助。为提升经济辐射力和影响力，上海市面向国内推动长三角区域公共法律服务政策共商、机制共建、平台载体共用、资源成果共享，简化、优化法律服务机构及人员跨区域执业的行政审批程序，推动跨区域法律服务信用体系建设，深化法律执业人员资质查询、信用信息归集和应用等方面的交流协作；面向国际以上海自由贸易试验区及临港新片区建设为突破口，建立同国际投资和贸易通行规则相衔接的公共法律服务体系，搭建涉外法律服务业支撑平台，依托中国国际进口博览会等开放窗口，支持各类法律服务机构开展面向全球的法律服务，支持法律服务机构参与国际性、联盟性跨境法律服务协作，搭建全方位、多层次的涉外法律服务平台；加强涉外律师队伍建设，推动律师“走出去”。

三、上海推进基层公共法律服务体系建设的典型实践

（一）以制度为抓手推进公共法律服务全覆盖

党的十八届四中全会明确提出要“建设完备的法律服务体系，推进覆盖城乡居民的公共法律服务体系建设，完善法律援助制度”。从宏观层面来看我们需要体系化推进国家公共法律服务建设，但是从微观层面的“最后一公里”来看，公共法律服务作为公共产品，需要通过具体的制度体系与科层组织推动和实施，由地方和基层将法律的规定和中央的要求转化为具体的制度实践。上海市各区因地制宜，在中央和上海市政府政策文件的基础上，建设完

善公共法律服务制度,打通公共法律服务“最后一公里”。

奉贤区“村(居)法律顾问”
打通法律服务“最后一公里”

自2015年起,奉贤区按照市委“1+6”文件关于“统筹城乡法律服务资源,完善村(居)公共法律服务”的要求,以促进基层治理法治化为目标,在本市尚无成熟经验可循的前提下,大胆试点、积极探索,率先推行“村(居)法律顾问”制度,将高效便捷的法律服务免费配送到群众“家门口”。截至2021年12月,全区327个村(居)全部配备“一对一”法律顾问,共计105名律师参与,实现村(居)法律顾问全覆盖。

奉贤区坚持目标导向,从顶层设计着手,有序规划村(居)法律顾问工作。为确保公共法律服务均衡辐射到每一个村(居),奉贤区在部分镇先行试点的基础上,制定《关于推进公共法律服务体系建设的实施意见》《关于建立“一村(居)一法律顾问”制度的实施方案》等相关制度,并明确由政府为村(居)组织和群众购买基础性公共法律服务。同时坚持需求导向,合理配置法律顾问资源。一方面,通过公开招募并综合考量,建立一支热心公益、责任感强、有一定执业经验的村(居)法律顾问队伍;另一方面,在双向选择的基础上开展结对签约,每个村(居)配置一名法律顾问,一名律师同时担任不超过4个村(居)的法律顾问,确保公共法律服务资源均衡分配。

为保证村(居)法律顾问制度持续发力,奉贤区双管齐下,强化法律顾问保障机制。一方面，探索建立激励机制，对于工作成效明显、村（居）满意度高的法律顾问，在律师评先评优活动中予以优先考虑。同时以政府购买服务为依托，对全区参与"一村（居）一法律顾问"工作的律师实行工作补贴，按照区、镇两级共同承担的标准进行发放，区财政承担50%，镇财政承担50%。另一方面，挖掘优秀典型，形成统一服务标准，充分发挥律师党组织示范引领作用，鼓励律师党员发挥先锋模范作用，带头承担好村（居）法律顾问职责，通过各种形式分享经验，起到树立一批、带动一批的作用。同时实施"四统一"制度，规范村（居）法律顾问日常工作管理：一是台卡标识统一，方便群众问询；二是工作协议统一，规范服务要求；三是工作日志统一，确保服务记录有案可循；四是考核评估统一，组织各村（居）定期开展法律顾问服务满意度测评，促进村（居）法律顾问积极履职。

随着奉贤区公共法律顾问制度体系不断完善，村（居）自治和管理日趋规范，村（居）民法治意识不断提升，基层社会更加和谐稳定。自2019年以来，奉贤区村（居）法律顾问为村（居）处置各类法律事务35,000余件。其中，协助村（居）起草、修改村规民约（居民公约）、参与重大项目活动、出席村（居）民议事会以及处理其他涉法事务共计2435次，参与矛盾纠纷处置2109起，开设法治讲座和培训1982次，接待群众各类咨询24,306人次。

在开展外聘法律顾问参与涉及街道法治建设工作以及开展村（居）法律顾问工作时，普遍会面临几个问题：一是单个律师事务所及律师存在能力的差异性，不能全方位解决地区法治政府建设中事务复杂性、多样性的问题；二是专业法律顾问的履职具有综合性，能否充分及时地发挥作用需要得到各方主体的支持和配合。为了有效解决地区总体发展中遇到的各项法律问题,浦东新区周家渡街道全面改进街道政府法律顾问制度,深入探索完善“1 +2 + X”公共法律服务模式,进一步实现了公共法律服务效能的最大化。

浦东新区周家渡街道深入探索完善“1 +2 + X”公共法律服务模式

在落实政府法律顾问制度工作中,周家渡街道外聘法律顾问毅也岩所、大成所、远闻所 3 家律师事务所,综合考虑 3 家律师事务所情况和服务特长,针对街道的重点工作及相关条线科室,进一步明确 3 家律师事务所的服务重点与服务条线的边界,分别负责街道合同审查、政务公开、行政复议和行政诉讼,综合覆盖法治政府建设工作中所涵盖的各项法律问题。通过加强机制建设、日常监管、加强协同配合,形成专业法律服务的整体合力,为制定街道重大行政决策、推进法治政府建设起到法律保障作用,按照浦东新区法治建设责任制考核依据,采用项目化、流程化、节点化、标准化的管理运行方式,明确主要责任单位和协同单位,共同落实政府法律顾问制度,使法律顾问更好地为政府所用,使政府更好地为百姓服务。

在探索完善“1 +2 + X”公共法律服务模式工作中,周家渡街道与 2 家律师事务所签订了公共法律服务协议。“1”是每一家律师事务所由多名律师组成律师团队,分别负责一个网格片区;“2”是每一个居民区都有 2 名结对律师,结对律师实行 AB 角,整个律师团队作服务支撑;"X"是要求每一个居民区充分调动和发挥网格片区内城管、安监、市场监管、卫监、派出所等职能部门的作用,促进社区依法治理和民主自治。

为了保障居民区公共法律服务工作有序推进,周家渡街道司法所确定了2名公务员担任联络员,分别负责联络一个片区,牵头律师与居民区的对接、服务等工作,建立居民区、网格片区、街道层面公共法律服务工作群,完善相关工作机制等。网格化公共法律服务工作使居民区工作得到了有效的法律支撑,更加贴近基层法律服务工作需要,扩大覆盖面,有利于专业法律顾问作用发挥,提高精准度,有效防范居民区履职法律风险,提升群众满意度。

2020年1月—2021年4月,周家渡街道政府法律顾问共参与起草、审查、修订合同1467份。2021年1—6月,居民区法律顾问共为群众提供法律咨询480批次,参与矛盾纠纷化解106起,为居民区依法治理提供法律建议45条,村(居)法律顾问协助村(居)(社区)处理换届选举中的法律问题22个,在社区内营造出浓厚的法治氛围,得到街道、居民区及社区群众的普遍认可和肯定。

随着党的十八届四中全会有关积极推行政府法律顾问规范性文件的陆续出台,上海市针对文件的要求出台了一系列的法规和规章,以其独创的"上海模式"实现了对政府法律顾问制度的积累和创新,合理利用法律服务资源,充分发挥了优质法律资源的最大价值,为法治政府建设起到了添砖加瓦的作用。通过合理布排服务网络,让法律顾问在专业领域发挥更加专业的作用,更好地满足政府及居民公共法律服务需求。

（二）以政府为核心汇聚优质公共法律服务资源

改革开放和市场经济的发展打破了我国以往“政府包办”的传统，在国家体系之外，市场体系和社会体系随着外部制度环境的不断改善，在社会治理等方面日益发挥显著作用。政府职能转变、简政放权的要求和不断增长的公共需求与各级政府公共服务供给不足的矛盾，加之公共法律服务的专业性、普惠性的特征，在公共法律服务领域促成了以政府为核心、社会多元主体共同参与的新格局。

浦东新区高行镇完善结对律师事务所考核细则

公共法律服务体系建设是统筹推进司法行政各项工作的总抓手。高行镇紧紧围绕经济社会发展和人民群众实际需要，立足“法律事务咨询、矛盾纠纷化解、困难群众维权、法律服务指引和提供”的平台建设功能定位，积极完善“家门口”公共法律服务体系，努力为人民群众提供普惠性、公益性、可选择的公共法律服务。

一是完善服务规范，制定“家门口公共法律服务清单”。高行镇根据群众需求完善便民利民举措，梳理公共法律服务事项，明确了辖区内公共法律服务站和37个村（居）法律服务工作室的服务事项。清单内容围绕法治宣传、法律咨询、人民调解、法律服务、文书审核、矛盾化解、决策咨询和法律咨询8大类22小项展开，涵盖了包括法律服务咨询、法律知识讲座、人民调解业务在线预约、矛盾纠纷排查、重大事项法律指导、提供法律建议等多个业务在内的公共法律服务事项，并结合各工作室实际情况，为不同小区群众提供清晰明了的公共法律服务指引，以强有力措施将公共法律服务项目做实、做细、做优，打造全流程服务。

二是加强评估考核，实施“结对律师事务所考核细则”。高行镇制定量化的考评指标及奖惩标准，重点考评进驻律师事务所法律服务类别、提供法律咨询数量、受理法律援助事项数量、调处矛盾纠纷数量、法治宣传活动数量、电话接听率等，由服务对象对结对律师服务态度、办事效率、政策和业务水平等作出评价，将评价结果作为年底对律师事务所和结对律师考核评价的重要依据，促进优质服务和高效服务。通过绩效考评，对群众满意度高、服务效果显著的结对律师事务所和律师奖励表彰，对考核不合格的律师事务所进行淘汰制，树立为民服务良好形象。

作为浦东新区第一批开展“家门口”公共法律服务和司法所标准化建设的街道乡镇，高行镇已经逐步建立起法律服务实体、热线、网络三大平台，“家门口”法律服务标准化建设持续推进，设立了镇司法信访综合服务窗口和37个统一标牌标识、工作制度和服务标准的村(居)“家门口”服务工作室，实现“家门口”法律顾问服务全覆盖，依托“12348法律咨询热线”打通服务群众“最后一米”。

徐汇区多措并举，推进公共法律服务均衡发展

为贯彻习近平法治思想、落实《关于加快推进公共法律服务体系建设的意见》《上海市加快推进公共法律服务体系建设的实施意

见》文件精神，徐汇区围绕更好地满足人民群众对美好生活的向往以及日益增长的法律服务需求，从筑牢基础、增加供给、精准对接三个方面入手，多措并举推进公共法律服务均衡发展，让公共法律服务扎根基层、服务群众、改善民生。

第一，推动基层法治建设标准化，筑牢基层公共法律服务基础。徐汇区将区公共法律服务体系建设摆上重要议事日程，纳入经济社会发展综合考核体系，并将服务民生紧密相关的公共法律服务事项列入政府实事项目；印发《徐汇区关于全面加强新时代司法所建设，切实提升基层法治水平的实施意见》，成立徐汇区全面加强新时代司法所建设领导小组，推进新时代司法所建设；出台《徐汇区关于全面加强和改进本区基层法治建设的实施方案》，明确本区各街道乡镇基层法治建设领导体制全覆盖，推动司法所所长列席街道乡镇主任会议制度等20项重点任务落地落实；积极推动全区街道乡镇参与上海市法治建设示范街道乡镇创建，以创促建，补短板增弱项，提升全区基层法治软实力。徐汇区徐家汇街道、长桥街道入选首批上海市法治建设示范街镇。

第二，增加基层法律服务供给，提升基层公共法律服务便利度。引导律师入驻社区积极参与基层法律服务，配齐配强“一居委一法律顾问”，实现全区306个居委法律顾问全覆盖，推动公共法律服务资源进驻“邻里汇”“邻里小汇”等公共区域，打造集咨询、诉求、服务等功能为一体的综合性公共法律服务站地，实现法律服务“菜单式”供给，提供“预约式”“远程式”“查阅式”服务；推进公共法律服务进楼宇、进园区，成立楼宇法律服务工作站，打造辐射全区的“15分钟法律服务圈”。例如，虹梅街道组织的“午间法律门诊"活动,整合法官、检察官、公证员和律师等资源,利用午休时间为漕河泾园区内企业和员工提供一对一的专业法律咨询服务,解决公共法律服务"最后一公里"的问题;将公共法律服务平台建设、运行、管理经费和法治宣传教育、法律咨询、法律援助、人民调解、法律顾问等基本公共法律服务经费纳入同级财政预算予以全额保障,建立基本公共法律服务经费保障标准动态调整机制。

第三,聚焦特定群体服务法律需求,增强公共法律服务精准度。徐汇区认真贯彻落实《法律援助法》和《上海市公共法律服务办法》相关规定要求,将军人军属、未成年人等优抚对象作为基本公共法律服务的重点对象。区法院、区检察院、区司法局、区残联、区妇联等多家单位建立了信息互通和工作对接机制,区司法局与区检察院签署了《关于建立支持诉讼与法律援助合作机制的意见》,联合开展法律援助民事案件诉讼工作,为弱势群体提供更精准、更有效的法律援助服务。推出群体性劳动争议案件法律援助快速通道、法律援助无接触办理等8项法律援助便民服务举措。设置手语服务点位,通过视频连线的方式,实现翻译人员、听障人士与现场工作人员、公益律师之间的无障碍对接。区、街道乡镇、社区三级公共法律服务实体平台均完成了无障碍环境建设,出入口显著位置建有无障碍通道、残疾人专用泊车位,接待大厅设置无障碍盥洗室。

徐汇区作为全国首批法治政府建设示范区,在公共法律服务系统建设过程中,司法行政系统公共法律服务岗位和人员配备得到了优化,公职律师和法律顾问力量得到了充实,涉外律师领军人才和高端法律人才储备库正在培育完善,公共法律服务人才队伍正逐步加强。立足新发展理念,以人民为中心,徐汇区加快建设便捷高效、均等普惠、智能精准的公共法律服务体系,切实增强人民群众获得感、幸福感、安全感,努力向建设具有世界影响力的社会主义国际大都市卓越城区不断迈进。

嘉定区徐行镇推动律师与调解对接,助力公共法律服务全覆盖

当前我国正处于社会转型的重要时期,既是经济社会发展黄金机遇期,又是社会矛盾高发期。一方面,人民群众对权利诉求越来越多;另一方面,各类不稳定因素又给社会带来了很大压力。因此,人民群众对法治需求越来越多,对自我权益保障的要求越来越高。为适应新时代群众对公共法律服务的新要求,为群众提供及时、精准、普惠、优质的公共法律服务,嘉定区充分发挥律师的法律专业优势、职业优势和实践优势,引导律师参与基层矛盾化解,提供法律咨询,通过周密部署,让律师运用自身优势服务群众,打造全覆盖的公共法律服务网络。徐行镇在此基础上积极探索推动律师与调解对接,发扬"枫桥经验",助力公共法律服务,基本实现村居全覆盖、各领域全覆盖。

第一,全平台、全覆盖。徐行镇已在全镇范围内设立1个公共法律服务站、15个村(居)公共法律服务室、1个"邻里中心"公共法律服务坊和1个企业园区"法治观察点",均配备了公共法律服务顾问律师驻点服务,同时律师进驻派出所,参与矛盾化解,推动形成多元化纠纷解决体系。从镇到村(居)到工业园区等各区域,从民间矛

盾纠纷到民事纠纷到生产经营纠纷等各领域,形成了全平台、全覆盖的公共法律服务网,从而为群众、劳动者、企业提供便捷、高效的公共法律服务。

第二,高效率、高保障。2021年以来,全镇公共法律顾问共提供各类法律服务60余次,其中参与调处矛盾纠纷10余起,为群众解答法律咨询、为村(居)提供法律建议50余次,并多次参与重大矛盾纠纷的化解。顾问律师根据工作要求,定时定点为群众提供法律服务,群众遇到重大紧急事件需要申请调解和咨询时,公共法律服务站(室)工作人员可进行预约,让律师第一时间与当事人取得联系,真正做到"定时与不定时""线上与线下"相结合,给予群众最及时、最专业的法治保障。律师参与调解,多元化纠纷解决机制的构建,增加了新的调解选择模式。

第三,多维度、广普法。全面推动律师参与调解一方面是支持引导律师实地开展调解工作,另一方面是鼓励律师通过自身专业优势,带动提高基层调解员、法治带头人和法律明白人的法治素养和调解技能。徐行镇与辖区内律师事务所联合开展了"法律实用通"基层调解员系列培训,从调解技巧、协议书制作、以案释法等不同维度全面提高基层调解工作者、志愿者的调解水平,牢筑"第一道防线",把矛盾纠纷化解在基层,促进社会和谐稳定。

第四,多服务、助振兴。村(居)法律顾问积极参与村民代表依法议事制度制定和村规民约审查、集体资产处置等重大事项决策,主动承担起法治宣传员、纠纷调解员、法律咨询员等多重身份,为各村土地承包、法律文书修改、合同审查等村级事务提供优质高效法律服务,为美丽乡村建设撑起一把"法治伞",有力推动法治乡村建设,助力乡村振兴。

徐行镇以“上海市法治建设示范街道乡镇”创建工作为契机，结合徐行镇特色和优势，以创促建，全面推动基层法治建设，推进律师参与调解，助力公共法律服务工作，夯实法治建设基础，打造全领域全覆盖、高质高效的公共法律服务网。

金山区漕泾镇引入法律顾问述职评议机制，实现“一村(居)一顾问”

自开展公共法律服务体系建设工作以来，漕泾镇积极探索完善村居法律顾问制度，14个村(居)均已聘请法律顾问，形成了队伍齐全、制度完备、运作流畅的村居法律顾问工作体系，在提供法律咨询、调解矛盾纠纷、开展普法教育等方面持续发力。为完善辖区村居法律顾问第三方评估制度，不断提升法律顾问工作的规范性、实效性和满意度，漕泾镇在2020年率先制定了《漕泾镇村(居)法律顾问述职评议工作方案》，每年对辖区村居受聘法律顾问开展述职评议工作，村居法律顾问从履职尽责、工作成效等方面进行述职，村居干部、村居民代表根据述职情况及其年度服务表现进行民主评议和测评，镇依法治理办公室把评议结果作为村居法律顾问续聘、解聘的重要依据。

一是健全机制，使制度建设成为最有力的“助推器”。漕泾镇党委、政府始终高度重视法律顾问工作，不断规范村居法律顾问聘用规则。根据《金山区推进“律师六参与”工作实施办法》相关要求，制订评议工作方案，明确村居法律顾问述职评议时间、评议范围、评议内容、考核标准等工作要求，并下发《漕泾镇村居法律顾问评议表》,对履行职责、遵纪守法、工作成效、服务态度、工作台账等方面作出明确要求。各村居定期签订法律顾问聘用合同,从实际出发,做好聘任或续聘工作。评议过程要坚持标准、严格程序、严肃纪律,努力做到客观、公平、公正,切实全方位开展村居法律顾问评议工作。

二是明确职责,在全时空全领域编织最严密"服务网"。根据《金山区关于推进村居法律顾问工作的实施细则》的相关要求,明确村居法律顾问职责,将法律咨询、法治宣传、法律援助、人民调解、参与村务管理等服务内容写入聘用合同,并将活动信息及情况录入平台等要求作为选聘及考核依据。村居法律顾问作为漕泾镇"法语漕堂"宣传平台的讲师团成员,定期向辖区村(居)民们普及《宪法》《民法典》《道路交通安全法》等关系村(居)民切身利益的法律知识,切实做到让群众不出村就享受到法律服务;同时,村(居)法律顾问可以发挥专业特长,在村(居)起草、审核、修订包括村规民约(居民公约)在内的相关文件时,提供专业法律建议,从根本上保证了村(居)事务的合法性,促进基层治理法治化。

三是民意导向,把群众呼声作为最准确的"方向标"。漕泾镇将法律顾问述职评议考核作为强化法律顾问职能、落实法律顾问责任的重要举措,作为借力第三方助力法治漕泾建设的重要抓手,确保述职评议考核工作健康有序开展。在评议会议上,邀请村(居)民代表、服务对象、村(居)委会班子成员共同参加,在司法所监督下开展述职评议工作。在选举村(居)民代表时,尽可能选择了解或接受过法律顾问服务的村(居)民。把述职评议结果作为律师法律顾问作用发挥的重要依据,直接与法律顾问续聘与否挂钩,并将评议结果抄报区司法局法律服务行业管理科。年度考评良好以下的律师,今后2年内不得担任漕泾镇各村居法律顾问。

金山区漕泾镇作为首批上海市法治建设示范街道乡镇,自2021年以来,漕泾镇村居法律顾问共提供法律咨询337次;开展法治讲座及其他设摊咨询法律服务56次;参与合同等法律文书的审核13余份;参与矛盾纠纷调处60起;共参与修改村规民约(居民公约)18份;草拟、修改、审核其他合同等文书并同时提供法律意见26余次。漕泾镇不断规范村居法律顾问聘用及履职,为村居提供更加坚实的法治保障和优质的公共法律服务。

在传统的"大政府、小社会"管理模式下,政府是公共服务的唯一提供主体,面对不断增长的公共法律服务需求,服务主体的单一性不能满足需求的多样性和层次性,尤其就基层司法所而言,人力、财力有限,可调配的法律服务资源较少,单靠司法所一家"单打独斗"很难满足新时代人民群众的各项法律服务需求。通过政府购买公共服务的方式,基层司法所主动跨前一步,积极推动法庭、律师事务所、法律服务所等形成公共法律服务的跨部门合作"区块链",一方面有利于改善公共法律服务的质量和效率,通过法律顾问的专业化服务,提供高质量的公共法律服务产品;另一方面有利于公共法律服务体系建设,顺应政府职能转变和简政放权的时代要求,同时也是实现公共法律服务均等化的内在要求。

(三)以技术为手段支撑公共法律服务平台创新

建设公共法律服务平台是推进公共法律服务体系建设的一项基础性工作,是集成司法行政各类法律服务项目、提供多种公共法律服务产品的有效载体,是司法行政机关直接面向人民群众提供服务的窗口。自2014年司法部发布《关于推进公共法律服务体系建设的意见》以来,各地认真贯彻并积极探索公共法律服务平台建设。2018年上海市司法局召开新闻发布会,宣布"12348上海法网"正式上线,形成了线下实体平台、线中电话热线、线上网络平台的"三台融合",并通过技术手段进行互联互通,不断优化公共法律服务供给,提升公共法律服务质量。

崇明区堡镇推行"门诊式"公共服务,跑出乡村振兴法治"加速度"

近年来,崇明区堡镇司法所积极响应乡村振兴战略号召,有效整合法律服务资源,坚持精准发力,加大力量下沉,探索建立以律师事务所律师、法律服务工作者、驻村法官、公职律师、人民调解员、法治带头人和法律明白人为"骨干",结合堡镇村(居)分布零散、覆盖面大、常住人口老龄化程度较高的特点,立足新时代辖区村(居)民多元化需求,秉持"你有诉求我援助""你有纠纷我调解""你有困惑我解答"的"实用、管用、方便用"服务理念,先后打造一批以人民村"乐乡居"公共法律"诊所"为代表的"门诊式"公共法律服务点位,通过"巡诊""问诊""坐诊""会诊"等法律服务方式,激活基层社会治理的"神经末梢","一站式"解决周边群众的法律服务需求。

首先搭建平台,完善公共法律"门诊"服务网络。一是强化站、室"专科"服务平台,大力推进"门诊"服务网络建设,设立镇"三调联动"工作指挥中心和"1327"访调对接工作中心,搭建

“超市化”的“门诊式”服务窗口,并在27个村居建立公共法律服务工作室和访调对接工作站,让公共法律服务伸手可及、触手可得;二是拓展基层“全科”工作点位,依托乡贤睦邻点、姐妹微家、为老服务中心、新时代文明实践点等建立特色服务窗口,进一步拓宽“全科”公共法律服务点位的覆盖面;三是建立“微法”线上平台,通过“堡法前线”微信公众号、微信群等平台,加强村(居)民法律服务需求的信息收集,提供线上“预诊断”法律云服务。

其次统筹资源,创新公共法律“门诊”服务机制。一是统一“诊所”工作标识,在各点位加挂“公共法律诊所”门牌,并设置挂号服务台、法律专家门诊、法律普通门诊等引导标牌;二是创新“问诊”服务机制,通过“望、闻、问、切”四步工作法等,察言观色,倾心聆听,问询引导,对症下药,确保每位来访群众都能够得到精准的法律“把脉”服务;三是建立法律“医生”结对制度,各点位定期组织驻村法官、法律顾问、公职律师等法律专业“医生”开展公益服务,群众可订阅点位服务内容,更加便利地享受专业的“可预约、可上门”公共法律服务。

最后示范引领,打造公共法律“门诊”服务品牌。一是建立妇女维权“门诊”宣讲平台,依托永和村和家欢姐妹微家,开设“法咏花韵·微讲堂”,通过三八妇女节等重要节日邀请法律顾问为村(居)民答疑解惑,普及法律知识,强化维权意识;二是建立百姓话事“门诊”调解平台,依托堡港村乡贤睦邻点开设“百姓月谈·微法堂”,积极吸收专业律师、法律工作者、法律志愿者、名书记调解员等,打造“公益法律服务智库”,每月通过与老百姓面对面沟通交流,有效提供法律咨询、疑难纠纷化解、困难群众维权等公益法律服务;三是建立扶老助残"门诊"援助平台,依托人民村"乐乡居"为老服务中心开设"扶老助残·微援堂",以满足老年人、残疾人法律援助需求为导向,着力加强对弱势群体的法律援助供给力度,有效防范和化解老年人、残疾人法律纠纷;四是建立"全科"服务"门诊"综合平台,依托人民村新时代文明实践点打造"乐乡居"公共法律"诊所",通过法治树介绍指南、法治墙宣传文化、法治室提供服务、法治堂沙龙座谈,畅通服务群众的"最后一百米"。

通过"门诊"式公共法律服务,堡镇司法所积极推动实现公共法律服务"普惠均等"目标,真正实现了公共法律服务"村村通、人人享";通过法律资源力量下沉,打造了辖区内"15 分钟公共法律服务圈",让服务多跑路,让群众少跑腿,真正实现公共法律服务便捷高效的目标。

嘉定区用技术疏堵点,以匠心换民心
——"智能辅助接访"系统

在司法改革的大背景下,各级检察机关大力推广办公自动化、办案现代化,有力提高了检察机关的法律监督能力和执法公信力,也为信访人员提供了便利。但受制于传统管理模式的束缚,控申信访接待工作的信息化转型相对滞后,其面广量大、一人多职的工作特点,也给承办人员带来一定工作压力。同时信访信息资源无法共享,缺少二次利用价值,导致数据资源呆滞化。基于以上问题,嘉定区探索构建信访接待智能辅助系统,通过将信访人身份信息与办案系统中的案件相关联,解决准确定位人和案件的问题,通过语音识别插件的嵌入和对全息摄像头采集到的人脸表情进行分析,解决信访同步记录和接访过程全面把控的问题,进而提升接访效率和专业性。

"智能辅助接访"系统主要实现以下功能:一是信访接待快速便捷,将接访系统与"一网通办"、信用上海及全国检察机关网上信访信息系统对接,可以迅速、全面地了解情况,通过刷取身份证或进行人脸识别,利用数据整合检索功能,调取相关信访记录和材料,提供针对性的接访措施,同时避免各级法院信访处理脱节;二是语音识别智能预警,建立谈话信息自动采集录入模块,同步迅速识别谈话内容,识别准确率高达95%,通过双屏显示,来访人和接待人均可看到笔录制作情况;三是微表情分析辅助接访,运用高清网络摄像机实时抓拍,准确识别、提示信访人表情变化情况,为接访人提供询问策略,辅助把控谈话节奏,促使谈话成效最大化;四是全程音视频一键回溯,借助同步录音录像视频系统记录接访全过程,确保接访责任落实到位,结合满意度评价模块作为接访工作成效的重要参考。

"智能辅助接访"项目的研发设计和上线,是基层检察机关对涉法涉诉信访导出机制的一次有益探索,是信息化和控申工作深度融合的检察产品,为锻炼接访能力、提高为民服务能级提供了信息化助力。

从某种意义上讲,司法行政工作是一项"润物细无声"的工作,每一位群众寻求咨询、调解、援助等服务的过程本身也是一个绝佳的精准普法机会,边讲解边分析,改变传统"喷灌"式普法手段,通过"滴灌"的方式让群众在潜移默化中受到法治文化的熏陶，最终达到“服务一件、普法一片”的法宣效果，因此提升群众对公共法律服务的知晓度至关重要，其中公共法律服务平台建设又是重中之重。公共法律服务平台建设作为一项整体工程，不是实体、热线、网络三大平台的简单相加，而是以有效满足群众的公共法律服务需求，将三大平台有机融合，使公共法律服务标准统一，协调一致，使群众的需求得到“一网通办”，快捷办理。

（四）以人民为中心打造“量身定制”的公共法律服务

“逐步实现基本公共服务均等化”是公共法律服务体系建设的目标。所谓“均等化”，一方面指居民享受公共服务的机会均等，另一方面指居民享受公共服务的结果均等。为了实现这一目标，除了要持续缩小城乡发展差距，加大对偏远地区、乡村地区的扶持力度，还需要针对社会特殊群体的个性化要求，精准提供公共法律服务。

长宁区周家桥司法所建设“老兵法律服务工作室”，打造“一站式”法律服务平台

长宁区周家桥街道辖区内有1400多名退役军人，在2021年建党百年及《退役军人保障法》实施第一年的背景下，周家桥司法所携手周家桥街道退役军人服务站共建“老兵法律服务工作室”，为辖区内退役军人及优抚对象免费提供法律服务、法律咨询、解答法律方面的问题，维护退役军人的合法权益，为退役军人及优抚对象提供“一站式”维权法律服务平台。

“老兵法律服务工作室”以常态化驻点、预约式接访等服务方

式，每月双周周四上午9:00—11:00开展法律服务，针对退役军人及优抚对象日常关注的问题开设普法讲座、律师讲堂等形式多样的法律服务宣讲活动，针对行动不便、年龄较大或者有特殊困难的老兵，提供上门法律服务。探索"线上+线下"法律援助服务机制，进一步拓展公共法律服务领域、完善退役军人服务保障体系，努力为辖区内退役军人及优抚对象提供更加优化的综合法律服务。

"老兵法律服务工作室"的成立，不仅是法律援助拥军优属和"枫桥式"退役军人服务站创建工作的重要举措，也将进一步健全和完善退役军人法律服务保障体系建设，标志着周家桥街道辖区内退役军人及优抚对象权益保障工作迈上了一个新台阶，同时也为上海市面向特殊群体的法律服务体系建设提供指引。

静安区建设商务楼宇中的法律服务"便利店"

静安区南京西路街道地处上海市中心，辖区商务楼宇林立，其中恒隆广场一直是南京西路沿线的经济地标，2007年成为上海第一栋"月亿楼"，2021年更是全新升级"百亿楼"，成为单位面积产出最高的楼宇。近年来，随着经济的高速发展，楼宇中的企业和员工对法律服务、法治营商环境的要求也在逐年提升。2019年7月22日，在静安区司法局的指导下，全国首个商务楼宇公共法律服务工作站在恒隆广场二期正式揭牌设立，2020年又相继在东方海外大厦、国际集团大厦设立了2处公共法律服务工作站，工作站将法律服务送到企业、白领身边，被楼宇白领亲切地称为"楼宇中的法律服务便利店”。

商务楼宇公共法律服务工作站的成立以党建为引领，立足“法律事务咨询、矛盾纠纷化解、法律服务指引和提供”的功能定位，通过“专业化、精细化、社会化、品牌化”的法律服务，实现将各类公共法律服务集中进驻，打造直接面向商务楼宇企业、白领的综合性、“一站式”服务型窗口。一是服务人员向法律专业延伸。工作站邀请“福民法律服务中心”的25位优秀律师担任日常法律咨询律师，每周为商务楼宇企业和白领提供法律咨询服务，更有利于楼宇企业和白领获得细致、专业的法律服务。二是服务范围向楼宇企业延伸。工作站拓展了法律服务的覆盖面，改变以往只在居民区的做法，其服务范围从恒隆广场辐射至周边的商务楼宇，形成了“公共法律10分钟服务圈”，为公共法律服务的覆盖面加上了最后一块“拼图”。三是服务对象向楼宇白领延伸。工作站根据楼宇白领的生活工作习惯，创立了“法治南西”抖音号、楼宇白领法治小课堂和公共法律服务邮箱，除当面咨询律师获得法律服务以外，白领们还可以通过关注抖音号、听取小课堂讲座、发送邮件等方式进行法律咨询和法律学习，更加符合白领们的实际需求。四是服务内容向拓展职能延伸。工作站采用“3 + X”职能建设模式：“3”为法律咨询、矛盾化解、法治宣传等基本职能，在公共法律服务中起主导作用；“X”为拓展职能，可根据实际工作开展情况及商务楼宇现实需求引入公安、检察院、法院、仲裁、市场监管、综治、消防等部门进行值班，为楼宇白领提供更为丰富的法律服务内容。

法律服务“便利店”的探索完善，推进公共法律服务朝着更加专业化、精细化、社会化和品牌化的方向发展。工作站改变了以往法律服务单一的形式，通过律师、警察等专业人员入驻商务楼宇的方式，推动了法律服务的专业化；针对楼宇白领的工作场景，重点加强劳动合同的签订、公司设立的规则、金融投资类知识等普法宣传，为楼宇白领提供了专业、细致的讲解；工作站通过社会广泛参与的方式，由社会组织的律师志愿者担任主要演员，定期推出抖音法治短视频，在楼宇白领中迅速产生裂变传播效应，提高了法治宣传社会性；南京西路街道商务楼宇公共法律服务工作站不仅是上海市第一家设立在商务楼宇内的公共法律服务工作站，更是全国首家为商务楼宇企业和白领提供法律服务的公共法律服务工作站，在全国范围内都具备示范效应，成为南京西路街道的法治品牌。

上海市作为超大型城市，其治理难点不仅体现在人口基数大、结构复杂，还体现在数量庞大且多元化、多层次的公共法律服务需求。近年来，上海市通过“城市智慧大脑”、网格化综合管理等手段，不断推进城市精细化治理。在公共法律服务方面，结合地区特色，准确挖掘居民需求，满足公共法律服务日益专业化、居民需求日益个性化的特点，解决群众“急难愁盼”问题的同时，营造“有温度”的法治氛围。

四、余论：打造优质公共法律服务品牌

在党的领导下，我国社会治理法治化建设取得巨大成就，确立了依法治国重要方略，各项法律法规日益完善。随着中国特色社会主义进入新时期，“法治国家、法治政府、法治社会”一体化建设受到越来越多的关注，公共法律服务是实现一体化建设的有效形式。上海市政府搭建了以法律顾问制度为

代表的公共法律服务制度框架，通过购买法律服务的方式，提供高效优质的公共法律服务，利用信息技术手段创新线下实体、线中热线、线上网络三大平台，因地制宜为不同群体量身打造精细化公共法律服务，打造了一个“有温度”的公共法律服务体系。

但是对标《上海法治政府建设规划(2021—2025 年)》要求及人民日益增长的多层次、多元化的公共法律服务需求，同时面对新经济新业态中出现的问题挑战以及长三角一体化的战略部署，上海市公共法律服务体系建设还需久久为功。通过完善制度体系建设，落实公共法律服务的经费保障和监督管理；解决法律顾问“顾而不问”的难题，促进公共法律服务多元化、专业化；持续推进三大平台数据融合，真正实现“一网通办”；结合国家重大战略部署和新经济新业态的要求，因地制宜打造优质公共法律服务品牌。

第十三章

依法化解解决矛盾纠纷

依法有效化解矛盾纠纷不仅是建设更高水平的平安中国、法治中国的必然要求,更是实现良法善治、推进国家治理体系和治理能力现代化题中应有之义。随着我国改革开放的深入推进和经济社会的发展,人民群众在民主、法治、公平、正义、安全等方面的要求日益增长,社会矛盾纠纷的多样化、复杂化、疑难化不断凸显,对社会矛盾纠纷化解提出了新的挑战。近年来,上海出台了一系列制度文件,不断健全和完善矛盾纠纷多元化解机制,畅通矛盾纠纷依法化解渠道,有效维护人民群众合法利益,探索了一条超大型城市依法化解矛盾纠纷、促进社会和谐稳定的治理新路。

一、新时期化解解决矛盾纠纷的新要求

坚持全面依法治国是新时代坚持和发展中国特色社会主义的基本方略之一,是中国特色社会主义的本质要求和重要保障。[1] 在中央全面依法治

---

〔1〕《决胜全面建成小康社会　夺取新时代中国特色社会主义伟大胜利——在中国共产党第十九次全国代表大会上的报告》,载《人民日报》2017 年 10 月 18 日。

国委员会第一次会议上，习近平总书记提出了全面依法治国7项重点工作，其中就包括要推进法治社会建设，依法防范风险、化解矛盾、维护权益，加快形成共建、共治、共享的现代基层社会治理新格局。[1] 我国不断健全和完善矛盾纠纷多元化解机制，构建对维护群众利益具有重大作用的制度体系，建立健全社会矛盾预警机制、利益表达机制、协商沟通机制、救济救助机制，畅通群众利益协调、权益保障法律渠道。把信访纳入法治化轨道，保障合理合法诉求依照法律规定和程序就能得到合理合法的结果。不断健全社会矛盾纠纷预防化解机制，完善调解、仲裁、行政裁决、行政复议、诉讼等有机衔接、相互协调的多元纠纷化解机制。加强行业性、专业性人民调解组织建设，完善人民调解、行政调解、司法调解联动工作体系。完善仲裁制度，提高仲裁公信力。不断健全行政裁决制度，强化行政机关解决同行政管理活动密切相关的民事纠纷功能。

（一）坚持和发展新时代"枫桥经验"

新时代"枫桥经验"作为中国共产党领导人民群众创造的预防调处化解社会矛盾卓有成效的治理方式，与形成于20世纪60年代的"枫桥经验"一脉相承，即"坚持和贯彻党的群众路线，在党的领导下，充分发动群众、组织群众、依靠群众解决群众自己的事情，做到'小事不出村、大事不出镇、矛盾不上交'"。[2]

2021年2月，中央全面深化改革委员会第十八次会议审议通过的《关于加强诉源治理推动矛盾纠纷源头化解的意见》强调，"法治建设既要抓末端、治已病，更要抓前端、治未病。要坚持和发展新时代'枫桥经验'，把非

〔1〕《加强党对全面依法治国的集中统一领导　更好发挥法治固根本稳预期利长远的保障作用》，载《人民日报》2018年8月25日。

〔2〕习近平：《习近平谈治国理政》（第3卷），外文出版社2020年版，第224页。

诉讼纠纷解决机制挺在前面，推动更多法治力量向引导和疏导端用力，加强矛盾纠纷源头预防、前端化解、关口把控，完善预防性法律制度，从源头上减少诉讼增量”。[1] 2021年7月印发的《中共中央　国务院关于加强基层治理体系和治理能力现代化建设的意见》强调，“坚持和发展新时代‘枫桥经验’”，增强基层平安建设能力。一系列治理实践和经验表明，矛盾纠纷源头治理既是一个不断实践、探索和创新的过程，又是融顶层设计、制度规范、文化传统、经济水平等因素和地方性实践不断调适和动态发展的系统工程。

全面推进依法治国，在法治轨道上破解治理困境，促进社会安定有序和治理水平持续提升；实现矛盾纠纷源头治理法治化转型，是创新发展新时代“枫桥经验”、推动基层社会治理现代化必须审慎对待的重要课题。坚持和发展“枫桥经验”告诉我们，做好群众工作必须以与时俱进的精神，研究新情况、把握新规律，创新群众工作方法，加大依法治理力度，完善工作制度机制，不断提高新形势下群众工作能力和水平，切实解决好涉及群众切身利益的突出问题，确保人民安居乐业、社会安定有序、国家长治久安。

（二）引导人民群众依法维权和化解矛盾纠纷

党的十八届四中全会指出，健全依法维权和化解纠纷机制。强化法律在维护群众权益、化解社会矛盾中的权威地位，引导和支持人们理性表达诉求、依法维护权益，解决好群众最关心、最直接、最现实的利益问题。党的十九届四中全会通过的《中共中央关于坚持和完善中国特色社会主义制度　推进国

---

[1] 《完整准确全面贯彻新发展理念　发挥改革在构建新发展格局中关键作用》，载《人民日报》2021年2月20日。

家治理体系和治理能力现代化若干重大问题的决定》提出,坚持和发展新时代"枫桥经验",完善正确处理新形势下人民内部矛盾有效机制。2020 年 12 月印发的《法治中国建设规划(2020—2025 年)》提到,"深入推进全民守法。全面依法治国需要全社会共同参与,必须大力弘扬社会主义法治精神,建设社会主义法治文化,引导全体人民做社会主义法治的忠实崇尚者、自觉遵守者、坚定捍卫者"。其中要求"积极引导人民群众依法维权和化解矛盾纠纷"。

有效维护群众权益、妥善化解矛盾纠纷,是社会治理法治化的当然之义。必须建立健全依法维权和化解纠纷机制,推动培育法治思维解决问题,运用法律手段、通过法律渠道、依照法律程序维护权益、化解纠纷。人民群众依法维权和化解矛盾纠纷需要党和政府以及各界力量的充分引导,通过系统而有效的制度机制来实现,真正促成人民群众塑造依法维权和依法化解矛盾纠纷的各项心理和行为建设。

(三)完善多元预防调处化解综合机制

党的十九届四中全会提出要坚持和完善共建、共治、共享的社会治理制度。在社会治理重要领域的社会矛盾预防化解方面,党的十九届四中全会进一步明确要不断完善"多元预防调处化解综合机制"。2021 年 8 月,中共中央、国务院印发《法治政府建设实施纲要(2021—2025 年)》(以下简称《纲要》)。《纲要》为在新发展阶段持续深入推进依法行政、全面建设法治政府作出了一系列部署,其中指出,要健全社会矛盾纠纷行政预防调处化解体系,不断促进社会公平正义。《纲要》要求:"坚持将矛盾纠纷化解在萌芽状态、化解在基层,着力实现人民群众权益受到公平对待、尊严获得应有尊重,推动完善信访、调解、仲裁、行政裁决、行政复议、诉讼等社会矛盾纠纷多元预防调处化解综合机制。""加强行政调解工作。依法加强消费者权益保护、交通损害赔偿、治安管理、环境污染、社会保障、房屋土地征收、知识产权等方面的行政调解，及时妥善推进矛盾纠纷化解。各职能部门要规范行政调解范围和程序，组织做好教育培训，提升行政调解工作水平。坚持'三调'联动，推进行政调解与人民调解、司法调解有效衔接。"

法治社会是构筑法治国家的基础。我国是一个有着14亿多人口的大国，事事诉讼将会给法律系统带来沉重的负担。完善多元预防调处化解综合机制，就要推动更多法治力量向引导和疏导端用力，完善预防性法律制度，完善调解、信访、仲裁、行政裁决、行政复议、诉讼等社会矛盾纠纷多元预防调处化解综合机制。要整合基层矛盾纠纷化解资源和力量，发挥市民公约、乡规民约等基层规范在社会治理中的作用，完善非诉讼纠纷解决机制。加快建设覆盖城乡、便捷高效、均等普惠的现代公共法律服务体系，统筹推进律师、公证、法律援助、司法鉴定、调解、仲裁等工作改革方案，让人民群众切实感受到法律服务更加便捷。

二、上海市推进依法化解解决矛盾纠纷的探索与成效

上海市历来高度重视多元化解矛盾纠纷工作，坚持把非诉讼纠纷解决机制挺在前面，坚持和发展新时代"枫桥经验"，着力构建以大调解工作机制为牵引的多元矛盾纠纷化解格局，在推进依法化解解决矛盾纠纷上进行了广泛的探索并取得了积极的成效。

（一）积极构建上海市大调解工作格局

近年来，上海市不断健全社会矛盾纠纷预防化解机制，先后出台《关于促进本市调解组织发展的若干意见》《关于进一步加强诉调对接工作的若干意

见》等一系列制度文件，整合人民调解、行政调解、行业性专业性调解，以及行政复议、行政裁决、仲裁、公证等各种非诉讼争议解决资源，建设市、区非诉讼争议解决中心，由上海司法行政部门牵头负责，26 个成员单位组成的上海市大调解工作机制初步建立，基本形成以人民调解为基础，人民调解、行政调解、行业性专业性调解、司法调解优势互补、有机衔接、协调联动的大调解工作格局，有力提升了社会矛盾纠纷化解的及时性、有效性。2020 年 1 月至 2021 年 3 月，上海市大调解工作机制共受理各类纠纷 218 万余件，调解成功近 153 万件。《上海市促进多元化解矛盾纠纷条例》也于 2021 年 5 月 1 日起正式实施。

上海市人民调解工作专业化程度日益凸显。除以往“老娘舅”比较擅长的家事邻里纠纷外，逐渐发展出医疗纠纷、消费纠纷、物业纠纷、交通事故纠纷、知识产权纠纷、劳动争议纠纷等各个门类。新冠疫情期间，上海市司法局更是顺势而为，牵头法院、检察院、公安、民政等 27 个成员单位打造统筹集成的全市大调解工作机制，同步形成了信息归集、情况报告、分析研判、专家咨询 4 项工作协同制度，并印发《培育发展“上海调解”服务品牌三年行动方案（2019—2021 年）》。

临港新片区法律服务中心构建
集成统筹的大调解格局

2020 年 12 月 17 日，上海自由贸易区临港新片区法律服务中心正式揭牌成立，来自律师、仲裁、金融、调解、公证等多个领域的 18 家单位集体入驻，为辖区群众和各企、事业单位提供“一站式”法律服务和“一站式”争议解决服务。这种集成统筹的工作模式，正是近年来上海市创新构建集成统筹的大调解工作格局的一个缩影。

第一,让法律服务触手可及。临港新片区"一站式"争议解决云平台分为诉讼、检察、仲裁、调解、公证及律师服务等八大板块,集争议解决、综合服务、展示孵化、生态合作等各类服务功能于一体。临港新片区落户企业通过便捷的手机终端操作,就能让法律服务触手可及。临港新片区法律服务中心进一步挖掘并发挥中心各大入驻机构的专业优势,为新片区企业提供法律咨询、财产公证、司法鉴定、行业研究等专业服务,并联合法院、检察院、律师事务所、调解、仲裁、公证、司法鉴定、知识产权、各大高校法学院等法律相关机构,共同打造新片区"一站式争议解决中心"的知名服务品牌。

第二,增加法律服务合力。法律服务中心设立了"复旦大学中国金融法治研究院临港工作站"、"华东理工大学企业合规研究中心临港工作站"、"长三角知识产权发展联盟临港工作站"及"上海财经大学金融法律研究中心临港工作站"。同时,成立了临港新片区法律服务中心第一届理事会,发放理事聘书,举行法律服务云平台进园区联动合作签约。工作站及理事会的设立等将汇聚更多高端智库资源,并形成更加规范、高效的工作运行机制,进一步提升法律服务中心能级。

第三,着眼投资者权益保护。上海资本市场人民调解委员会临港调解工作室在临港新片区法律服务中心挂牌,此举将进一步下沉调解力量,贴近服务对象,为资本市场经营机构和投资者提供近距离的专业调解服务。调解委员会将以临港调解工作室挂牌为契机,发挥调解委员会调解服务方面的专业优势,支持临港新片区制度改革与机制创新，提升深化服务临港资本市场能级，为临港新片区的腾飞提供专业高效的“一站式”纠纷解决服务。

上海自由贸易区临港新片区法律服务中心与多方力量展开广泛合作，不断整合服务能力提升服务质量，构建集成统筹的大调解工作格局，为上海市调解工作局面带来重要创新。

上海市创新构建集成统筹的新时代大调解工作格局，线上线下一次性化解纠纷争议。临港新片区法律服务中心的建立，进一步统筹资源、集成力量、提升效能，努力构建新发展阶段大调解格局的“上海模式”，不断提升人民群众的满意度、幸福感、获得感，为建设新时代人民城市作出积极贡献。

（二）着力把非诉讼纠纷解决机制挺在前面

近年来，上海市认真贯彻落实习近平总书记关于坚持把非诉讼纠纷解决机制挺在前面的重要指示，以非诉讼纠纷解决机制为先，加强矛盾纠纷源头预防和诉源治理，完善预防性制度，构建有机衔接、协调联动、高效便捷的多元化解矛盾纠纷工作机制。

上海市极力调动各主体积极性，充分发挥各方力量，促进多元化解矛盾纠纷。市、各区人民政府推动多元化解矛盾纠纷工作纳入有关法治建设规划，加强预防和化解矛盾纠纷能力建设与经费保障，培育化解矛盾纠纷的社会组织，组织协调和督促相关部门落实多元化解矛盾纠纷工作职责。负责组织协调矛盾纠纷多元化解工作的机构协调完善矛盾纠纷多元化解工作综合机制，分析研判社会矛盾纠纷变化趋势，督促推动预防和化解重大矛盾纠纷。司法行政部门推动完善各类非诉讼纠纷解决方式，并与诉讼进行对接；指导人民调解、行政调解、行业性专业性调解工作，促进各类调解的衔接联动；指导仲裁工作;完善行政裁决、行政复议等工作机制;推动律师事务所、公证机构等法律服务机构和法律工作者、志愿者参与矛盾纠纷化解。人民法院对调解矛盾纠纷进行业务指导,健全诉讼与非诉讼衔接的矛盾纠纷化解机制,在程序安排、效力确认、生效法律文书执行等方面加强对接,为实质性化解矛盾纠纷提供司法保障。国家机关、企业事业单位和社会组织按照各自职责开展法治宣传教育,普及多元化解矛盾纠纷法律知识,增进公众对多元化解矛盾纠纷的理解和认同。

上海市不断健全非诉讼争议解决机构,根据《2020 年上海市法治政府建设情况报告》,16 个区目前已全面建立非诉讼争议解决中心。市、区两级挂牌设立非诉讼争议解决中心,在街道乡镇层面设立行政调解工作室 400 多个。通过非诉讼争议解决中心,充分发挥司法行政机关职能优势,加强对各类非诉讼争议解决机构的统一管理,统筹整合人民调解、行政调解、仲裁调解、行业性专业性调解以及行政复议、行政裁决、仲裁、公证等非诉讼纠纷解决资源,依托信息技术手段,实现矛盾纠纷"一口式"受理、分流、反馈,在全国率先完成各类非诉讼争议解决途径与诉讼途径的有效对接。

根据《上海市关于推进全市非诉讼争议解决中心建设的指导意见》,非诉中心整合人民调解、行政调解、行业性专业性调解、律师调解,及公证、仲裁、行政裁决、行政复议、信访等非诉讼纠纷解决资源,对案件实行"一口受理、一口分流、一口调处、一口反馈",形成线下实质性解决争议的工作闭环。

松江区成立非诉讼争议解决中心法院联络处广富林联系点,积极打造新时代"枫桥经验"新样本

2021 年,围绕习近平总书记关于"把非诉讼纠纷解决机制挺在

前面”的重要指示精神，在松江区法院和区司法局的大力支持下，广富林街道揭牌成立松江区首家非诉讼争议解决中心法院联络处基层联系点，并以“强化外部支撑，激发内生动力”原则为指引，积极打造新时代“枫桥经验”的广富林样本。

第一，拉点布线，全力打造非诉争议基层联系点硬件样本。广富林街道通过“拉点布线”全力推进非诉争议解决中心基层联系点硬件建设。以原有人民调解工作室为基础，通过搭建网络平台，增设电脑、打印扫描一体机等网络传输专用设备，全力打造智能化、信息化司法确认无纸化受理流转的硬件环境。在案件调解成功后，当事人可以在人民调解员的引导下，在调解现场将案件相关材料清晰、迅捷地传输至法院立案平台，真正实现“足不出户”第一时间完成无纸化对接流程，打通司法确认无纸化信息流转的“最后一公里”。

第二，工作建群，全面形成调诉对接工作合力。联系点建立后，区人民法院立案庭与广富林司法所迅速响应，明确专人建立调诉对接工作微信群，形成调诉对接案件“一事一议”的工作机制。通过即时沟通，分析讨论人民调解案件申请司法确认的可行性，指导联系点调解员申请司法确认所需要提交的材料和注意事项等。同时，法院立案庭法官在审核中需要向当事人核实情况的，也可以通过微信群即时与当事人在线联系核实确认，最大限度减少当事人重复举证取证的时间，大大提高司法确认办理的时效。

第三，司法为民，全速回应人民群众所思所盼。广富林街道以“我为群众办实事”为服务宗旨，制定《松江区非诉讼争议解决中心法院联络处广富林联系点工作办法（试行）》，明确调诉对接诉源纠纷多元化解工作机制，理顺业务流程，进一步畅通非诉讼争议化解之路，全线推进司法确认无纸化立案受理，以司法为民实践回应人民群众所思所盼。

广富林街道聚焦民生痛点、堵点，深挖人民调解潜力，完善诉源矛盾纠纷综合治理机制，全力推进基层“一站式”矛盾纠纷化解平台建设。联系点设立至今，已受理网上司法确认案件9件，涉案金额260万余元，实实在在让人民群众感受到“公共法律服务就在身边、非诉讼解决途径就在身边”，全方位提升人民群众的获得感、幸福感和安全感。

（三）打造“一站式”多元纠纷化解平台

上海市不断健全完善矛盾纠纷多元化解机制，积极打造“一站式”多元纠纷解决平台，不断提升纠纷解决效率与质量。2021年2月26日，上海市第十五届人民代表大会常务委员会第二十九次会议通过《上海市促进多元化解矛盾纠纷条例》，强调坚持和发展新时代“枫桥经验”，积极践行“人民城市人民建，人民城市为人民”重要理念，发挥人民主体作用，完善正确处理人民内部矛盾工作机制，畅通和规范公众诉求表达、利益协调、权益保障通道，完善各类调解联动工作体系，构建源头防控、排查梳理、纠纷化解、应急处置的社会矛盾综合治理机制，努力将矛盾纠纷化解在基层和源头。《上海市促进多元化解矛盾纠纷条例》还明确，由市司法行政部门负责牵头建设统一的多元化解矛盾纠纷信息化平台，推动非诉讼纠纷解决信息化平台与诉调对接平台贯通融合，通过线上线下联动，为当事人提供“一站式”矛盾纠纷化解服务。

作为调解各类矛盾纠纷的枢纽型实体平台，非诉中心积极整合和引入调解、公证、仲裁、行政裁决、行政复议等资源入驻，初步打造了“一站式”多元纠纷化解平台。在诉调对接平台建设上，上海市在不同领域也展开了丰富的实践。例如，在知识产权保护上，2021年8月12日，上海市高级人民法院、上海市知识产权局联合召开知识产权调解工作推进会，发布《关于建立知识产权民事纠纷诉调对接工作机制的实施意见》，明确设立知识产权民事纠纷专业调解委员会，统筹全市知识产权专业调解力量，对接上海知识产权法院和浦东、徐汇、普陀、杨浦4家基层法院，开展知识产权民事纠纷跨区域调解。

上海法院提升服务效能打造多元解纷平台

上海法院以建设"一站式"多元解纷和诉讼服务机制为抓手，升级建成线上上海法院"一站式"多元解纷平台，不断提高服务群众的能力水平，逐步形成了纠纷解决的"上海品牌"。

第一，家事专窗让调解先行。为提高家事纠纷化解效率，2019年，上海杨浦法院与杨浦区司法局合作，率先在全市法院中探索施行家事纠纷前置调解，即在法院立案大厅设立家事专窗，派驻专职人民调解员接待受理家事纠纷，然后由杨浦区非诉讼纠纷人民调解委员会（以下简称非诉纠纷调委会），或杨浦区12个街道调委会的兼职家事调解员先行调解。除了街道调解员，部分家事专窗受理的法律关系复杂、事实查明难度较大的案件，将由驻法院的非诉纠纷调委会直接调解。此外，已经进入诉讼程序的家事纠纷，经双方当事人同意，也由法院直接委派非诉纠纷调委会调解，并指定专门法官进行业务指导和文书审核。

第二，破解知识产权案件"送达难"。自2019年开始，上海徐汇法院依托特邀调解工作机制，与徐汇智调人民调解委员会合作，首次引入知识产权调解专业人员。2020年4月，该院进一步充实力量，形成了10人的调解团队。调解工作起步之初，送达问题是一大难点。为破解这一难题，调解团队主动向科技借力。其所属机构自主研发了一套案件处理系统，具有实名电话检索等功能。经过上海徐汇法院和徐汇区司法局授权，调解团队充分利用这一功能，将实际触达率提升到了90%。同时，为提高效率，团队还进一步细化流程，分别设置“调解岗”“助理岗”“辅助岗”三类岗位。其中，“调解岗”均是持有律师执照、具备一定知识产权调解经验的律师，“助理岗”要求拥有法律专业学历或学位、具备2年以上相关工作经验。

第三，“人民调解+行业调解+商事调解+律师调解”全覆盖。自2014年以来，上海普陀法院不断整合非诉纠纷解决资源，与普陀区联合人民调解委员会合作，设立8个人民调解工作室，由专职人民调解员常驻法院调解婚姻家庭、劳动争议、民间借贷、物业等民商事纠纷；与上海市保险同业公会、上海银调中心等联手，分别建立保险纠纷、银行业纠纷诉调对接工作室，加速金融类纠纷化解；与上海经贸商事调解中心合作，建立商事纠纷调解工作室，进一步创新商事类纠纷解决；与普陀区律师协会联合，建立律师调解工作室，集中处理标的额较大、矛盾较为突出的案件，逐步实现了“人民调解+行业调解+商事调解+律师调解”的全覆盖。

上海法院贯彻落实中央、最高人民法院决策部署，坚持把非诉讼纠纷解决机制挺在前面。目前，平台已与上海司法智慧调解平台、部分行业性调解组织平台对接联通，囊括了全市多家人民调解组织，不断提升纠纷调解能力与服务水平。

上海市依托市、区非诉讼争议解决中心和多元化解矛盾纠纷信息化平台，以及诉调对接平台，为当事人提供“一站式”矛盾纠纷化解服务。线上智慧平台重在“让数据多跑路，群众少跑腿”，线下工作中心则要求“一口受理、一站式化解”，真正实现了社会矛盾纠纷的源头治理和科学防控，为“平安上海”“法治上海”建设奠定了坚实基础。

（四）加强信访法治化建设，发挥信访制度优势

信访工作是党的群众工作的重要组成部分，是党和政府了解民情、集中民智、维护民利、凝聚民心的一项重要工作，信访法治化建设有利于进一步推动信访工作，充分发挥信访制度优势。2020 年上海市信访工作会议强调，切实增强做好信访工作的责任感和使命感，努力把握新形势下信访工作的特点和规律，压紧压实工作责任，着力加强法治化建设，切实用好智能化手段，为夺取新冠疫情防控和实现经济社会发展目标双胜利、维护全市大局稳定提供有力保障。

信访工作要在法治的轨道上运行，坚持在法律框架下分清是非、明确权利、界定义务。新冠疫情防控期间，上海市信访系统服务疫情防控、矛盾化解攻坚、人民建议征集成效显著，进一步压实工作责任，践行群众路线，集中力量化解信访突出问题，提升人民建议征集能级，持续提高信访工作规范化、专业化、法治化水平，为社会和谐稳定营造良好氛围。

丰贤区南桥镇激发多元主体活力，全面完善信访工作体系

随着社会经济不断发展，人民群众的思想、工作和生活不断变化，南桥镇的调解工作也与时俱进，积极抓住依法治理这根主线，始终坚持将各项矛盾的解决纳入法治轨道，积极引导群众依法办事，通过激发多元主体活力实现全面完善信访工作体系。

第一，访调对接，助推矛盾化解“端口前移”。建立健全“访调

对接”工作机制,在南桥镇公共法律服务工作站设立“访调服务”专门窗口,落实专人负责,为开展信访案件调解提供解决渠道。窗口接待人员在为信访人解答法律问题、提供咨询意见的过程中,认为可以介入调解的,在征得信访人、有关责任部门以及其他纠纷当事人同意后,将信访矛盾纠纷转交镇人民调解委员会开展调解,预防与减少信访矛盾纠纷升级,将矛盾纠纷扼杀在萌芽阶段。

第二,实体派驻,筑牢矛盾化解“第一道防线”。创新人民调解工作,实体派驻式设立派出所人民调解工作室,解决人民调解与治安调解、刑事和解中的衔接问题,最大限度地将纠纷化解在接警后的初始阶段。先后成立南桥镇人民调解委员会驻江海派出所工作室、南桥镇人民调解委员会驻南桥派出所工作室,夯实基层社会稳定的“第一道防线”。

第三,社会参与,打通矛盾纠纷“最后一公里”。南桥镇打破了传统的人民调解组织构架,启动政府购买人民调解服务新模式,与诚达社区事务调解中心签订合同,开展日常“接单式”人民调解。调解中心日常工作除了接受南桥人民调解委员会转交的调解案件,业务还拓展至“110”警情联动平台纠纷案,治安、刑事案件和解,轻伤害,交通事故委托案件、“12345”热线平台派单纠纷案以及居委会疑难案件等,多渠道化解矛盾纠纷。

在社会矛盾纠纷日益复杂多样化的当前,南桥镇通过打造多元主体参与化解纠纷新模式,不断完善人民调解机制建设,通过加强岗位培训,增强矛盾化解能力。同时发挥镇调解委员会对基层调解工作的指导作用,积极主动化解疑难矛盾纠纷,南桥镇的多元主体共同参与化解纠纷新模式取得了良好的成效,信访工作的开展实现了显著突破。

上海市不断加强信访法治化建设,积极发挥信访制度优势。准确识变,充分认清新时代信访工作形势,增强风险意识、忧患意识,继续压实主体责任,做深、做实、做细各项工作措施。科学应变,不断增强信访工作的前瞻性、系统性,加强矛盾纠纷排查和化解攻坚,建好管好网上、线上、掌上信访平台,加强人民建议征集、社情民意研判工作。主动求变,集中精力抓好工作任务项目化推进,持续提升群众感受度和满意度,继续加强信访工作法治化建设。

三、上海市基层推进依法化解解决矛盾纠纷的典型实践

上海市基层面临着巨大的矛盾纠纷化解解决压力,肩负着走好依法化解解决矛盾纠纷"最后一公里"的重要责任。近年来,上海市基层政府充分发动各方力量、发挥多方智慧,在推进依法化解解决矛盾纠纷上进行了充分的实践,不断地探索学习、建章立制,总结出来一系列具有理论价值与实践价值的做法,为上海市进一步推进依法化解解决矛盾纠纷工作作出了不可磨灭的贡献。

(一)用活用实多元调解机制化解基层矛盾纠纷

基层治理对构建多元调解机制有明确的现实需要,如何用活用实多元调解机制化解基层矛盾纠纷对基层政府的治理智慧是一场大考。一方面,当前我国正处于社会转型时期,加之基层社会治理方式的转变,各类社会纠纷日益增多,呈现出主体多元化、规模群体化等显著特点。另一方面,社区基层诉讼需求增长与司法资源紧缺的现实矛盾,以往本应作为社会矛盾化解"第一道防线"的人民调解功能发挥不足,而作为"正义最后一道防线"的司法裁判

超负荷运行。面对利益冲突的复杂性、价值观念的多样性以及诉讼程序的内在局限性，司法裁判往往只能实现"案结"的法律效果，却难以实现"事了人和"的社会效果，甚至会衍生新的矛盾纠纷。所以，通过多元调解机制化解基层矛盾纠纷，有利于从源头上解决社会生活生发出的各类矛盾，有助于进一步提升基层治理韧性，与现有的司法裁判形成良性互补。

浦东新区建立消费纠纷人民调解机制，引领消费纠纷多元化解

在新型消费矛盾不断涌现的背景下，市场监管部门耗费了较多时间进行行政调解，但传统的消费纠纷化解机制和现有的行政调解资源已无法满足日益增长的消费维权需求。为有效应对消费纠纷数量连年居高不下的新常态以及新经济、新业态发展对消费维权工作提出的新挑战，浦东新区司法局和市场监管局共同筹建了消费纠纷人民调解委员会（以下简称消调委）。

第一，优化调解资源配置，实现新区消调全覆盖。浦东新区司法局坚持需求和问题导向，以各街道乡镇监管部门的需要和消费纠纷投诉量为主，整合调解资源，优化结构配置，推进"1＋N"模式，开展"一所辐射多所""一个调解室管辖多个地区"试点工作，进一步扩大消费纠纷调解覆盖面。浦东消调委在新区36个市场监管所、保税区一科及度假区分局（"36＋2"）设立联合调解工作室，实现消费纠纷人民调解服务全覆盖。

第二，建立区级标准规范，完善可复制推广的制度体系。浦东新区司法局与市场监管局共同制定了《消费纠纷人民调解规范》区

级标准，经公示立项、编制、征求意见、专家审定、审议报批等程序，于2020年10月14日（世界标准日）正式发布。作为全国首个《消费纠纷人民调解规范》，旨在规范基于公众诉求中的消费纠纷人民调解工作，凸显专业素养，依据标准实施推广消费纠纷调解工作，提高工作质量，营造安全放心的消费市场环境。

第三，打造优质人民调解员队伍，提升业务技能。消调委建立了共有人员47名的消费纠纷专职调解员队伍，本科以上学历占比93%，法学类专业占比50%，其中法学硕士学历3人，获法律职业资格证书4人；以企业维权联络点的联络员为主形成51名兼职调解员队伍，均具备丰富的消费诉求处理经验。同时，严格组织纪律，加强职业培训，不断提升调解队伍业务技能。

第四，利用互联网新型调解方式，推广智慧云调解。消调委使用智慧调解终端开展线上云调解的智慧调解模式，为身处两地的纠纷双方当事人开展线上视频调解，实现智慧云调解模式。目前，智慧调解终端设备已在部分联合调解工作室运行试用。同时，积极探索"掌上"调解服务模式，借助智慧调解平台和微信公众号，采用"移动终端+调解"的模式，开展矛盾纠纷案件线上受理、视频调解，实现矛盾纠纷随时随身随地化解。

第五，承接政企服务项目，开创新型合作模式。浦东新区司法局还指导消调委探索拓宽消费纠纷调解经费保障渠道。一是通过承接政府购买方式，在新区一些街道乡镇开展其辖区内的消费纠纷调解。二是进行市场化调解的探索，将触角深入上海寻梦信息科技有限公司（拼多多）、支付宝（中国）网络技术有限公司，开展公司消费纠纷的委托调解合作。

浦东新区通过多层次、多途径、低成本、高效能运行人民调解工作机制,逐步形成可复制、可推广的消费纠纷人民调解第三方公益服务模式,为消费纠纷人民调解工作提供了“浦东经验”,初步形成了行政部门、企业、消费者多方受益的良好局面。

长宁区在虹桥街道成立涉外民商事纠纷调解中心

为深入贯彻落实习近平法治思想,进一步创新和发展“枫桥经验”,深入推进矛盾纠纷多元化解机制建设,积极营造法治化、国际化营商环境,长宁区司法局、长宁区人民法院、长宁区虹桥街道联合成立长宁区涉外民商事纠纷调解中心,着力向中外当事人提供多元、便捷、高效的解决途径和“一站式”服务。

第一,“三个强化”加强工作保障。一是强化领导。成立联合领导小组及联合办公室,明确人员组成。二是强化专业。长宁区司法局选配具有涉外解纷专长的调解员 8 名,高校涉外专家学者 2 名,引入外籍志愿者协助调解,引入翻译人员、公证员提供延伸服务。三是强化指导。区法院指派 6 名具有涉外法律专业背景的法官及法官助理,在程序安排、效力确认等方面加强对接,为实质性化解纠纷提供司法保障。

第二,“四个同步”丰富工作模式。涉外民商事纠纷调解中心提供四项法律服务,四项服务同步推行。一是解纷指南。指派专人负责当事人接待,接受调解咨询、受理调解申请材料,并根据涉外民商事纠纷的类型和特点,帮助引导当事人自愿选择适当的方式解决纠纷。二是先行调解。对适宜调解的纠纷,积极引导当事人优先选择调解组织或在调解中心先行调解,或者直接通过上海法院“一站式”

多元解纷平台申请调解。三是委派调解。对于当事人起诉到区法院的纠纷，如适宜调解且未经调解中心先行调解的，区法院可以在登记立案前，经当事人同意委派给调解中心进行调解。四是委托调解。登记立案后或审理过程中，区法院可以在征得当事人同意后，将案件委托给调解中心进行调解。

第三，“五项探索”完善工作机制。为确保调解中心工作高效有序运转，实施意见还探索建立五大工作机制。一是探索建立司法辅助保障机制。探索在域外法查明、涉外翻译、涉外公证等方面，为涉外纠纷当事人提供查询辅助服务的渠道。二是探索推进现代信息技术的运用。充分运用上海法院“一站式”多元解纷平台、上海市智慧调解平台等网上诉讼服务平台，为中外当事人提供灵活、便利的纠纷解决服务。三是探索建立联合宣传机制。充分运用现代传媒手段，通过发布典型案例、新法新规以及在平台增设域外法查明端口等方式，加强对涉外纠纷多元化解决“一站式”工作机制的宣传普及。四是建立日常专人联络和联席会议制度。各方分别指定一名联络人员负责日常联络，并建立涉外纠纷化解联合会商制度。五是建立培训指导制度。各方联合开展调解培训，区法院通过多种方式加强对调解中心调解工作的规范、业务指导。

长宁区涉外民商事纠纷调解中心是长宁区司法局、长宁区人民法院、长宁区虹桥街道办事处共同完善矛盾纠纷多元化解、深入推动涉外争议源头治理的有益探索。中心坚持服务保障经济发展大局，充分发挥司法在维护社会稳定、促进经济转型发展方面的积极作用，为营造法治化、国际化营商环境提供优质司法保障，为建设具有世界影响力的国际精品城区贡献法治力量。

上海市基层政府用活用实多元调解机制，化解基层矛盾纠纷，取得了多方面的成效。一是提升维权效能，缓解行政压力。调解案件数量和调解成功率不断上升，行政资源得到有效释放。二是促进企业自律，助力行业规范。调解工作在生产、消费以及对内对外等过程中都发挥了重要作用，进一步规范了各主体行为，营造了良好的行业自律氛围。三是专业化解纠纷，增强市民获得感。充分发挥化解矛盾纠纷的基础性作用，利用电话、网络等手段开展调解，线上调解结合线下调解，为当事人提供高效、便捷的纠纷调解服务。推动政府、企业、社会多方力量参与共治，推进建设人人有责、人人尽责、人人享有的社会治理共同体。

（二）积极推进"非诉社区"创建

社区矛盾纠纷调处是当前维护社会和谐的一项十分重要的基础工作。社区是承担政府管理服务职能下移的最基层单位，随着经济发展和人民群众生活水平的提高，其在传统意义上的管理和服务功能正在发生质与量的变化。在建立现代社区治理体系的过程中，整合社区各种社会力量共同参与社区矛盾纠纷的调处，是创新社会治理的重要突破口。"非诉社区"的创建充分发挥了人民调解在化解矛盾、消除纷争等方面的独特优势，有利于进一步构建党委领导、政府主导、综治协调、司法引领、部门联动、社会协同、群众参与的大调解工作格局，运用法治思维和法治方式化解矛盾纠纷，完善上下联动、左右协调的矛盾纠纷多元化解工作机制，切实提高基层预防、化解矛盾纠纷的能力和水平，切实把矛盾纠纷化解在基层，解决在萌芽阶段，确保社会和谐稳定。

金山区吕巷镇积极打造“非诉村居”实践样本

为全面贯彻落实习近平总书记“坚持把非诉讼纠纷解决机制挺在前面”的重要指示精神，吕巷镇紧紧牵住矛盾纠纷解决这个“牛鼻子”，坚持党建引领，结合基层实践，全面推进“非诉村居”创建工作，在法治、德治、自治、共治、智治、制治上下好“先手棋”，实现矛盾纠纷化解在源头、解决在基层。

第一，牵住“牛鼻子”，建立“指挥部”。抓“关键少数”，强示范引领。压实各级党组织和书记社会治理主体责任，将基层社会治理工作纳入党支部重点工作，同部署、同推进、同落实。抓系统协调，促纵深推进。成立由镇党委书记任组长的镇市域社会治理工作领导小组，建立工作专班，下设1个办公室和多个专项工作组，办公室作为“发动机”抓好统筹协调，工作组作为“作战部”抓好工作落实，全面推进“非诉村居”创建工作落细落实。抓督导考核，提创建质效。根据“非诉村居”创建工作细化制定各级村居党支指标，将考核结果与年终奖励、评优评先、职级晋升等挂钩，确保创新创建工作在基层取得实效。

第二，下好“先手棋”，打开“突破口”。全力以赴抓好源头防范，坚持实事求是，进一步强化诉源治理，纵深推进12个村居“非诉站”建设，打造自治、共治、德治、法治“四治一体”基层社会治理实践新载体，积极培育村居“法律明白人”“法治带头人”队伍建设，坚持把非诉调解挺在诉讼前，推动形成多元纠纷化解工作机制，促使矛盾纠纷不出埭、不出村。以点带面夯实基层自治。积极发挥群众在市域社会治理中的主体作用，依托覆盖全镇77个巷邻坊党群服务点，打造学习教育集中点、民生事务受理点、村民自治议事点、社情民意反映点、代表委员联络点、志愿公益汇聚点、综治平安守护点"七点合一"的基层党群阵地，推动民事民议、民事民办、民事民管，及时化解矛盾纠纷。

第三，织密"防护网"，打好"主动仗"。当前，吕巷镇正处于快速转型发展期，土地征用、宅基地审批等方面的矛盾纠纷较多。镇党委推动学习教育、服务群众有机融合，深化人民调解"出诊法"，坚持维稳工作重心下移，将"实现早排摸、早知道、早出诊、早解决"作为"人民调解出诊法"的目标；完善"一听二攻三调四书五访"的五步特色"出诊"法，变被动"门诊"为积极"出诊"，始终站稳群众立场，打通服务群众"最后一公里"。狠抓决策风险评估，坚持控源头、治未病、防未然，积极推进重大事项实现风险评估，发挥政府专职律师政府决策合法、合规性审查的"主力军"作用，深度参与政府决策、社会治理等各项事务，提前预测化解矛盾纠纷，以法治推动基层治理体系和治理能力现代化。

在推进"非诉村居"建设的过程中，吕巷镇完善多方参与的社会矛盾前端预防与多元化解机制，增强基层依法治理效能，从源头上预防、减少矛盾纠纷的发生，实现全区矛盾纠纷数量、诉讼案件数量的明显下降，矛盾纠纷就地及时化解率明显上升。

上海市各基层政府积极打造"非诉社区"实践样本，为推进上海市基层非诉讼争议解决工作提供了宝贵的经验：一是加强法治保障。法治是"非诉"创建的基础，也是矛盾纠纷解决的有力武器，公共法律服务往前进一步，矛盾纠纷就能更好地解决在一线。二是营造德治固本。从培育"四德"、提升"三风”入手，固本培元，促进社会和谐，减少矛盾纠纷发生。三是落实自治强基。群众最了解群众，群众的事由群众办，通过群众帮群众解决矛盾纠纷，整合社区、社会组织、专业社工的“三社联动”。四是推动合力共治。发动社会力量参与，健全矛盾纠纷多元化解机制，调动多方主体共同参与化解矛盾纠纷。整合调解员、律师、公安、“老娘舅”等各类力量和资源，建立联动调解工作机制。五是借力智治支撑。运用信息化手段提升服务质量，提前发现问题，防范化解在前，维护社会稳定。六是制治防范先行。认真开展社会稳定风险评估，建立健全系统性风险防范工作机制，落实矛盾纠纷预测预警预防，有效防范重大矛盾纠纷的发生。

（三）建立便民利民的信访工作“家门口”服务体系

信访关乎民生、关乎社会和谐稳定。将心比心，带着责任、带着感情解决好信访群众的合理合法诉求，才能把矛盾纠纷化解在萌芽状态和初始阶段。做好信访工作的关键是源头治理，源头治理的重心在基层，建设“家门口”信访服务体系，重心下移、关口前移，俯下身子倾听百姓诉求，设身处地为民着想，信访工作实现精准分类施策，基层矛盾实现高质高效化解。信访工作“家门口”服务体系意味着工作做到家门口，问题解决在家门口，真正实现便民利民的初衷。

普陀区长征镇打造信访工作“家门口”服务体系

为全面推广“民意直通车”，上海信访服务矩阵深入居（村），方便信访群众就近反映问题诉求、提出意见建议。自2020年下半年起，长征镇着手推进市民“家门口”信访服务体系建设，深化“人民满意窗口”标准化创建，将“群众张嘴、干部跑腿”付诸实践，目前已在新城片区和27个居民区进行试点。

第一，渠道便利化。致力于打造信访工作“家门口”服务体系，着重聚焦宣传、引导、使用好“民意直通车”，结合工作实际，多想办法、多出点子，充分发挥信访工作“家门口”服务体系的作用，把以“人民为中心”的理念主动融入日常信访工作中去，努力实现“小事不出社区、大事不出街道乡镇、矛盾不上交”。各居民区积极落实并推广，在工作中不断努力创新。

第二，服务精准化。立足平台优势，在片区等场所全面推广“民意直通车”，畅通信访渠道，提升信访便利度。同心家园新城片区在融合“公共管理、公共安全、公共服务”为一体的“一站式”服务平台的基础上，为居民打造“家门口的会客厅”。配备专业团队为居民提供便民服务、心理咨询、法律维权等社区综合服务。形成“一站式”综合服务、一体化资源统筹、一门式受理评估、一网式信息管理的社区综合管理和服务体系，提升社区居民幸福感和获得感。

第三，发挥居委亲民优势，畅通表达渠道。坚持以人民为中心的发展思想，推动信访工作依法规范运行，群众诉求依法理性表达，合法权益依法有效保护，依托“邻聚里”等居民区活动空间，真正把解决信访问题的过程作为践行党的群众路线、做好群众工作的过程，用心用情，扎实深入做好解民忧、纾民困、暖民心的工作。

杨浦区新江湾城打造“信访代理站”优化“家门口”服务体系

杨浦区新江湾城街道以习近平法治思想为指引，坚持以人民为中心，发展新时代“枫桥经验”，着力打造信访工作“家门口”服务体系，把人民群众的“金点子”化作社区治理的“金钥匙”，结出惠民“金果子”。

第一，以“三化”建设为抓手，打造“家门口”阵地体系。阵地体系化以“人民满意窗口”标准化创建为契机，打造“1+21+X”“家门口”信访工作体系，以街道信访接待大厅为主阵地，推动“民意直通车”向各居委会、党建服务中心延伸。平台标准化以信息化程度更高、安全设施更全、环境氛围更暖为导向，优化信访接待大厅布局，将“民意直通车”上海信访服务矩阵、街道信访窗口服务清单、依法逐级走访示意图等进行集中展示。方式多元化将法律咨询、司法调解和信访接待结合，推进“法治信访”，引导信访群众理性表达诉求。同时，设立心理咨询室，加强与信访人的沟通与联系。

第二，以“三民”理念为核心，完善“家门口”服务体系。知民情进一步拓展诉求渠道。坚持党建引领，开展“家门口”服务宣传，让来访群众熟知网上信访、意见征集渠道，提升信访工作服务能级和便利度。由居委会负责人担任“信访代理站”站长，引导居民多渠道反映、多方面解决诉求，打通信访服务“最后一百米”。聚民智进一步征集人民建议。设立征集邮筒，发挥市人大、市政府基层立法“双联系点”作用，广泛征集群众建议。重民意进一步引导居民自治。针对群众集中反映的小区物业管理、停车难等问题，在全市建立首个街道层面的业委会规范化建设指导委员会，引导居民合法合规开展自治，有效保障居民权利、化解信访矛盾、维护社区平安。

第三，以“三个强化”为支撑，夯实“家门口”保障体系。强化组织保障，按照“一岗双责、分级分责”要求，形成街道主要领导牵头、信访办督查协调、主管科室依法办理以及居委会、业委会、物业公司齐抓共管、专业法律力量提供法治支撑的工作体系。强化部门联动，构筑“横向到边、纵向到底”的并联处理机制，定期召开工作例会和联席会议，研判信访形势，紧盯群体性信访矛盾，各部门按照责任分工，将法律咨询、司法调解和信访接待相结合，合力化解矛盾。强化专业支撑，充分发挥街道公职律师在规划调整等突出矛盾解决中的法律专业优势，做好释法引导工作，街道现有公职律师 4 名，参与信访接待矛盾化解 31 件，提供意见建议 70 余条，做到信访矛盾解决在基层、矛盾不上行。

杨浦区新江湾城街道按照信访分类处理原则，制定街道《信访工作联席会议制度实施方案》，形成与职能部门衔接贯通的工作机制，每月召开稳定例会，分析矛盾和形势，推进依法分类处理信访诉求，打造信访工作“家门口”服务体系。

总结上海基层建立便民利民的信访工作“家门口”服务体系的工作，给我们带来的经验启示有：一是信访工作必须要坚持人民至上。把解决群众合理诉求、维护群众合法权益作为信访工作的出发点和落脚点，全面落实源头预防、前端化解、关口把控等机制，推动解决事关群众切身利益的问题，全力做好了解民情、集中民智、维护民利、凝聚民心工作；引领带动各级领导干部信访接待下基层、调查研究下基层、政策宣传下基层，切实把信访工作做到人民群众家门口、庭院里、心坎上，不断提升人民群众获得感、幸福感和安全感。二是信访工作必须坚持事要解决。做好信访工作，根本目的是推动事要解决、群众满意。聚焦“事要解决”，突出标本兼治，不断提升人民群众对信访工作的满意度。一方面要“减存量”，坚持和发展新时代“枫桥经验”，紧盯重点问题、重点领域、重点群体矛盾纠纷，逐级落实领导干部接访下访包联包案机制，依法依规化解矛盾问题，真正让群众合理合法诉求信访“有门”、信访有果、处置满意。另一方面要“控增量”，进一步压实基层责任，严把初信初访第一关口，发挥基层网格、社区作用，提升基层调解员矛盾纠纷化解能力，常态化开展社会矛盾风险排查，确保不再产生新的信访事项。同时还要“提质量”，严格规范信访办理流程，严格把关办结质量，精益求精办理好每一封来信、每一次来访、每一件投诉，办结一件、销号一件，切实提升信访办理质效。要运用信息化手段推动更多信访事项实现“网上办”“掌上办”，让群众少跑路，确保信访问题得到及时有效解决。三是信访工作必须要坚持党建引领。党的领导是做好信访工作的最高原则、最大优势和根本保证。充分发挥信访联席会议机制作用，常态化推进领导干部接访下访，做到信访事项“小事不出村(社区)、大事不出镇(街道)、矛盾不上交”。同时还要把责任落实到岗、明确到人、具体到事，构建责任明晰、履职尽责的责任体系，切实扛起维护一方稳定的政治责任。

（四）以制度创新引领多元纠纷化解机制再升级

矛盾纠纷多元化解是当前推进国家治理体系和治理能力现代化的重要组成部分。当前中国正处于社会转型与制度变革的攻坚时期，新旧矛盾不断出现，如何妥善化解社会发展带来的矛盾，维护和谐稳定的社会关系与发展大局，并建立一套相互衔接、高效便民的多元化纠纷解决机制，成为我国推进国家治理体系和治理能力现代化的重要组成部分。就基层纠纷而言，经济发展、人口背景、历史影响、人文环境等因素综合作用，增强其多元性与异质性，基层政府需要从中摸排纠纷化解的规律，大胆进行制度创新，结合自身治理优势，引领多元纠纷化解机制再升级。

全市首创劳动争议调裁审“三庭合一”
——以法治护航张江科创中心建设

张江科学城科创型企业居多，由于技术型人才跳槽频繁、流动性大，叠加部分小型初创企业存在制度不健全、操作不规范、劳动政策不了解等问题，导致张江辖区内科创企业的劳动争议近年来一直呈增长态势。2017—2019 年，张江各级调解组织和区劳动人事争议仲裁院共处理劳动争议案件 6822 件。仅 2019 年，进入劳动争议仲裁程序的案件，涉及张江辖区内企业的就达 1300 件，其中科创型企业、初创型企业占比高达 58%。2020 年 6 月张江巡回法庭、科创仲裁庭、张江仲裁庭在张江科学城成功揭牌，标志着全市首个基层调裁审“三庭合一”的劳动争议解决平台正式成立。

第一，“科”技集聚，提升庭审智能化和便捷度。庭内配备专业的庭审、监控、观摩等现代化设施设备，充分运用大数据、5G、人工智能等现代高科技手段，实现了证据展示、庭审笔录等信息即时同步或交叉显示。庭审开始前，书记员可通过 AI 智能技术录入庭审基本信息；庭审过程中，可通过语音识别功能实现笔录的同步记录，在减少书记员录入工作的同时提高笔录的准确度；庭审中，当事人即可通过屏幕及时核对、确认笔录信息，减少等待时间。

第二，“创”新模式，提高预防预警能力，优化流程制度。在提供传统调解仲裁服务的同时，通过已有案件数据集成，大数据分析，收集影响劳资关系矛盾的关键数据和风险隐患，提前做好排摸、监测和预警工作，跨前一步为张江科学城的企业和群众提供精准服务，从源头减少劳动争议的产生。同时，通过系列制度创新，进一步简化流程，提升办案效率，缩短办案周期，营造张江劳动争议处置“新高地”。

第三，“庭”审直击，实现劳动争议处置工作锻造升级。张江科创庭内设专门的观摩室，可容纳30余人在现场观摩，通过“单面镜”的观摩墙，实现现场教学、公开展示与开庭审理双向开展、互不干扰。同时，通过远程接入系统实时观看网络直播，实现了庭审流程和庭审信息双公开，提高了庭审过程的公开度、透明度和展示度，让公平正义“看得见”“听得到”。

张江“三庭合一”坚持“国内领先、对标一流”标准，于2021年内实现劳动争议“调裁立审执”五位一体的“一站式”服务，加强劳动争议案件在调解仲裁阶段的调处，加大裁审衔接力度，共同推动张江科学城和谐劳动关系的建设。

矛盾纠纷存在多元性，如何与时俱进地打造配套制度化解矛盾纠纷，发挥制度设计的优势与力量，上海市基层以制度创新引领多元纠纷化解机制再升级，为我们带来了宝贵的经验：一是优化法治保障，吸引双创人才。创造良好的法治保障环境，就能凝聚更多人气，吸引更多“双创”人才，从而形成相辅相成的良性互动局面；助力企业规范，优化营商环境。结合产业特性，用工个性，对不同企业梳理相应的用工管理规范，有针对性地分时、分地开展线上、线下的培训、宣传、沙龙、公开庭等活动。二是群案共同处置，裁审提前介入。对于群体性案件，要加强属地化化解力度，在调解阶段裁、审共同参与派人支援调解，成立多元化联调小组，提前介入，化解矛盾，防止群案引发社会矛盾。三是加强裁审衔接，提升裁审质效。在信息共享、卷宗调阅、案件通报、裁审标准、欠薪垫付等具体事项上进一步加强衔接和明确，实现仲裁庭与人民法庭的无缝对接，进一步提高仲裁院与法院的裁判效率和裁判质量。四是持续改革创新,加强流程整合,探索研究案件从调解、仲裁、立案、审理、执行的“五位一体”“一站式”服务机制,整个劳动维权程序可在一个窗口一个场所全部解决,以实际行动践行“我为群众办实事”。

四、余论:开创防范化解矛盾纠纷法治化建设新局面

新时期对化解解决矛盾纠纷提出了新的要求,上海市坚持以习近平新时代中国特色社会主义思想为指导,深入学习贯彻习近平法治思想,全面落实中央关于化解解决矛盾纠纷的各项文件精神,围绕使法治成为上海核心竞争力的重要标志、把上海建成具有世界影响力的社会主义现代化国际大都市的目标,全面深入推进法治建设各项工作,取得了积极成效。随着上海市法治进程的推进,充分总结深化以往法治建设的经验,开创化解解决矛盾纠纷法治化建设新局面,可以从以下几个方面继续创新。

一是坚持党的领导,充分发挥调解的作用。多元纠纷化解机制的构建与运作涉及党委、综治部门、政府部门、司法机关、调解组织、仲裁机构、社会团体等多种主体,推动和完善多元纠纷化解机制,要整合各种资源和优势,离不开党的领导。纠纷解决体现了为人民服务的根本宗旨,是党和政府应向民众提供的一项公共服务。良性的纠纷化解体系应当是人民调解、行政调解、行业调解、仲裁、诉讼等纠纷化解机制齐头并进、各司其职、相互协调。党的领导能够将各调解组织统合起来,实现资源共享和优势互补,织一张功能互补、相互衔接的解纷网络。这既是矛盾纠纷多元化解机制发展的现实需要,也是坚持党的领导在社会治理领域的具体体现。现代调解制度呈现以法治为中心的特点,其中表现之一就是律师担任调解人员,居中提供调解服务。律师具有更加专业化和职业化的法律素养。律师调解拓展了法治社会的建设渠道,也拓展了律师的业务范围。律师作为中立的、专业的社会工作者,以调解

员的角色,组织双方当事人协商解决纠纷,为矛盾纠纷化解发挥了积极的作用,也为调解制度的改革完善注入了活力。

二是重视司法引领与立法推动,强化法律保障。司法引领,保障对接机制建设。法院具有专业优势和丰富解纷经验,在诉调程序安排、法律效力确认、立法参与和法律指导等方面发挥引领作用,同时应当与行政机关、仲裁机构、人民调解组织及其他具有调解职能的组织相互协调配合。通过搭建对接平台、组织业务培训等,整合其他纠纷化解方式和资源,并给予有效的指导和监督,实现矛盾纠纷化解方式的法治化,将其纳入法治轨道中来。立法推动,保障规则供给充足。在制度的落实层面离不开法律保障作用的发挥,通过立法才能明确各解纷主体之间的职能职责以及各纠纷解决方式之间的衔接机制。立法机关对矛盾纠纷多元化解机制的法律联动性不足,无法保障有效运行。经过长久的探索与实践,多元化解纠纷机制的改革经过试点探索阶段,逐步进行示范推广,从基层实践上升到理论制度。国家进行综合立法的时机逐渐成熟,要将实践中司法推动的改革成果通过立法的方式落实到制度层面。

三是创新矛盾化解方式和机制,引导群众遇事找法。在基层社会矛盾纠纷多元化解格局的构建中,要畅通利益表达渠道,把信访工作纳入法治化和制度化的轨道当中。这不仅要求完善司法机关对涉法涉诉信访的化解机制,行政机关对信访问题妥善处理机制,还要发挥社会第三方力量,建立健全信访的第三方参与机制,如发挥社区在纠纷排查和化解中的重要作用。“小事不出社区、大事不出街道、矛盾不上交”是社区矛盾纠纷化解工作中被普遍推行的经验,及时发现问题苗头,尽快妥善处理和解决,防止小矛盾、小事件引发更大的纠纷。“枫桥经验”有助于民间性解纷机制的发展和协商自治能力的培育。领导下访是习近平总书记在地方工作时带头倡导的一项制度。习近平总书记指出:“下访接待群众是考验领导干部能力和水平的大考场,来访群众是考官，信访案件是考题，群众满意是答案。”变群众“上访”为领导“下访”，更主动地化解矛盾纠纷。

此外，与传统纠纷解决方式相比，在线纠纷解决机制具有高效便捷、成本低廉的优势。随着信息技术和人工智能的普及，上海市基层政府已经在积极尝试在线调解民间纠纷，以互联网为基础搭建全方位、立体化、开放化、模块化、一体化的在线纠纷解决平台，能够实现调解资源跨区域、跨领域共建共享，促进各类解纷机制跨界融合。同时还要深入开展法治宣传教育，使全社会尊法、学法、守法、用法的意识普遍提高，形成办事依法，遇事找法，解决问题用法，化解矛盾靠法的社会氛围，引导群众更好地运用法律解决矛盾纠纷。